人工智能与变革管理系列丛书
大学与城市：高等教育服务篇

从书主编：齐佳音

EXPLORATION AND PRACTICE OF THE REFORM OF HIGHER BUSINESS EDUCATION IN THE NEW ERA

新时代高等商科教育变革的探索与实践

齐佳音 徐 波 主编

图书在版编目（CIP）数据

新时代高等商科教育变革的探索与实践/ 齐佳音，徐波主编 .—北京：经济管理出版社，2019.10

ISBN 978-7-5096-6816-0

Ⅰ. ①新… Ⅱ. ①齐… ②徐… Ⅲ. ①商业—高等教育—教育改革—研究—中国 Ⅳ. ①F7-4

中国版本图书馆 CIP 数据核字（2019）第 165964 号

组稿编辑：王格格
责任编辑：王格格　詹　静
责任印制：黄章平
责任校对：董杉珊

出版发行：经济管理出版社
（北京市海淀区北蜂窝 8 号中雅大厦 A 座 11 层　100038）
网　址：www. E-mp. com. cn
电　话：（010）51915602
印　刷：北京晨旭印刷厂
经　销：新华书店
开　本：720mm×1000mm/16
印　张：17. 25
字　数：329 千字
版　次：2019 年 12 月第 1 版　2019 年 12 月第 1 次印刷
书　号：ISBN 978-7-5096-6816-0
定　价：69. 00 元

序一 不期修古，不法常可

韩非是我国战国时期法家最具代表性的人物，也是杰出的变革大师。韩非思想中有大量的论述是关于变革的，他在《韩非子·五蠹》中写道："是以圣人不期修古，不法常可。"是说英明的人不会照搬过去的制度、方法，而是要根据当下的变化，来创造性地解决问题，不思变革是办不好当下的事情的。

每当技术有重大发展，就应思量"不期修古，不法常可"，让思想率先突破过去经验和认识的禁锢，用新技术所赋能的新思想，反思过去，重构未来。回顾历史，农业经济时代的小农意识是工业经济时代的绊脚石，工业经济时代的分工、可控与标准化恰恰成为数字新经济时代的藩篱！工业经济时代以"分工、可控与标准化"取代了落后的"小农意识"；数字经济时代却要用"融合、创意与个性"将工业经济时代的"分工、可控与标准化"送进历史的博物馆！

党的十九大报告提出，"推动互联网、大数据、人工智能和实体经济深度融合"，培育新增长点、形成新动能；加快科技创新，建设网络强国、数字中国、智慧社会。随着我国进入中国特色社会主义建设的新时代，发展数字经济，推动实体经济与传统产业数字化转型成为新时代的新使命与新机遇。

数字经济是指以使用数字化的知识和信息作为关键生产要素，以现代信息网络作为重要载体，以信息通信技术的有效使用作为效率提升和经济结构优化的重要推动力的一系列经济活动。作为一种新的经济形态，数字经济成为经济增长的主要动力源泉，成为转型升级的重要驱动力，也是全球新一轮产业竞争的制高点。

数字经济时代的到来，对世界各国的人才培养提出了新的时代要求。特别是对高等商科人才的培养带来极大的挑战。"互联网+""智能+"作为国家战略，不仅是技术创新，更重要的是社会生产方式及组织形态的变革。然而，承担着"互联网+""智能+"理论创新和人才培养重任的高等院校（特别是商科类院校），其教育理念、人才培养模式、教学模式、管理体制及课程体系仍在沿袭工业经济时代所形成的理论思想与方法，已经不能适应新经济发展的需要，所以应尽快顺应社会发展形势的需求，及时调整师资结构、教学内容、教学手段，才能使其跟上时代发展的步伐，为社会发展输送真正需要的人才。

在这种背景下，我和张国锋老师等联合申报的上海市教委本科重点教学改革项目“商科类院校新课程体系建设”获得批复。为了做好这一富有时代意义的教学项目研究，我组织了上海对外经贸大学工商管理学院以及人工智能与变革管理研究院的十多位老师参与研究工作，我本人也在教学实践中探索教学改革，并尝试和应用，部分内容也体现在本书中。不仅如此，为了配合这一研究，人工智能与变革管理研究院在 2018 年专门设置了开放课题“人工智能时代人才培养及其教育重构”，由上海对外经贸大学高等教育研究所所长宋彩萍教授主持，课题组深入上海市松江区人工智能集聚的洞泾镇进行了访谈和问卷调研，也通过互联网数据来源，对人工智能产业的用人招聘需求进行了数据分析，2019 年初其向上海市松江区政府提交了人工智能产业人才培养的建议。

2018 年 12 月 20 日，我随同上海对外经贸大学工商管理学院徐波教授到苏州西交利物浦大学，参加了教育部经济和管理类教学指导委员会主任委员联席会议暨工商管理专业类教学指导委员会第一次全体会议。2018 年 12 月 20 日上午，教育部高等教育司司长吴岩和西交利物浦大学校长席酉民教授分别做了两场十分精彩的主旨报告。吴岩司长报告的题目是“新时代、新文科、新经管，培养经世济民的经济和管理卓越拔尖人才——经济和管理类专业教指委工作的第一要务”。他在报告中指出，经济管理人才培养应“直面国家根本竞争力、直面经济建设主战场、直面高质量转型发展”，新时代建好新文科有三大举措：一是加快理论体系创新，加快构建中国特色话语体系、形成理论体系，用中国理论解释中国现象、解决中国问题、指导中国实践；二是深化专业改革，提升文科专业的内涵建设质量，建设新兴的文科专业；三是文科教育要来一场课堂革命，淘汰“水课”，打造“金课”，推动教学内容、课程体系、方法手段、实践教学的改革。西交利物浦大学校长席酉民教授分享了西浦以学生和学习为中心的质量保障体系、研究导向型教育、面向未来尤其是人工智能时代的融合式教育等内容。2018 年 12 月 20 日下午，工商管理专业类教学指导委员会在五个不同的主题下，进行了热烈的分组讨论。我有幸参与了“以学生为中心研究导向型教育的推广小组”专题小组的讨论，并在小组会议上分享了我担任上海对外经贸大学工商管理学院院长期间所做的教学改革工作。该小组的组长是北京工商大学副校长谢志华教授，他对我们所做的探索性工作很感兴趣，委托我们将新商科的界定、课程体系、人才培养标准等工作先开个头，然后提交小组讨论和进一步完善。

谢校长的这一委托，让我回想到三年前，我刚从北京邮电大学来到上海对外经贸大学时，上海对外经贸大学前任校长孙海鸣教授对我的嘱托。

我和孙校长第一次见面的时候，他就表露出信息技术发展对商科教育极大冲击的关切，希望我能在此方向率先在工商管理学院推动改革。他当时说，工商管理学科沿着原先的老路子，学科发展是没有前途的，必须尽快转型。这三年来，我时刻不敢忘记老校长的嘱托，特别是在担任了工商管理学院院长之后，更是责无旁贷。我在上海对外经贸大学的这三年中，的确非常重视本科生教育教学的转型与改革。我和我的同事们一起做了一些工作，正好也借着这个机会总结和反思一下，希望对高等教育战线上的同仁能有一点借鉴。

第一，组织的变革，不是领导者振臂一呼的结果，而是大多数组织成员都要认同和行动的结果。不断让老师们参与、行动，产生共识是最重要的。

我们工商管理学院人数不多，规模不大，但是让每一个老师都同频共振起来还是比较难的。为了推动此事，学院首先要将专业主任发动起来，让专业主任来主导专业发展的自主权，让他们思考到底专业要如何发展。让专业主任在专业内部组织老师们研讨到底这个专业下一步如何走。因为趋势就在那里，经过反复研讨，专业内部就达成了基本的一致，选出了专业转型的路子，这个路子也是和大趋势八九不离十的。之后，学院就来组织研讨，邀请外部的专家，给各个专业把脉诊断，最后形成专业自主与专家诊断相结合的专业发展定位，这样就取得了该专业的集体性的共识。接下来，要通过进一步将专业发展转型定位转化落实到科学研究、教学研究、新教师招聘、新课程设置、新教学方式培训等一系列的教学活动中。这些转型战略与教学活动的落实效果到底怎么样，存在什么问题，我们学院又定期组织专业内部自我研讨和外部专家指导研讨，不断动态调整和优化，让教学执行过程始终向着专业转型的定位去落实。

2016 年 9 月，我院在新开学时就和学院的四个专业主任进行沟通，部署了专业转型定位的工作，经过两个多月充分的专业内部研讨，各个专业都形成了各自的专业发展定位。2016 年 12 月 11 日上午，我院在古北校区博观楼 211 会议室隆重举行学院专业发展研讨会，会议邀请了复旦大学张骏德教授和李元旭教授、上海交通大学李康化教授和王良燕副教授、华东师范大学易凌峰教授和华东理工大学黄维德教授六位同行专家对四个专业的发展规划进行点评与指导，会议由我院教学副院长王朝晖主持，参会人员有学院的领导和学院全体教师。通过长达两个月的内部论证以及研讨会现场的专家建议，我院各个专业都明确了各自的新定位：企业管理专业的发展定位为打造国际化、数据化特色鲜明的企业管理专业；市场营销将更加注重融合心理学、大数据等交叉学科，形成与时俱进的市场营销专业；人力资源管理专业定位于打造成能解决中国情境下企业人力资源管理问题的中高级管理人才和专业人才培养基地以及解决中国情境下企业人力资源管理问题的研究基地；文化产业管理专业致力于“文化贸易与创意产业经营管理”领域的复合型专业化应用人才培养。

第二，组织的变革，不是短期就能看到效果的，不能心急，要有久久为功的韧劲，逐步细化落实，不断在实践中尝试和优化。定位清楚了，接下来就是真抓实干，一步一步推动变革的实现。

2017 年，我院各个专业都按照专业转型的定位，开始了各个方面的探索实践，但是转型毕竟是一个摸着石头过河的过程，看好的方向，如何落实到行动？摸索的行动，是不是有效？各个专业的老师都有不少疑惑。为了更好地鼓励大家，为了给老师们提供一个更好的交流学习的机会，2017 年 11 月 11 日，本院举办了“新经济时代的商科院校教学改革研讨会”，直奔商科高等教育改革的主题，邀请了来自海内外兄弟院校、相关政府部门和实业界及本院多位嘉宾参加了会议。

研讨会上，来自上海交大的李康化教授和上海视觉艺术学院吴亚初教授就新时代文化产业管理专业的发展和变革趋势进行了深入和全面的分析；其后来自美国罗伯特莫里斯大学商学院的屠彦彬教授通过视频介绍了新经济时代美国商科学院的教学改革由来和实践经验。我校规划处处长宋彩萍教授、金融管理学院院长凌婕教授分别就全球商科人才培养变革趋势探索和技术变革中的金融人才培养进行了精彩的主旨演讲；来自复旦大学的李元旭教授和来自上海大学的范小军教授分别就工商管理专业学位教学和工商管理研究生的分类培养问题阐述了自己的宝贵经验和看法。最后上海知言网络科技有限公司 CEO 张杰先生阐述了“智能时代的个性化学习”的解决方案和前景思考。

2018 年，经过近两年的转型实践，我院在新商科转型的实践方面，已经有了比较清晰的思路和可以与同行进一步磋商的经验。为了持续优化和巩固成果，我院又在 2018 年 11 月 9 日下午，召开了“一流本科培育暨专业建设研讨会”。在这次会议的开幕致辞上，我讲了 2018 年的会议有五个不一样：一是，2016 年本院启动数字化经济的商科高等教育转型时，全国大多数商科院校还没有重视这个趋势；2018 年本院召开这个会议时，商科高等教育的转型已经成为全国共识。二是，从 2016 年开始本院每年一届的教育教学研讨会，都是我院自发来做的，但是今年不一样了，因为 2017 年、2018 年习总书记在全国高等教育思想政治工作会议以及全国教育大会两个重要会议上都有非常重要的发言，对我国高等教育有重要的指导和很高的期待；不仅如此，2018 年的全国高等学校本科教育工作会议提出“以本为本”，推进“四个回归”，加快建设高水平本科教育、全面提高人才培养能力，造就堪当民族复兴大任的时代新人，这个重要时代背景是我们在 2016 年开始这个转型时还没有的，现在更加坚定了我们的信心。三是，2016 年我们学院开始做教育转型的时候，上海市还没有一流本科计划项目，现在已经有了；学校支持应用经济学申请到了上海市一流本科计划项目，将我院纳入一流本科计划的校级培育项目。有这个校级项目的经费支持，我们有了更好的资源，会做得更好。四是，2016 年、2017 年的会议是我们学院自发组织的，今年我看到本校其他学院也都有了。而且，今年的会议学校教务处龙江处长也来了，这是对我们极大的支持。五是，以前的会议，我们是四个专业放到一起来组织，今年我们是一个主会场，四个分会场，四个专业分别组织老师与专家研讨，可以说工作更扎实、更细致了，也说明经过两年的实践，我们有了更多的自信和体会。

本次研讨会的召开，对我院工商管理专业、市场营销专业、人力资源管理专业以及文化产业管理专业的现状与未来发展进行了深入的剖析，通过校外专家“把脉问诊”与高屋建瓴的指导，进一步厘清了一流本科教育的思路，增强了专业建设的信心，对我院的发展与进步具有重要的意义。

第三，组织变革，是一个系统工程，除了宏观层面的引领，中观层面的带动，还需要微观层面的条线疏通，在这方面，我院做了如下工作：

1. 数字新经济下的商科教育教学改革理论研究必须跟上

2018 年，我组织上海对外经贸大学的商科教育教学改革研究团队的老师们经过近一年十余人的集体研究，目前已经有两部教学改革的理论研究成果完稿：

《世界新兴大学：特征与经验》，这本书是宋彩萍教授和上海对外经贸大学高教所的其他老师一起完成的，2019 年上半年已经由经济管理出版社出版。阿特巴赫曾言：“每个国家都想拥有世界一流大学，似乎没有它便难以前行。”从世界范围看，建设世界一流大学已经成为一种国际共识。上海对外经贸大学可以称得上是一所“新兴大学”，这就是我们为什么选择新兴大学作为研究对象的原因之一。新兴大学是年轻、有朝气的大学，既有成为世界一流大学的潜质，同时也有与传统一流大学不同的特征。从 20 世纪末开始，国际上涌现了一批新兴大学，通过采用不同的发展模式，在短时间内成长为地区或世界一流大学，比如南洋理工、香港科大、韩国浦项科技以及多所英国和澳大利亚的大学。这些大学在发展的过程中既对地区和国家的经济、社会发展起到了很好的支撑作用，同时也对传统一流大学形成了挑战。本书不仅从学理上厘清了何谓新兴大学，并对此类大学的组织特征进行了深入研究，既有逻辑思辨来解释基本内涵，也有比较研究梳理共性经验，通过案例呈现事实，希望能够对中国大学在新时代的改革提供一些参考。

《新时代高等商科教育变革的探索与实践》，这本书的主体以上海对外经贸大学工商管理学院以及人工智能与变革管理研究院的教师为团队，经过讨论和凝练，我们围绕着未来大学定位，聚焦在本院的三个专业：企业管理、市场营销以及文化产业管理，从人才培养理念、课程体系建设、教学方式改革以及实践效果评价等层面，进行了深入的思考、实践，并提出今后改革和实践的方向。在本书中，我们也跟踪和调研了产业界对商科人才的需求、世界其他走在转型前列的商学院的优秀案例。这是一本凝聚了本院以及其他学院老师心血的成果，也是我们对习近平总书记在全国教育大会上讲话内容的最诚意的探索性研究。

21世纪的大学应是一台“知识服务器”，它可以为当今社会提供任何形式的知识服务（如知识创造、保存、传播和应用等）。今天“即插即用的一代”（Plug-and-play Generation）要求大学用高度互动和协作的教学模式来替代传统的课堂教学。教师成为学生学习活动、学习过程和学习环境的设计者，其较少关注知识内容的确定和传授，将主要精力放在对学生的主动学习过程中进行鼓励、激励和管理。

2. 数字新经济下的商科教育教学改革实践探索举措要配套

团队培养方面。2015年，上海对外经贸大学工商管理学科入选上海市高峰高原学科建设计划，围绕“大数据驱动下的商业模式与管理创新”进行建设，同年成立上海对外经贸大学数据科学与管理决策重点实验室，2016年该重点实验室获批上海高校人文社会科学重点研究基地。在高峰高原学科建设的资助下，依托重点实验室，培育了一批胜任新专业建设的优秀师资。近三年来团队承担省部级及以上项目17项，其中国家自科、社科项目8项，科技部课题3项，教育部、上海哲社办等省部级课题6项，政府企业各类横向科研合作12项，以第一作者或通讯作者在国际高水平期刊发表学术论文13篇。戴永辉博士“移动环境下的大规模定制敏捷供应链网格模型”获得上海市2015年科技进步奖二等奖。陈瑶副教授2016年、2017年连续两次获得上海开放大数据大赛二等奖。刘华玲教授领队“智能投顾系统”获得首届“创客中国·智慧中国杯”总决赛总排名第四的优异战绩，荣获“全明星创新应用奖”。戴永辉、冯彦杰指导学生的作品“天网金融舆情监测智能小助手”荣获2018年“创青春”上海市大学生创业大赛银奖，指导学生的作品“爱与希望——大学生爱心志愿者平台”在2018年（第11届）中国大学生计算机设计大赛中获得三等奖。本人与其他合作者的合作成果“面向海量语音及网络文本的分析技术及应用”获得中国产学研合作促进会颁发的2018年产学研合作创新成果二等奖。

研究平台方面。上海对外经贸大学于2017年12月9日，成立实体型“人工智能与变革管理研究院”。研究院聚焦于人工智能所带来的经济管理与社会运行等问题，从促进组织以及整体社会更加平稳地过渡到智能时代为目标，探索从现行系统转化到未来系统的变革管理理论、方法与路径，是国内首家从经济管理视角来推进人工智能发展的战略性研究院。前工业与信息化副部长杨学山发表重要演讲，并任学术委员会主任；SAP中国研究院首席数据科学家邬学宁任学术委员会副主任；SAP中国研究院产品总监米凯任产业委员会主任。“人工智能与变革管理”研究院致力于探索人工智能所引发的社会发展效应（就业影响效应、法律影响效应、伦理道德风险等）、产业演化效应（技术影响效应、产业生态效应、产业发展战略等）、组织变革效应（生产方式变革效应、人力资源管理变革效应、组织形态演化效应等）等经济管理问题，通过状态趋势跟踪、模拟环境搭建、分析模型推演、大数据驱动建模等方式，提供案例/数据/模型/实证/智库等系统支撑我国以及上海市的人工智能战略，与此同时，研究院积极尝试人工智能时代的商科卓越人才培养。2018年，已有18项人工智能、区块链项目正式立项。人工智能与变革管理研究院将有力支撑上海对外经贸大学在人工智能时代的学科转型。

国际合作方面。不同国内其他大学将国际化作为锦上添花之举，我们学院将国际合作视为雪中送炭。至今，上海对外经贸大学仍然没有获得博士点授予权，这极大地限制了学校各个学科的发展。为了突破这一限制，由工商管理学院牵头的我校与意大利巴勒莫大学联合博士培养项目践行了创新国际合作的新模式。我院每年可推选博士候选人就读项目，并由双方导师联合培养。博士候选人三年内分别在欧洲三所高校（意大利巴勒莫大学、挪威卑尔根大学和荷兰奈梅亨大学）以及我校共同完成。从目前来看，该国际合作进展顺利，已经有两位博士研究生就读。在这一项目成功运行的情况下，本院于2018年5月与荷兰顶尖大学特温特大学（UT）也达成联合培养博士研究生协议。除此之外，双方的合作还将拓展到数字化经营管理方向的教学课程、交换生培养、师资互换以及硕士研究生联合培养等方面。不仅是通过国际合作补齐高端人才培养类型，也通过国际合作来带动教师科研、学生科研以及教学改革。2016~2018年，我们邀请了十余位国际高水平学者到上海对外经贸大学进行学术交流、合作研究与合作教学。我们与每一位学者事先进行了充分沟通，为其在本院的访问安排了满满的日程表，每一位学者的访问时间都在一周以上，期间需要做六场左右的公开学术报告，并要参与合作项目的实质性研究工作，参与老师及学生的学术研讨活动。我们持续了三年高强度、信息量密集的国际学术合作让师生均受益匪浅，特别是本科生，这些国际学者的指导不仅开阔了他们的视野，也激发了他们的求知上进心。

产学研合作方面。2018年6月28日，中国开源工业PaaS分会在北京揭牌，张国锋副教授被推选为秘书长，秘书处设在上海对外经贸大学人工智能与变革管理研究院。人工智能与变革管理研究院与SAP中国研究院、上海浦东国际金融学会等保持着密切的合作关系，与工业4.0协会、微软AI学院、浪潮集团、上海知言网络科技有限公司、嘉兴港区开发建设管理委员会等签署了产学研合作协议，这些产学研合作资源对于新商科建设是十分必要的。通过产学研合作，将为新商科的建设夯实产业基础。

物联网、大数据、云计算、人工智能、区块链等新一代信息技术的出现，背后是人们对技术、商业新认知以及思维方式的变革。人工智能具有技术属性和社会属性高度融合的特点。教育部鼓励高校在原有基础上拓宽人工智能专业教育内容，形成“人工智能+X”复合专业培养新模式。上海对外经贸大学作为传统的商科大学，为了推动学科转型发展，在2018年积极申报了“人工智能+管理”的横向复合型人才的专业建设，致力于培养数字经济时代的“四新”管理人才——新思维：数字经济时代的智能思维、计算思维和设计思维；新规则：数字经济时代的新经济模式及新商务规则；新管理：具备数字经济时代的管理理论与方法；新工具：掌握数字经济时代所需要的定量分析工具及其软件。

目前，我们正在尝试建设服务于新型商科人才培养的“智能科学+商科”全新实验室。人工智能等数字新科技的发展，对传统商科教育带来了极大的挑战：教学内容与产业应用脱节，教学形式与时代发展脱节，如何建设新型教学实验室？我们设想中的“数字经济与管理创新实验室”应该是通过信息化手段，让商科学生从企业管理需求出发，快速搭建管理应用，在搭建管理应用的过程中理解管理知识，在面向问题的解决中集成使用管理知识。2018年底2019年初，人工智能与变革管理研究院到上海和北京的兄弟院校进行调研，回来之后向学校提交了“数字经济与管理创新实验室”的方案报告。希望这一定位于新型商科人才培养的实验室可以为数字经济时代的商科人才探索出可行模式。

我院在数字经济时代的商科人才培养上，探索了两年多，有一些体会，但是也面临不少困难，最重要就是师资问题，随后就是新课程建设问题，再者就是教材问题。不管怎么说，向前看，先推进，问题是发展中产生的，问题也要通过发展来解决。

今天呈现在大家面前的这本《新时代高等商科教育变革的探索与实践》就是我担任上海对外经贸大学工商管理学院院长的两年半时间里，在和同事一起进行教学改革的实践过程中，形成的阶段性探索。在探索中，有些取得了很好的教学效果，有的则还需要进一步完善。在书中，我们坦诚地将我们的实践进行了反思并分享；我们的一些观点，或许还不够成熟，我们也选择了与同行分享。我们相信，在数字经济时代，分享带来价值，分享带来进步。

习近平总书记2018年在全国两会期间讲，发展是第一要务，人才是第一资源，创新是第一动力。强起来要靠创新，创新要靠人才。高校作为创新型人才培养的重要基地，就是要在教育教学上多创新。

站在2019年1月的历史新阶段，遥想两千多年前的中国战国时期，变革大师韩非所言的“不期修古，不法常可”，真是格外地给当代人以启示！

齐佳音

上海对外经贸大学人工智能与变革管理研究院　院长

2019年2月13日

序二 新技术、新认知、新经济、新商科

重新定义公司、重新定义团队、重新定义工作、重新定义学习……

这是一个重新定义的时代！技术变革掀起一场场认知革命，从而引发商业逻辑和商业模式的革命。

是时候重新思考商科人才培养模式和课程体系了！我在跟高年级学生上课时，会提到新的技术术语、新的经济现象、新的商业模式，可我们的学生一脸茫然。大学四年，学生学习的都是工业时代所形成的理论和方法，也有学生试图运用所学知识解释互联网现象，甚至提出质疑。我也向同学们推荐一些介绍现代和未来理念的书，遗憾的是很多同学从来没有听说过。

很多商学院的学生热衷于去四大会计师事务所、银行、世界500强公司工作，因为这些企业职业稳定、高收入、有面子，殊不知在激烈的商业变革环境中，稳定不再存在，变革才是永恒的。就拿银行来说，马云一句“银行不改变，我将改变银行”打碎了无数同学的职业梦，受支付宝、微信的影响，传统银行业绩滑坡、效益下降、人才流失。技术进步正在掀起一场认知革命，而我们的学生还缺乏基本的认识。

面对商业变革，商学院显然缺乏应对措施。也有学生试图通过考研、出国延缓就业，我则是鼓励同学尽早踏入社会，最好是到那些创新创业型公司工作，因为商科教育严重落后于社会创新实践是全世界共同面临的问题，且短期内不会发生根本性转变，考研或出国并不能从根本上改变自身知识结构和能力脱离社会需求的局面，而创新创业型公司虽然规模一般比较小、工作压力也大，但很有活力，更能锻炼人。相对于传统企业，这些创新型公司或许更容易失败，但这个行业不会失败。

新商科建设是主动应对数字经济与管理变革的战略行动，是促进我国从商科教育大国走向商科教育强国的战略举措。新商科建设包括两个方面内容：一是以新的教育理念、以系统观点对传统课程体系进行改造；二是建设反映新技术、新思维、新经济学、新管理学、新金融学及新法学的课程体系。

自2008年起，我在新商科课程建设方面进行了如下探索：一是基于新教育理念，运用信息技术改造传统课程，建设新课程《Excel商务应用与建模》。该课程基于社会需求，以Excel为工具，解决商务活动中的业务问题，提供最佳业务解决方案；该课程全部采用案例教学模式，学生学到的是运用Excel工具解决具体业务问题的能力（涉及计算机技术、经济学、管理学、金融学等多门学科）；对于学生来讲，该课程的1个课时相当于过去多个课时（计算机+专业课程）；2018年，该课程成为上海市优质在线课程。二是开设反映新经济、新管理、新金融方面的课程。本院先后开设过《SAP ERP实训》《SAP ByD业务整合实训》《云计算ERP实训》《云计算商务实训》《“互联网+”案例分析》《“互联网+”创新创业》《区块链新金融》等课程。

新商科课程建设的核心观点是：一切回归原点，重新思考重新设计。原点就是现在商科课程体系形成的起点。

工业经济时代，商科课程主要围绕工业商品生产方式以及所形成的制度、文化、思想和法律法规，所有的课程都起源于汽车生产线，比如管理学就是建立在福特汽车生产线经验总结及理论分析的基础之上。1916年，法国工业企业家法约尔在其代表作《工业管理和一般管理》中，从工业企业管理实践的经验总结与理论概括及企业经营职能（包括技术、商业、财务、安全和会计五大职能）中分离出独立的管理活动，提出了经过实践检验的普遍适用的一般管理理论，定义管理是实行计划、组织、指挥、协调和控制，由此确定了管理活动的五种职能和14条管理原则。

所以，新商科建设的关键是找到一条反映新经济新管理现象的商品生产线。2008年，我校引入SAP ERP生产线；2011年，引入SAP Business By Design生产线。但这两条生产线都是闭源，实现的是企业内部的劳动分工。2012年开始学习OpenERP（现Odoo），Odoo采用开源模式，实现的是全社会范围内的劳动分工。有了Odoo这条信息商品生产线，研究其商务模式（信息商品属性、生产、定价及交易）就可以逐步形成新经济学框架；研究其生产方式（信息商品的生产方式、管理模式）就可以逐步形成新管理学框架；Odoo社区治理又引出新法学问题。

工业商品生产线是有形的，生产出来的工业商品具有边际成本和时空属性。信息商品生产线是无形的，生产出来的信息商品边际成本为零没有时空概念。二者商品属性的根本性差异，决定着二者生产方式、组织形态、商业模式也完全不同。我认为，这就是新商科建设历史的逻辑起点。新商科是应数字经济时代经济运营、组织管理、商业模式、法律法规变革的需要，目的是培养新经济发展所需要的创新型商务人才。

与工业流水生产线的培养模式不同，新商科采用新的教学模式。①体验式学习。教师专注于课程内容、案例和实验的设计，学生通过实验、案例分析、社会调查、课堂研讨，获得知识理论和方法。②系统观。传统课程是将一个具体业务问题拆分为不同学科，并设置多门课程，割裂了整体性，但新课程不再按学科划分，而是基于问题设计。以《Excel 商务应用与建模》为例，每个案例都是现实业务问题的解决方案，解决方案包含技术、数学建模、经济学、管理学、会计学、金融学等学科知识，当然这对老师也提出了更高的要求，要求具备多学科知识结构。③新考核方式。以实际项目、课程设计、产学研成就作为主要考核方式。

大学不能只是解释过去，更应该面对未来，因为学生才是未来的主人！

张国锋

上海对外经贸大学人工智能与变革管理研究院　副院长

2019 年 3 月 7 日

序三

教育学家蔡元培说过：教育者，非为已往，非为现在，而专为将来。作为教育工作者，进行面向变化、面向未来的思考和探索，是永恒的追求。本书的内容就是由这样一群积极思考商科教育的践行者，围绕新经济时代下，商科教育应该如何应对和变革这样一个主题，将所开展的思考以及在实践中进行的探索所做的一些总结。

全书的内容分为四大部分：第一章到第五章分析了新经济时代商科高等教育面临的机遇、挑战和改革设想，包括如何将信息观融入高等教育、如何重构高等教育供应链、如何建设新课程模式，以及如何将人工智能和学科融合等大趋势体现在商科高等教育中；第六章到第九章，以上海对外经贸大学工商管理专业、市场营销专业和文化产业管理三个专业的实践为例，实录了时代变迁中，基层教育工作者如何将对新时代的教育思考体现到培养方案改革、教学方法改革、教学手段改革、新课程设计以及实践教学中去；第十章是关于“智能科学与管理”新专业的探讨；第十一章到第十二章是新时代高校教学中一些特色专题的思考，包括随着互联网快速发展在高校中日益普及的商务模拟教学专题，以及人工智能对金融管理类专业的影响等的思考。

本书是在多位老师的共同努力下完成的。在此，首先感谢人工智能与管理变革研究院院长齐佳音教授和上海对外经贸大学工商管理学院院长、教育部高等学校工商管理类教学指导委员会委员徐波教授，二位教授于繁忙的工作之余，悉心指导了本书的成文过程，齐佳音教授除了理定了全书框架，还在本书中撰写了部分内容并多次整合、校对本书内容。

其次，感谢对高等商科教育满怀热爱、不懈努力并为此书积极撰稿的每一位同事，他们分别是张国锋副教授（第一章至第四章、第十章）、冯彦杰副教授（第六章及第七章第一节至第五节及本章小结，第八章小结，第九章小结等）、吴联仁老师和李瑾颉老师（第五章、第七章第六节）、李建军副教授（第九章第一节、第二节及第六节）、谢佩洪副教授（第八章第二节）、奚红妹教授和韩睿副教授（第八章第一节）、戴永辉老师（第七章第七节）、王辉副教授（第十一章）、杨军敏副教授（第十二章）、冯敏教授（第九章第三节）、李莅副教授（第八章第五节）、刘欣老师（第八章第三节）、桑辉副教授（第八章第四节）、王朝晖教授（第九章第三节、第六节）、陈琪副教授（第九章第五节）、段明明副教授（第九章第七节）和齐佳音教授（第十章、第八章第五节、第七节和结语等）。

本书受到了2018年上海市教委本科重点教学改革项目“商科类院校新课程体系建设”资助。

由于编著者才疏学浅和时间仓促，书中的错误和不足在所难免。希望本书能够对从事商科教育的同仁和教育界的专家学者有所启发，并期待得到宝贵的意见反馈，让我们共同为中国新经济时代的商科高等教育不懈努力！

冯彦杰

上海对外经贸大学工商管理学院　副教授

2018年12月21日

目录

第一章 新经济时代高等教育再思考*

工业化进程催生了现代大学，并形成了与工业社会经济发展对人力资源需求相一致且比较稳固的教育理念、管理体制、课程体系及人才培养模式。如今，知识经济为我们展示了现代经济中一种新的生产方式和增长形式，以及其对人力资本的需求与传统工业经济的根本不同。面对社会及经济发展方式的转变，需重新思考高等教育存在的问题。这不仅关系高等教育改革的方向，还关系到高等教育改革方式方法（或路径）的选择。

第一节 信息化给现有高等教育带来的挑战

信息化正在构造新世纪经济发展和社会活动的新平台，将导致经济增长方式、经济体制、政府职能以及社会各方面的重大变革。在这个充满机遇和挑战的变革时代，高等教育面临来自社会需求、技术变革和市场环境变化等多方面的压力和挑战。

一、现有高等教育面临来自社会需求变化的巨大压力

现代高等教育主要是以适应和促进工业化社会经济发展要求而建立起来的，但它们难以适应信息化社会发展的需要。因为信息时代和工业时代是人类文明发展的两个不同阶段，它们的区别并不只是生产力发展水平方面量的差别，而是在

---

* 本部分内容系全国教育科学“十一五”规划 2010 年度教育部重点课题“基于教育信息化的高校内涵建设研究”（课题批准号 DMA100347）的阶段性成果。原文《信息化背景下对我国高等教育现存问题的再思考》发表在《教育研究》2012 年第 3 期，第 47~52 页（温建平、张国锋）。

经济格局、社会结构、法制体系以至思想观念等诸多方面的根本性质的差别。如今，高等教育面临着来自社会需求变化的巨大压力，现在我们实行的仍是“以防万一式”（Just in Case）的教育，就是在真正需要这些知识之前，学生先完成本科或研究生阶段的学习；而社会越来越多地需要“及时式”（Just in Time）的教育，即不以拿到学位为目的，当工作需要的时候就去学习，而且所学课程也是根据需要来定制的。从学生到学习者，从以教师为中心到以学习者为中心，教师也从单纯的知识灌输转变为教学的设计者、组织者和管理者。由学生需求推动的交互式的、合作式的学习和以计算机网络为基础的异步学习将逐渐取代传统的单向传授和课堂学习和以教师为基础的同步学习，成为主要的学习方式。这些都要求大学要有重大的变革（詹姆斯·杜德斯达，2005）。

二、现代信息技术的应用将对高等教育产生革命性影响

在信息化时代，高等教育的基本功能——教学、科研和社会服务功能都面临着严峻的挑战。

首先，现代信息技术对高校的科研活动产生了显著的影响。研究者通过网络建立跨学科、跨学校甚至跨国界的学术团队，利用计算机模拟复杂的现象，利用数字图书馆和知识网络资源搜集研究资料。信息技术的应用使知识的保存、发现、传播和转化等方面有了革命性的进展。如何应对规模越来越大的知识发现、生产经营及管理活动，是对现有管理制度的一大挑战。

其次，现代信息技术对教学活动及其服务方式的影响更加深远。借助功能强大的计算机和网络，学习者可在任何时间、任何地点获得所需的教育服务，不再受校园和教学时间的限制。现代大学生具有和以往学生不同的特点，他们从小就生活在电视、电脑和互联网的社会环境中，属于典型的网络一代。他们对电脑和网络的认识不同于被称为数字移民（Digital Immigrant）的父母和教师（拉塞尔和丹尼尔，2010）。他们更擅长网络学习和生活，他们通过搜索引擎获取所需要的知识，通过虚拟方式体验现实生活或参与实验，通过网络直接与来自社会各界人士一起学习讨论（Diana G. Oblinger and James L. Oblinger，2005）。学习者借助网络主动进行探究性学习，学习效率高，而且彻底改变了传统的被动接受的学习模式，学习者同时也积极参与知识的生产及传播活动。这样，教师的信息和知识占有优势逐渐消失，师生关系发生了质的变化，然而高校的管理者及教师还未充分认识到这一点。

最后，现代信息技术的应用对高校服务于社会的方式产生了影响。信息技术打破了教师之间、学科之间、学校之间以及学校与社会之间的围墙，给信息和知识的传播带来了革命性的影响。越来越多的社会组织（如 IBM、微软、SAP 等）

也以企业形式参与到知识生产、传播等活动中，并取得了巨大成功，而高校在这场知识创新活动中受制于传统的体制约束，活力不足，甚至脱离社会实践。因此，高等院校在知识时代的定位需要重新思考和再设计。

三、高校面临越来越大的市场竞争压力

传统的大学大都享有高教资源的垄断特权，但是在信息化背景下这种局面将被打破，因为云计算（Cloud Computing）模式使得人们在任何时间、任何地点都可以得到其想要的知识和信息。信息技术消除了空间和时间的障碍，作为新的竞争力量，其他高等教育形式如企业大学（如微软、IBM 等都有企业大学）、虚拟大学（Global Cyberspace Universities）和“学习软件”供应者等新机构开始介入这一市场，并与传统大学形成竞争之势。现行的以教师为中心的、持续垄断的大学模式已经不能适应全球性知识产业的激烈竞争。以美国凤凰大学城为例，依据社会需求创建了知识获得的商业化模式（类似工业品的便利店模式），人们可根据需要随时随地获取所需的工作技能模块。此外，国外知名大学推出的开放课程（Open Courseware）拉开了高等教育国际竞争的序幕，国内高校也已经明显感到了竞争的压力。高等教育将出现跨越国家和地区的并购重组，新竞争者和新产品以及新服务方式的出现将彻底打破现有的画地为牢的办学格局。总之，信息技术打破了垄断，学习者日益摆脱了时空束缚，再加上新兴教育机构的加入，现有高校垄断办学的格局将被打破，高校将进入一个由市场力量来决定命运的大规模重组的新时期（詹姆斯·杜德斯达，2005）。

第二节　现阶段高等教育本身存在的问题

面对前所未有的挑战，我国高等教育在教育理念、管理模式、人才培养模式、课程体系诸方面存在的问题逐渐显现出来，其已经无法满足信息化背景下高等教育发展的要求，甚至成为高等教育改革的无形障碍。

一、传统教育理念难以适应社会经济发展的需要

如果说工业革命实现了体力劳动的分工，那么信息革命要实现的则是脑力劳动的分工。在工业社会，人必须作为机器的一部分，所做的是要求精确性和重复

性的工作。高等教育要尽可能按照工厂的模式来设计和管理学校。传统教育强调教而非学，知识本身受到高度尊重，而智慧却根本无人顾及。如今，计算机、教学平台、多媒体与虚拟现实等信息技术的运用，冲破了时空的约束，极大地提高了人们学习、工作和与他人交流合作的机会，重新塑造了人们交流、思考和学习的方式。

但是传统教育理念制约了信息技术上述作用的发挥。在教学理念和教学方法上，信息技术只是作为自动化的工具，在提高教学效率方面成效显著，这也正是不少高校推动信息化建设的主要原因。然而由于我们仍以传统的教育思想来应用信息技术，学生仍以被动学习为主，教师主导教学的角色也没有发生实质性的改变。因此，信息技术的应用目前只是加大了每一节课的信息量，只是在一定程度上缓解了教学内容多与学时不足的矛盾，却仍然无法应对知识爆炸的窘境。尽管教育信息化从理论上为我们描绘了一幅深化教育改革、提升教学质量与学生能力素质等方面的美好前景，但是多年来国内外教育信息化领域的应用实践，与这种理想境界之间有很大的差距。产生这场严峻挑战的根本原因不是基础设施不完善，不是教学资源不丰富，也不是教师水平不够高，而是缺乏“信息化环境下的教与学理论”（何克抗，2010）。

二、传统高校管理模式难以适应知识创新的需要

目前，我国高校管理模式主要是源于亚当·斯密的劳动分工理论，承袭了工业产品生产模式，实行工作流程细分，采用部门领导负责的职能式管理体制，高校普遍采用的校—院—系—教研室模式就是这种管理模式的具体体现。这种管理制度的优点是权责清晰，工作人员技能单一，单项任务的效率高。但缺点也比较明显，员工缺少创新意识，只对任务负责，不对整个流程负责，业务偏向管理而非服务（学术行政化的根源）。这种管理模式与提供工业产品为主的工业经济社会是相适应的，可以通过管理实现组织目标。但在以知识生产和知识创造为主的信息社会，这种管理模式的局限性就显现了出来，影响了教师创新积极性的发挥。

跨学科研究是科研活动方式的重要创新，这种探索方式表现为综合多个学科的知识和思维模式，从而产生认知上的进步或实践上的进展。实现科学研究的跨学科性不仅是科学自身发展的需要，也是全球经济和人类社会发展的需要（董金华和刘凡丰，2008）。然而，目前大学学科组织模式的校—院—系—教研室模式已在高校范围内体制化，各高校也想当然地视其为正确的形式。这种组织模式在无形中限制了“系统综合时代”学科的交叉、综合发展，抑制了大学教师参与科研和进行科研创新的积极性。另外，课程内容重复现象在高校普遍存在，占用

了学生过多的时间，其本质也在于条块分割和部门利益为主（李培凤，2010）。因此，打破原有以学院、教研室为主的组织结构，探索建立以项目（课题、专业、学科）为主的矩阵式管理模式势在必行。

三、工业化人才培养模式难以适应信息社会对人才规格的要求

在人才培养模式上，与工业化生产方式相适应的现代大学强调批量、模式化、专业化、统一化。目前，高校普遍适用的是学校、社会、家庭所构成的育人大三角模式，学校、社会、家庭承担了育人环节上的不同角色。在学校内部，形成了由辅导员、党政机关干部、教学管理人员、思想政治教育教师和不同课程教师构成的类似生产流水线的育人模式。在该模式中，学校、家庭、社会以及学校内部每一环节均尽心尽力做好自己的工作，但只能掌握学生思想、生活、学习、身心的某一部分而非全部，各环节均从自己角度出发，强调自身环节的重要性，片面追求局部最优而忽视了学生的全面发展。由于信息不共享，各育人环节之间缺乏有效沟通，不能及时发现学生成长过程中的问题并制定全方位的纠偏方案。应该说，这种模式在特定历史时期也发挥了积极的作用，或者说在其产生的时候也是先进管理模式的代表，只是随着时间的推移、信息时代的来临这种模式开始落伍了。因为人的教育毕竟不同于产品生产，因此有必要对传统育人模式进行再思考和重新设计。

以学生能力培养为例，我们为每一专业学生设置培养目标，根据目标设置需要学习的课程，并由不同部门的专业教师实施教学。这种人才培养模式割裂了知识本来的整体性，且偏重知识的学习，轻视能力的培养。对于学生而言，学习这些课程只是手段，他们需要的是综合运用各类知识和技能分析解决问题的能力。学生接受了不同教师传授的知识，还需要进行梳理并转化为分析和解决问题的能力，但各个部门的专业教师对学生是否已经形成这种能力这一目的却并不关心。不少学生计算机技术很好、专业也不错，但缺乏将技术和专业结合在一起的能力就是上述人才培养模式弊端的具体体现，也严重影响了我国的国际竞争力。再以信息服务业为例，在决定未来国家竞争力的关键性产业上（如软件），我们国家不仅远远落后于西方发达国家，也远远落后于和我们同属第三世界的邻国印度，这不能不引起我们对人才培养模式的反思。

四、传统课程体系难以适应信息化时代经济社会发展的需要

目前，在学科内容和课程体系的设置上，高校还停留在对传统工业社会技术、社会、经济、管理、法律等方面内容的解读和研究上，甚至仍然用工业时代

产生出来的工具、方法和哲学来解决当今时代的问题。多数课程未能充分体现科技进步和社会经济结构、管理体制、价值观，甚至意识形态已经或正在发生的变化。多年来人们对新技术革命的认知比较深刻，但对支撑这些技术革命的科学思想的变革却认识不够，现代科学理论和思想中的大部分内容，还没有转化为我们的教育内容。这已经严重影响了我国的经济发展速度和社会现代化进程。

以计算机教育为例，现在高校计算机课程设计非常注重计算机技能的培训，但却往往忽视与现代信息科技发展相适应的科学思想教育。以手工作业方式操作使用计算机在国内流行的教材中普遍存在。其实，作为现代化的技术，计算机作用的发挥不仅取决于使用者的使用技能，还取决于其思维模式和价值观。计算机是现代化的工具，集成、复用、云计算、软件即服务等技术及思想已经深刻影响到企业和社会的管理及运作模式与人们的思维方式。如果使用者的思想还停留在工业时代甚至手工作坊时代，对计算机的使用还停留在工具性操作的层面，计算机的庞大功能便无从发挥。这就不难解释为什么我国信息化失败率高居不下、软件产业严重落后于印度的原因。

另外，信息商品的特点也对课程体系有很大影响。我们知道，商品是社会的基本细胞，要分析社会问题需要从商品的属性开始。有形的工业品存在边际成本，但无形的信息商品（以软件为例）的边际成本几乎为零；消费者从一种工业品的消费转移到替代品的转移成本几乎为零，但消费者从一种软件（如 Windows 操作系统）的使用转移到替代品（如开源的 Linux 操作系统）的转移成本则很高。正是这些特点，使信息商品商务模式表现为正反馈（网络效应），其产品的生产、设计、营销均不同于传统工业品，而现有课程体系未充分反映这一变化，从而影响我们对新生事物的正确判断甚至产业的发展。比尔·盖茨曾说过：中国人爱用盗版，就让其用微软的好了。我们也发现，以维护知识产权名义自居的微软对个人和学校的盗版行为不予追究，甚至有纵容之嫌。单纯从所谓的法律（知识产权）显然无法解释上述现象。所以，面对知识经济发展中出现的新问题，根据国家社会经济发展战略，以新的哲学观重新规划和设计社会经济发展需要的课程体系和内容十分必要。当然，造成上述问题的原因是多方面的，要完成我国高等教育的转型，不是由某一专业老师短时期内所能完成的，建立以适应信息经济社会发展的新课程体系或许能够成为这一改变的突破口。

第三节　解决问题的对策探讨

为适应知识经济社会发展的需要，高等教育现行的教学与科研、社会服务的方式必须迅速变革，甚至是彻底改变。因此，真正的问题不是高等教育是否应该改变，而是怎样改变、如何改变的问题。我们认为，教育信息化是解决高等教育面临问题的根本途径。

一、高等院校的重新定位：基于网络的学习社区

在知识经济时代，受过教育的人以及他们所利用和创造的知识已成为经济繁荣和国家强盛的关键。社会对高等教育和技能的需求既要求有终身继续学习的愿望，也要求大学提供终身学习的机会。信息技术为人们创造了终身学习的环境，运用信息技术，在全国范围内整合优化各类教育资源不仅十分必要，而且十分可行。依据信息商务模式，探索优质教育资源共享的模式和机制已经变得可行。

在这方面，加拿大学者 Lan Nguyen 的“一个通过网络连接起来的终身学习社区”的观点对我国高校改革很有借鉴意义（见图 1-1）。他认为，借助现代信息技术，未来的高校将成为一个通过网络连接起来的学习社区，将彻底打破学校与学校之间、学校与社会之间、学校内不同学科之间、教师与教师之间的围墙。教师由单向知识传授者向学习指导者的角色转变，专注教学设计和指导；学习者

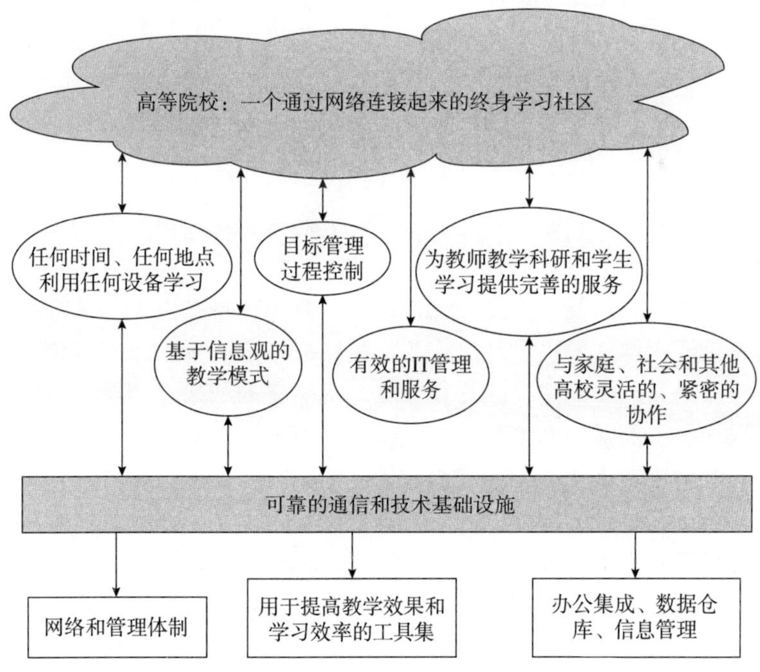

图 1-1　高等院校的重新定位：基于网络的学习社区

（不仅指学生）可在任何时间、任何地点利用任何设备学习。在“学院家庭”的意义上，“插件学习（Plug and learn）”以及移动教室，为学生、公众、社区准备的学院服务和资源轻松且无缝的访问，这些都成为构建一个未来校园的基础。借鉴Lan Nguyen（2003）的观点，在我国高校构建类似的基于网络的学习社区，同样具有重大的现实意义，它将彻底改变我国高校的办学模式，使得学习者在任何时间、任何地点学习成为可能，改变了只有进入大学才能学习的办学模式。

21世纪的大学应是一台“知识服务器”，它可以为当今社会提供任何形式的知识服务（如知识创造、保存、传播和应用等）（詹姆斯·杜德斯达，2005）。今天“即插即用的一代”（Plug-and-play Generation）要求大学用高度互动和协作的教学模式来替代传统的课堂教学。教师成为学生学习活动、学习过程和学习环境的设计者，较少关注知识内容的确定和传授，主要精力放在对学生的主动学习进行鼓励、激励和管理上。图书馆不再只是收藏图书的一个场所，而应该是一个知识的导航中心、一个信息回收和传播的推进器。

二、高等教育的新趋势：基于信息化的教育改革

工业时代的变革诞生了现代大学。如今，在全球化社会里需要一场比工业时代更为激烈的变革。新的信息技术、社会需求、经济形势等已经引起了广泛变革，大学要想在变革中生存，就必须探索新的模式。

工业化时代催生了现代大学。如今，我们面临的是比工业化更为激烈的社会变革——信息化和全球化。信息技术的应用已经引起生产方式和社会运行模式的深刻变革，并在进一步引起人们生活方式、思想观念及意识形态的变化。高校应积极顺应这种变化，探索新的教育改革方式，我们认为，与这种变化相适应的未来教育改革新趋势就是基于信息化的再设计。具体体现在以下几个方面：

一是高校管理模式的再设计。作为学科建设水平的重要标志，创新性科研成果的取得往往是高校学科建设纵深化、复合交叉化的结果，需要高校教研人员打破院系界限，学科的交融和创新。为此，建立基于知识共享的科研平台是科研管理的方向，有助于实现职能管理向服务管理的转变，形成公平有序竞争，发挥每一位教师的科研积极性。建立协同工作与柔性管理体制，以教育信息化为手段建立新的教学科研管理平台与制度，实现管理模式的革命性变革。

二是育人模式的再设计。通过信息网络平台和管理机制，将育人环节中的诸环节（家庭、学校与社会之间，思想政治教育、专业教育、管理等环节之间）形成无缝对接的协同教育育人环境。各环节环环相扣，通过信息网络平台保持沟通，并及时发现和解决每个环节可能出现的问题。

三是教学模式的再设计。要利用多媒体、网络技术实现高质量教学资源、信息资源和智力资源的共享与传播，并同时促进高水平的师生互动，促进主动式、协作式、研究型的学习，从而形成开放高效的教学模式，更好地培养学生的信息素养以及分析问题解决问题的能力和创新能力。

四是课程体系的再设计。应以教育信息化为动力，建立起新的适应信息经济社会需要的课程体系。这包括两方面：一是要实现信息技术与课程的整合；二是要实现课程内容的重新整合。课程内容的整合既要反映信息技术对科学技术、社会、经济、管理、人文、法律、文化甚至意识形态等方面的影响，又要从科学技术哲学的角度，反映变化的趋势及其对人类社会发展所产生的影响，培养学生的科学思想与人文精神。

三、做好教育信息化工作的顶层设计

如前所述，信息化对高等教育影响巨大。《国家中长期教育改革和发展规划纲要（2010—2020年）》中也明确指出："信息技术对教育发展具有革命性影响，必须予以高度重视。"因此，实现教育信息化已经成为高等教育改革和发展的必要途径和手段。然而，这个过程不仅是一种信息技术引入教育的过程，更是一种教育思想、教育观念变革的过程，是实现创新人才培养模式的过程。借助现代信息技术，使各种组织能以与以往根本不同的方式方法进行工作。"技术的真正力量并不是使现有的工作流程发挥更好的作用，而是能帮助公司打破陈规，创造新的工作方法。"（迈克尔·哈默和詹姆斯·钱皮，2007）。目前，我国教育信息化水平还停留在技术应用层面，在以政绩观主导的管理体制下，利用信息技术只是使现有的流程自动化，计算机成为原有流程自动化的工具，传统的思想观念借助现代化工具得到了加强和巩固，反而不利于改革。

基于信息观的教育理念和信息技术的有效运用是实现理想化高等教育的基础和保证。要实现这种转变，不是对现有大学的工作进行改良、提高或修补，也不是不触动基本结构而做一些渐进式的改革，而是对我国高等教育的重构或再设计。彻底的重新设计指要从事物的根本着手，不是对现有的事物做表面的变动，而是把旧的一套抛掉，意味着不顾现有的种种组织结构和工作流程，去开辟完成工作的崭新路径（迈克尔·哈默和詹姆斯·钱皮，2007）。这是一个系统工程，涉及教育、经济、管理、社会等多个学科。同时这也是一场深刻的教育变革，是教育观念、思维模式的根本性转变并涉及诸多方面的责权利的重新调整，困难、矛盾、冲突在所难免。因此，加强组织和管理工作，做好顶层设计就成为这场革命成败的关键。

本章小结

高等教育改革已经成为教育主管部门、理论研究者、高校领导及教师的共识。但是如何改，改什么，以什么为抓手成为问题的关键。我国高等教育既有因扩大规模所引起的内涵建设问题，又有因信息技术应用所引起的教育理念、教育管理及教学模式变革问题，也有人才培养模式及高校治理方面的思考，还有教育脱离社会实践的老问题。在诸多已经暴露出的矛盾和问题中，只有认真分析探寻出具有根本性的主要问题，才能避免一叶障目，找到解决问题的有效办法，这是我国高等教育改革的正确路径。推动高等教育改革，时不我待。

第二章 新经济时代高等教育再设计*

高等教育改革已成为人们的共识，但是如何改革、从何入手等问题日益成为理论研究者和实践者探讨的焦点。现阶段我国高等教育面临诸多问题的主要原因是长期以适应工业化社会经济发展所形成的教育理念、管理体制、教学模式、课程体系及人才培养模式不能适应知识经济发展的需要。基于这种认识，以下从信息化视角出发提出我国高等教育进行再设计的几点设想。

第一节 信息观概述

在信息社会，信息商品的设计、生产、管理及商务模式成为社会的主导生产方式，并深刻影响着社会的运行管理、思想观念甚至意识形态；信息商品相关产业的从业人数在就业总人数所占的比重也越来越高，并成为信息社会快速发展的推动者。培养信息经济发展所需要的专业人才、建立与信息经济发展相适应的高等教育，显然不能再沿用传统的工业化思维方式，而应从占据社会主导生产方式（信息商品的生产）的新思维重新构建我国高等教育的新体系。

一、信息观的提出

作为信息理论发展的最新成果，信息观或信息方法日益受到人们的关注。20世纪80年代以来，我国学者也做了不少有益的探索。刘粤生等（1985）认为，

* 本部分内容系全国教育科学“十一五”规划2010年度教育部重点课题“基于教育信息化的高校内涵建设研究”（课题批准号DMA100347）的阶段性成果。原文《基于信息观的高等教育再设计研究》发表在《未来与发展》2013年第2期，第91~96页（温建平、张国锋）。

信息观同其他所有科学观念一样，来源于人类认识和改造世界的实践中，信息观的发展过程就是人类利用和认识信息的历史过程。尹勇胜等（1986）则认为，基于信息哲学属性的信息观，或者说是基于工业产品商品属性（作为一种资源，基于信息资源的信息观、基于信息哲学属性的信息观，因为它强调信息的哲学性）的信息观。正因为此，在信息社会，信息越来越成为一种商品，具备了商品属性，而信息的商品属性对信息观也会产生相应影响。信息范式是信息哲学属性的一个方面，是随着行业的不同、社会的进步而不断演变的，在信息社会，信息范式的变化也一定会带来信息观的变化。肖峰（2009）认为信息论是利用信息观点和方法来研究问题的理论。信息方法就是运用信息的观点，把系统的运动过程看作信息传递和信息转换的过程，通过对信息流程的分析和处理，获得对某一复杂系统运动过程的规律性认识的一种研究方法。

基于信息化的社会实践，产业界提出了建立新的信息化范式的概念。因为在企业信息化过程中，尽管采用了信息技术手段，但是基于工业化思维的信息化，其管理思想、组织形态、企业文化、市场形态都未发生根本性的变化，失败在所难免。针对信息化过程中的问题，企业界人士提出了“信息化范式”。知识经济时代的“信息化范式”是利用信息技术整合企业内外资源，必然触动企业组织、管理模式和流程再造。正因为此，要推进信息化建设，不管是对国家战略层面，还是对 IT 业界而言，都需要具备一种大变局时代的信息观（互联网实验室，2011）。

从以上论述可以看出，信息观是针对信息化社会实践中出现的问题而提出的，是对传统范式无法应对或解释信息化过程中出现的问题所进行的理论探索和尝试。正如不能用农业思维发展工业，同样我们也不能用工业时代的方法论来分析解决知识经济社会出现的新问题。作为信息理论的成果，信息方法正在成为分析解决问题的主要方法，应用于越来越广泛的领域。

二、基于信息商品属性的信息观

马克思劳动价值理论指出，劳动产品的商品形式是社会经济的细胞，分析占据工业社会主导地位的工业商品的价值形式是研究工业社会区别于农业社会的出发点。因此，要研究信息经济时代的问题，应从占据信息社会主导地位的信息商品的属性开始。我们可以把汽车和软件分别作为工业产品和信息商品的代表，通过二者的商品属性来认识工业社会与信息社会的不同特点。工业产品是有形的并存在边际成本，多生产一辆汽车就消耗更多的物质资源；工业品的生产及消费会受到区域限制，市场范围受规模经济的影响，同时，汽车的物质形态决定了其生产方式必然是串形的流水线生产模式，工业品生产的组织与管理形式为现场管理，对劳动者劳动成果的度量方式为计件或计时，产品的核心竞争力为成本，而信息商品是无形的，其边际成本几乎为零且不占用物质资源，生产不受时空的限制，可在全球范围内以并行团队协作的方式组织生产，而且产品可通过互联网迅速传播到全球，商务模式表现为网络效应和正反馈，对劳动者劳动成果的度量为其创造性，产品的核心竞争力为创意及服务水平。

工业商品与信息商品在商品属性上的本质不同，决定了其生产方式、生产的组织与管理、劳动者劳动度量标准、产品竞争力、劳动生产率及商务模式也具有显著差异。信息商品属性的不同特点决定了信息经济社会对人才的不同需求。我们认为，在信息经济社会，应从信息商品属性的角度来审视高等教育所面临的问题，而要彻底解决这一问题，就不能再用传统的哲学观和方法论，就必须尝试新的方法，基于商品属性的信息观的方法就是一种。

以信息商品属性的信息观有助于我们认清高等教育所面临问题的实质，厘清交织在一起的诸多矛盾和问题。我国高等教育面临的问题比较复杂，既有与高校扩招相对应的内涵建设问题，又有教育信息化所引起的教育变革问题，还有教育脱离社会实践的历史老问题。从信息商品属性的角度看，我们可以将高等学校看成是知识生产（科研）、知识管理和知识传播（教学）的公共事业组织（有别于微软、IBM、SAP 等知识型企业）。按照信息商品的属性特点，确立信息观指导下的教育理念（创新型人才培养），建立与信息商品生产方式相适应的管理体制和运行机制；根据信息商品的生产及商务模式设计新的课程体系；依据信息传递的规律重构教育教学模式（教育信息化）。以信息观分析教育信息化，有助于我们认清教育信息化的实质，发现教育信息化过程中存在的问题。如教育信息化不能仅停留在信息技术的应用阶段，而应按照信息的特点，根据教育的特点和教育规律重新梳理教育过程及管理活动，不断创新教育活动和教育管理模式，重新构筑新的高等教育体系。

就高等教育而言，基于信息商品属性的信息观要求我们要根据信息经济的要求，以培养信息经济社会所要求的人才规格为宗旨，结合高等教育中存在的问题，调整人才培养理念、重新设计课程体系，构建人才培养模式和适合人才培养要求的教育生态。

第二节　信息经济对高校人才规格的新要求

在工业社会，有形的工业产品是社会的基本细胞，人是机器的一部分，需要做的是重复性的高精确度工作，需要的是工具型、标准化、专业化人才，学校也是按照工厂的模式进行设计的。因此，我国的高等教育的理念、管理体制、教学模式、人才培养模式及课程体系也深受工业社会产品流水生产线及管理模式的影响，均是以适应这种工业化生产模式而建立起来的。学生被当作原材料，学校是将学生转化为成品的生产线，为学生传授工业化时代所需要的行为和基本技能（拉塞尔·L. 阿克夫和丹尼尔·格林伯格，2010）。学校与家庭、社会之间，学校内部思想政治教育、专业教育、教学管理、后勤服务之间虽然分工明确，但条块分割且资源缺乏整合，信息不能共享，未形成合力，效果不够理想。在过去的 30 年中，我国高等教育为实现工业化、城镇化培养了社会经济发展必需的工程师和管理人才，对推动我国经济高速增长功不可没，形成了稳固的与工业化人才标准相适应的教育理念、管理体制、教学模式、课程体系、人才培养模式。

在信息社会，无形的信息商品的生产方式将成为社会生产的主要形式并影响到传统工业产品的生产方式，新的大规模协作形式正在全球范围内改变着发明、生产、销售和分配商品与服务的方式（唐·泰普斯科特和安东尼·威廉姆斯，2007），因商品属性不同而导致的商品生产、组织管理和商务模式的不同，从而引起的人才标准的变化，这是高等教育改革的原动力和出发点。西方国家相关机构对 21 世纪的人才规格进行了大量研究。美国《2010 年国家教育技术计划》中指出，信息商品的生产方式对人才的要求会发生一些变化，突出表现在创新方面，即批判性思维、复杂问题解决能力、团队协作、多媒体沟通能力（Office of Education Technology，2010）等。专门研究 21 世纪应具备能力的专业网站 ATC21S，在其 2010 年所发布的白皮书中，指出 21 世纪学生应具有如下四个方面的十项能力（Marilyn Binkley et al.，2010）。思考方式方面：①创造力和创新能力；②批判性思维、解决问题和制定决策的能力；③学会学习和元认知能力。工作方式方面：①沟通能力；②协作能力（团队协作）。工作中需要的素养方面：①信息素养；②使用现代信息和通信技术的能力。全球化生活方面：①国家及国际公民意识；②生活和事业；③个人及社会责任（包括文化意识和能力）。

面对这场极其深刻的社会变革，我们的高等教育还缺乏应有的准备。为实现产业结构的升级以及迎接知识经济时代的到来，高等教育要承担起国家大量新兴产业和基于信息化思维对传统工业农业改造所急需的人才之历史任务。高等教育必须加速完成以适应工业经济发展的人才培养模式向信息经济发展人才培养模式的转变，才能为我国经济持续发展提供必要的劳动力和智力支持。这关系到我国在未来世界竞争格局中的地位和竞争力。

第三节　基于信息观的高等教育再设计的构想

高等教育的改革要满足培养具有上述能力的人才的要求，就必须进行改革。可以从以下五个方面入手：

一、树立基于创新型人才培养的教育理念

高等教育改革的核心是教育理念的更新，高等教育的改革应首先从教育理念开始。

基于信息社会对创新型人才的需要，以信息的观点分析设计并构筑新的教学目标、教学模式、管理体制、课程体系、人才培养模式等教育活动，即把教育目标、内容、过程和活动都当作一种信息形态来认识，在信息的空间里运作，让教育从传统的知识传递走向现代的信息传播，让教育内容转化为信息资源，视教育活动为信息探索（包国庆，2011）。因此，未来的高等教育应该树立以下理念。

（1）注重人的全面发展。人的全面发展是人类发展的一个永恒的主题。如果一个人只在教育活动中获得知识和技术而缺乏人文的熏陶，那么这个人无异于一台机器。人的全面发展正是人类在付出一系列沉重代价后所获得的理性认识。人的全面发展包括：确立以人为本的教育理念、建立能力核心的培养模式、创建全面发展的人文环境。

（2）注重创造性和批判性思维能力的培养。信息商品具有零边际成本的特点，并可通过现代信息技术快速供给全球市场。正如苹果商店一样，实现的是世界范围内的脑力劳动社会化分工。这也决定了未来知识经济社会的特点：即批判性思维和创造性思维是推动未来知识社会前进的主要动力。

（3）倡导终身教育和终身学习。现代信息技术使终身学习的教育理念不断渗入，非正式学习成为主要学习模式，学习者可以随时随地通过新媒体进行学习。高校成为专业知识的服务器，高度分离的教育系统将会融合成天衣无缝的网络，各级各类教育成为一个连续的统一体，服务于人们多样化的需求和目标（詹姆斯·杜德斯达，2005）。

（4）构建开放的教育生态系统。随着教育信息化的逐步实现，教师与教师之间、学校与学校之间、学校与社会之间的围墙逐渐消失，逐渐形成一个开放的

教育生态系统，政府、企业、高校、教师、学生都成为该生态系统的有机组成部分。学习机会与生活方式和职业需要更为协调，交互式和合作式学习成为“即插即用”一代的主要学习方式。

(5) 获取智慧的场所。工业社会的发展模式决定了传统高等教育过多地集中于对学生的知识的传播、技能的训练，根本没有时间用在培养智慧方面（斯特林菲尔德等，2003）。当今教育最为深刻的危机之一，就在于知识占据了至关重要的地位，培养和塑造“知识人”成为根深蒂固的教育理念，始终指导和制约着教育的实践（郅庭瑾，2007）。现代信息技术使模拟现实环境成为可能，学生可独立完成职业所需要的技能训练；数字图书馆为学生提供了按需所得的知识获取途径和方法。这样，高校就从事务性教学工作中解放出来，可以专注知识创新和研究，成为学生获取智慧的场所。

二、构建“合力育人”的人才培养模式

合力育人模式源于德国著名理论物理学家哈肯（Hermann Haken）创立的“协同教育理论”。他认为，在学校教育系统、家庭教育系统、社会教育系统所构成的大教育系统中，各系统在一定的条件下形成合作、协同、同步、互补的“协同效应”。南国农（2006）先生认为：“协同教育是一种新的教育方式，它是联合对学生有影响的各社会机构的力量，对学生进行教育，以提高教育的效果、效率和效益。”以前，合力育人多停留在理论探索，缺乏实现的平台和机制；如今，借助信息化平台，通过健全的机制和制度保障，可以实现优质教育资源共享，实现学校、家庭、社会教育无缝衔接，实现学校内教育管理、专业教育、思想政治理论、辅导员、后勤服务诸环节的无缝衔接。通过师生互动和家庭、社会的参与，为学生定制个性化教育目标，以适应信息社会对学生复合型创新型人才的需要。通过目标管理、过程控制，及时发现问题并调整教育方法和策略。

“易班”（E-CLASS）就是协同教育的有益尝试。借助该平台，高校辅导员、教师及学生可在线互动交流、交换各种信息及资源、交流和分享学习体会和经验、上传照片、撰写博客等。同时可以实现不同大学教师的课件资源共享，学生不但能掌握所在学校的教学内容，也能了解到其他大学优秀教师的教学内容。通过该平台，辅导员可对班级进行有效管理，与其他老师一起引导教育学生树立正确的思想观、人生观。培养健全人格、健康心智、全面成长的具有多元知识结构、创新思维方式和较强沟通能力的人。

三、设计适合信息经济发展要求的新课程体系

一个专业所设置的课程相互间的分工与配合，构成课程体系。课程体系是否合理直接关系到人才培养的质量，因此课程是教育改革的实质和关键环节。课程的设计必须适应经济的形态与发展需要。传统课程存在的问题可以概括为两个方面：一是传统课程内容与工业社会发展相适应，无法对信息社会出现的新问题给予合理的解释。如微软素以知识产权保护者自居，在打击盗版方面不遗余力，但同时又默许个人用户和教育用户的盗版，这其实是信息商品属性的商务模式决定的，也是传统经济管理理论所无法解释的。二是传统课程的设计以“科学知识”为中心，注重知识的传授，以学生掌握多少既定的知识为标准，重知识轻能力、重视专业分工忽视知识的融合性（高有华，2009）。

基于信息观的课程体系应具有以下特点：

（1）课程观的确立应以信息观为指导。信息技术在教学中的应用不仅在于完善知识的展现方式、提高知识传播的效率，更在于为我们提供了更好的解决问题的方法和途径。根据传统的做法，学校根据社会需要确立教学内容，按照劳动分工理论进行分解，由不同专业老师给学生传授相应的专业知识。基于信息观的新课程为学生提供的是基于问题的解决方案，这些解决方案本身集成了多学科的知识。这些方案真实具体、易于理解，更能调动学生发现问题、探索解决问题方案的积极性。《Excel 商务应用与建模》就是本院对传统计算机、数学、经济管理课程综合改革的有益尝试，学生面对的是简单易用的 Excel 操作界面（集成了数学、经济管理等学科知识），即使是数学基础较弱、缺乏经济学知识的学生，也能掌握原来几乎不敢想象的建模与决策的理论及方法。从 2008 年开始，该课程针对一年级学生开设，教学效果良好，并为学生学习专业课程提供了强有力的支持。当然这对老师也提出了多学科知识背景、社会实践经验等更高的要求。

（2）课程体系设计应与信息社会对人才规格的要求相一致。现代科技发展日新月异，有力推动了管理创新和流程创新，与此不协调的是我国高校还没有建立起与此相适应的课程体系。这表现为课程内容陈旧、教材老化，重技能轻能力、重操作轻理念、重知识轻思维训练，学生未能掌握知识的精髓和技能背后的理念，不能触类旁通、不能应对多变的环境和社会需求，掌握的知识和技能很快就会过时，毕业后的学生需要从头培训，不少外企对此颇感头疼①。实际上，微

① 上海育路网．德国企业对从头培训大学生感到头痛［EB/OL］．2011-09-22．http：//sh．yuloo．com/gaokao/gkkx/44765．html．

软、IBM、SAP、苹果以及国内的淘宝商城都针对大学生提供了学习平台和开发接口，美国大学则直接将其列入大学课程，受到学生欢迎，而我国大学对此重视不够。值得一提的是上海市教委于2011年推出教师践习计划，从政策上鼓励大学教师参与社会实践，并将教师参加践习情况作为教师晋升专业技术职务的必要条件。这种举措可望有效改变我国课程体系落后于社会实践的局面。

（3）课程内容应反映信息经济发展的最新成果。传统课程是以工业社会经济发展为研究对象的，如经济学课程是以有形的物质产品为研究对象，其生产、管理、商务模式与其物理属性有关，表现为存在边际成本、现场管理和规模经济，而信息商品具有与其根本不同的特性，表现为零边际成本、非同质性、网络外部性等特点。传统的管理思想也是建立在传统经济学思想的基础之上的。当全球经济从工业时代转向信息时代的时候，经济活动的规则正经历着彻底的变革（萨尔坦，2000）。面对新兴科技和产业的快速发展，我国应尽快设计与信息经济发展相适应的课程内容。

四、构建“以学习者为中心”的学习生态系统

现代信息技术为在全球范围内知识生产、知识传播、知识管理提供了技术可能性，有助于构建由高校、企业、社会共同参与的学习生态系统。在“以学习者为中心”的学习生态系统中，学生成为学习的主体（见图2-1）；学生在学习基本要求的基础上具有更多的灵活性，他们可根据个人的目标、需求、兴趣选择参与大组学习或小组讨论（包括班级和网络社区）；在该生态系统中，名师、家长、校外专家和课外指导者组成了“教育专家库”，学生可根据自己的学习进度以及原有的知识经验合理安排自己的学习进度、内容或主题。在老师的指导下，学生可借助网络获取相关学科背景知识，通过课堂讨论、自主练习，运用知识构建工具构建自己的知识体系，可真正实现“按需定制”的学习。同时，多媒体和网络技术提供的游戏般的虚拟现实，通过信息技术课模拟各种实验环境或业务场景，学生可通过互动增强学习趣味性，在提高学习效率的同时并能将理论与实践联系起来。以学习者为中心：现代信息技术使个性化学习成为可能，学生可根据自身情况，制定切合自己的学习计划。教师也由知识的传授者转变为学习的指导者，教师可通过目标管理和过程控制，帮助学生修正学习计划，传统的以教师为中心的教学模式将逐步被以学习者为中心的教学模式所替代。知识和分布式的智能化技术使建立起高度用户化并且能够适应学习者多变的学习环境成为可能（詹姆斯·杜德斯达，2005）。借助智能化工具，学习者可快捷地构建属于自己的知识体系。

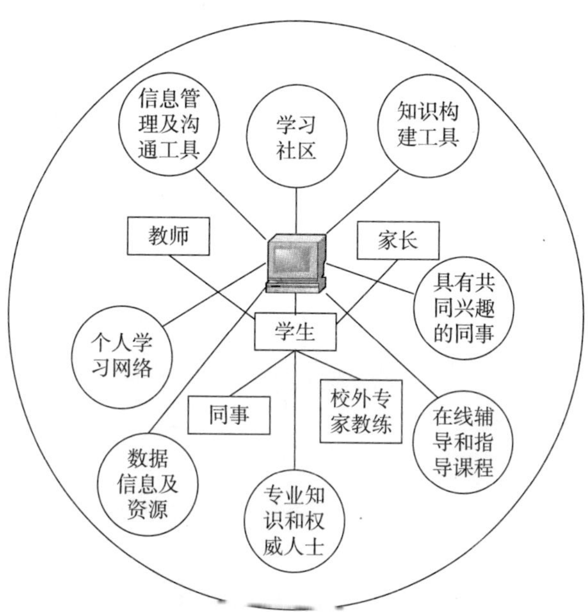

图 2-1 用技术支持的新型学习模型①

五、构建以教师为主导的协同无缝教学模式

信息技术在教学中作用的发挥首先体现在教学活动中信息技术的应用，更为重要的是发现并构筑新的教学模式。新的教学模式不是淡化教师的作用，而是基于信息观重新设计教师在教学过程中的作用。教师是教学内容设计、教学组织管理及教学活动的主导。基于现代信息技术，无论是在教室还是在课外，教师与家长、辅导员以及相关老师随时随地沟通，评估学生学习情况，充分运用网络教学资源，协同帮助学生完成学习任务。课堂教学突出教学过程中面对面的亲身体验过程；而网络学习具有便捷性、互动性、即时性、体验性、现实模拟等特点，且日益成为学习的主要方式。在教室以外，还有来自校内网的专家组、专业学习网站等由技术支持的学习社区；教师指导学生通过在线课程访问教室所无法提供的教学资源库。通过课堂教学与网络课程、社会实践有效无缝连接，教学相长，构筑了以教师为主导的无缝衔接的协同教学模式（见图 2-2）。

① Office of Education Technology，U. S. Department of Education. Transforming American Education：Learning Powered by Technology ［R］. National Education Technology Plan 2010. October，2010.

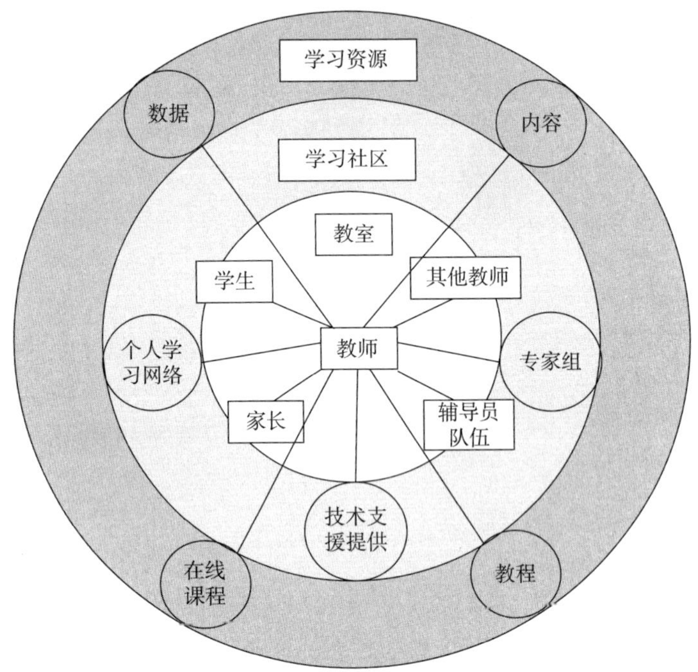

图 2-2　以教师为主导的无缝衔接的协同教学模式①

本章小结

高等教育改革是世界各国政府为应对新经济的发展而做出的战略抉择。美国政府于 2010 年 10 月美国正式发布了《美国 2010 国家教育技术计划（美国教育的转型——技术支持的教育）》白皮书。在这份报告中，提出的一个对教育领域意义最为重大、影响最为深远的命题——“要想显著提高教育的生产力，需要对教育系统实施由技术支持的重大结构性变革”，呼吁对整个美国的教育系统进行革命性的变革，而不是进化性的修修补补（Office of Education Technology，2010）。澳大利亚政府则直接将其称之为“高等教育革命”（Higher Education Revolution，2009），而要达到“教育系统结构性变革”命题所强调的教育生产力

① Office of Education Technology，U. S. Department of Education. Transforming American Education：Learning Powered by Technology［R］. National Education Technology Plan 2010. October，2010.

的显著提高，应当是由技术支持的重大结构性变革，即通过教育信息化实现教育现代化。不难看出，无论是政府、高校自身、教育家还是企业都在积极探索如何将信息技术应用于高等教育的改革中。这种应用不是在不改变原有架构基础上的应用，而是探索如何以更好的方式发挥技术的作用，即不再是原有流程的自动化，而是寻找更好的教育模式。传统框架下的修修补补固然有利于稳定，但从长期来看，存在需不断调整、改革时间过长的问题，改革的总社会成本也会很高。在成熟理论的支持下，充分利用我国的政治组织优势，看准方向重新设计并积极推动高等教育的改革，是奠定我国在知识经济社会国际竞争力的基础。

第三章 新经济时代高等教育供应链的重构*

第一节 高等教育供应链概念的提出

大学生就业难问题引起了社会的广泛关注。从表面上看是高等教育人才培养过剩所致，但实际上这反映了我国高等教育的深层次问题，即高校的人才培养模式、教学内容、科学研究未能及时反映社会发展的最新动态和最新要求。按照工业流水线方式培养的人才，已经不符合当今经济与社会发展的需要，造成了我国工业经济人才相对过剩、新经济人才缺口巨大的现实问题。如何化解这一难题，有学者提出了高等教育供应链的概念（马永红等，2004），将人才培养过程与供应链运作流程进行对比，希望运用供应链管理的理论解释存在的问题并给出了不少政策性建议。

供应链管理（Supply Chain Management，SCM）思想发轫于20世纪80年代初，是指在产品的生产和流通过程中，由供应商、生产商、批发商、零售商及最终消费者所构成的功能网链模式。马士华认为，供应链是围绕核心企业，通过对工作流、信息流、物料流、资金流的协调与控制，从采购原材料开始，制成中间产品以及最终产品，最后由销售网络把产品送到消费者手中，将供应商、制造商、分销商、零售商，直到最终用户连成一个整体的功能网链结构模式（马士华，2008）。因此，供应链管理通过协调供应链各节点的业务流程，使供应链从物料的采购开始，到满足最终用户需求的所有过程，包括工作流、物料流、资金流和信息流等均能高效率地运作，把合适的产品以合理的价格，及时、准确地送

* 本部分内容系全国教育科学“十一五”规划2010年度教育部重点课题“基于教育信息化的高校内涵建设研究”（课题批准号DMA100347）的阶段性成果。原文《高等教育供应链的重构研究》发表在《教育发展研究》2015年第21期，第64~69页（温建平、张国锋）。

到消费者手中，从而达到以最合理成本满足客户需求的最终目的。供应链具有系统优势，体现的是资源共享、信息共享、利益共享、优势互补、相互促进的合作共赢关系。

马永红（2004）等把高等教育的人才培养过程归结为“具有高等教育需求的群体（如家庭、组织、个人等）→高等学校的招生和选拔生源→高等学校对学生的知识与技能培训（即产品的生产过程）→就业（不同的就业机制、就业服务体系，即产品的销售）→接受高层次人才的群体（接受高校毕业生，即接受高等学校的产品）”，认为这一过程与产品的生产过程供应链“供应→采购→制造→销售→客户接受”有相似之处，因此提出了高等教育供应链的观点。基于上述观点，本书将高等教育供应链的模型用图 3-1 表示如下。

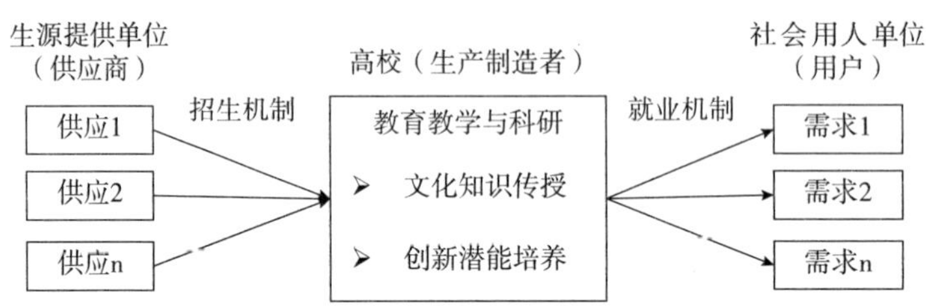

图 3-1　高等教育供应链的模型

马永红等（2004）还指出了高等教育供应链的四大特点，即目标与需求的多样性、动态性，目标的前瞻性，生产过程的不可逆性和目标的可延续性。然而，高等教育供应链与一般企业生产销售或服务供应链的产品及其属性也有所不同。在高等教育供应链中，学生充当着贯穿整个供应链的从“物料”到“产品”的角色，这是由高等教育的特点所决定的——学生接受教育培养的目的，不仅是为了满足就业的需要，也是为今后工作、生活中的再学习打下坚实的基础，要具备足够的再学习与研究、创新的潜能。

高等教育供应链概念的提出把高等教育置于整个社会大背景中去审视，而不仅是在高等教育领域中对某个局部的具体问题的思考。这有助于解决高等教育中现存的问题，在大学生就业与社会用人单位之间架起桥梁，解决高校人才培养模式化、标准化问题和毕业生就业后潜力不足、创新精神不够等问题。

进入新世纪以来，社会经济的快速发展以及信息化给整个社会带来的巨大变化，让已经习惯于工业化背景下人才培养标准化的高校目不暇接。

第二节　高等教育供应链中存在的问题

环顾各高校的现状，我们不难发现，当前所谓高等教育供应链仅局限在高校内部各院系与各相关部门之间，并没有真正地将之扩展到上游需要接受高等教育的人群以及下游的用人单位，没有真正做到高等教育供应链管理全业务流程的整体覆盖，供应链部分节点出现梗滞淤塞，导致就业难、招人难的情况。究其原因，主要有以下几个方面。

一、工业化生产流水线观念依然盛行

流水生产线是工业时代最典型的特征，其特点是通过劳动分工把产品的生产工序分割成一个个环节，实现生产工艺过程和产品的标准化和通用性，大幅度提高劳动效率和产品质量。这种生产方式深深影响了人们生活方式、思维方式、行为方式以及社会的组织管理模式，高等教育也毫无例外地深深地打上了工业流水线生产方式的烙印。无论是高校内部的组织管理方式，还是高校与企业社会之间的联系基本上是按照有形物质商品流水生产线模式建立起来的。人才培养规格的标准化、培养过程的标准化、教学过程的标准化、教学文件的标准化便成为高校的追求，“千校一面”成为高校的真实写照。

然而，高等教育的“物料”是一个个具有鲜明个性的人，他们性格不同、成长背景不同、才智心性不同、学习方法不同、思维方式不同，因此这种工艺路线标准化的培养方式难免会造成千军万马过独木桥的局面，所有学生必须接受同一把尺子的衡量，学生个性化需要无法得到满足，因此也就影响了学生创造性的培养和个性发挥。这样的教学虽然便于管理，培养的人才虽然一致趋同，但是问题很快就显露无遗，毕业生就业难和人才培养质量受到非议便是明证。

从供应链管理的定义中不难看出，供应链管理所反映的是一种集成的、协调管理的思想和方法，通过各节点单位间的密切合作，通过对彼此相关工作流程的整合与协调运行，从而达到整条供应链整体运作最佳的绩效，各节点共担风险、共享获益。然而目前高等教育中供应链管理理念的缺失，使得高等教育供应链无法真正发挥其应有的作用和功效。

二、各节点之间协调不够充分

由于利益的排他性，高等教育供应链各节点之间难以形成利益共同体，作为

生产环节的高等教育机构与上游的生源提供单位（中等教育机构）和下游的社会用人单位（用户）节点之间的联系明显缺乏。高校、用人单位以及生源提供单位均为各自独立的组织，在经费、管理体制等各方面都自成一统，各主体之间虽然存在明显的供给和需求关系，但是却很难完全把来自对方的需要和要求作为主要考虑因素，高校内部各部门之间的协调统筹有难度。主要表现在以下几个方面：一是利益排他性致使各院系教学及职能部门、教辅部门无法充分发挥其职能效率。各部门均为相对独立的科研教学机构，有着不同的性质和目标，都希望争取各自利益的最大化，由此造成相互间矛盾和利益冲突，导致效率下降。二是目前的课程体系是按照工业化流水生产线模式设置，一个业务问题往往被分解为不能再分的课程，各专业教师只对课程负责，都以课时多少（加工时间）来衡量课程的重要性，强调局部利益和自己所承担课程的不可或缺。对学生经过相关课程的学习之后，是否真正具备解决具体问题的能力、是否真正达到了人才培养目标等问题却没有足够的控制。因此，造成学生课程和课时过多，无暇独立思考和自学。三是教学相关部门、课程教师、辅导员、教务管理部门之间缺乏信息沟通的平台和机制，都只对自己负责的节点（环节）负责，而不是对人才培养（产品加工）过程与质量负责，导致无法对某个节点上出现的问题做出及时反应。

高校与社会用人单位之间、高校内部各部门之间这种协调不利、沟通不畅，客观上也造成了各自为政、部门利益最大化的弊端，致使信息的双向流动受到阻塞，社会需求难以真正、及时、有效地体现在学校的课程体系和人才培养目标之中。

一体集成化管理是高等教育供应链的基本思想。其核心节点高校要在其中担负起各节点间，尤其是高校与上游提供生源的中小学校和下游用人单位之间的相互协调重任。当然，这中间也不能忽视与掌握教育政策大方向的政府管理部门之间的互动。然而，由于目前的高等教育供应链尚不成熟，大部分实践活动尚局限于各高校内部，并没有真正形成一整套完备的供应链协调机制，因此，出现各自为政的局面也就不足为奇。

三、各节点之间信息共享严重滞后

信息流的通畅和双向互动是高等教育供应链成功运作的必要条件。然而，由于信息不能够准确、及时、完整地传播与共享，就造成了人才培养和科学研究的盲目性。高校开设的课程、传授给学生的知识、技能与社会需求脱节，培养的人才无法满足社会用人单位的需求，而社会的最新发展与最新需求也无法及时被高校领悟并转化为新的课程或是融入课程内容，进而导致毕业生就业难、用人单位招聘到合适的人才也难的怪圈。同时，高校的科研也会出现问题：一方面科研成果不能得到及时推广，没能转化为社会生产力发挥其应有的作用；另一方面，由于高校不了解社会的最新发展和最新需求，只是在闭门造车，造成科研的盲目性和无效性，科研成果对社会实践的指导性大打折扣。这些问题最终造成了高校人、财、物资源的巨大浪费。

原因主要有以下几点：①供应链各节点之间缺乏信息沟通机制。由于缺乏信息反馈机制和渠道，需求方（社会用人单位）发现产品质量有问题时不能及时反馈，只能通过就业难表现出来。②供应链各主体之间存在人为的隔墙。如中学与大学之间、大学与大学之间、大学与企业之间都存在隐形的围墙，无法实现教育资源配置的优化和流动，作为具有能动性的学生（产品）本身没有选择的机会。③供应链效率低下。供应链是由相关方组成的网状结构，各环节不是彼此分割的，而是环环相扣的一个有机整体。企业供应链只有通过市场化手段实现信息共享、风险共担、利益共存，才能真正实现有效管理。但由于高等教育供应链的特殊性，很难通过市场手段加以迅速掌控，行政手段也很难理清责任，由此造成管理效率低下。

调查发现，高等教育脱离社会实践在我国比较突出。笔者曾在 SAP 中国研究院践习，发现美国、德国、印度等国的高校与 SAP 有较多的联系和交流，而在我国，由于教师考核条件中无相关要求，也无激励机制予以支持和鼓励，主动走向企业的教师人数甚少。企业技术及管理人员走向高校又存在诸多制度性制约。

信息资源整合利用能力低，导致产品设计合理性不足，无法满足高等教育供应链下游社会用人单位的需要；同时由于政策惯性等原因，在高等教育供应链的上游，中等教育中文理分科现象，近年虽有所转变，但仍较普遍，不利于高校培养出能够满足社会对复合型人才的需求。

第三节　高等教育供应链的重构

长期以来，人们都是按照工业时代劳动分工的思维方式，将复杂的任务和课题进行拆分，使其变得易解可控。这种做法固然有其可取的一面，但与此同时却使我们丧失了对整体的领悟和掌控。大卫·波姆曾经说过，如果当我们希望看到全貌时，便试图重新组装那些拆分出来的碎片，就好比试图通过重新拼起来的碎镜子来观察真实的映像一样徒劳无益（张成林译和 Senge Peter M.，2009）。本书认为，教育供应链重构绝不是在现有供应链各节点的形式组合，而是要彻底放弃工业思维，要理解供应链的实质和精髓，用供应链管理的理念来协调控制各相关节点的工作流、物料流和信息流，保证供应链各环节的顺畅、有序、高效，从而实现资源共享和效益最大化，真正发挥供应链的系统优势。

一、确立高等教育供应链的管理理念

理念是行动的先导。供应链管理理念的精髓是协调管理、资源整合、效率优化、客户满意。当前高校内部的所谓供应链及其管理，尚处在一种原始自发的状态，绝大部分的实践活动仅局限在高校内部各部门与环节之间，无仅法及时、准确、全面地把握真正满足学生和用人单位（最终用户）的需求，也无法真正实现自身对合理成本下高效益的追求。另外，高等教育供应链还停留在理论探索阶段，既无技术支持（软件系统），也无政策制度保证，更没有从战略高度来认识供应链管理的重要性和必要性。因此，我们需要彻底摒弃当前的观念与做法，重新确立整个高等教育供应链的理念，从战略高度审视高等教育供应链的各个节点，通过利益调整和信息双向及时流动等手段，实现效益的最优化。也就是说，高校要从人才培养体系的最终目标出发，通过沟通和协调机制以及信息共享平台等手段动态把握用人单位（最终用户）的需求，并通过沟通协调机制与信息分享平台将用人单位的需求全面、及时、准确地传达到生源提供单位（供应商），加强高校与用人单位之间、高校与生源提供单位之间的信息交流和互动，及时了解生源和社会需求的变化情况，做好上下游之间的桥梁，并根据需求，对高等教育供应链各节点相关业务流程进行再造，使之能够满足下游节点（用户）的需求，实现高等教育供应链的最终目标。作为高等教育供应链核心节点的高校在协调其他节点进行相关业务流程再造时，应特别注意工作流程的一体化集成，要站在整条供应链战略的高度对工作流进行需求驱动型再造，要确保整条供应链的工作流顺畅、便捷与高效。一体化工作流分为从上游节点流向下游节点的正向工作流和由下游节点流向上游节点的逆向工作流。前者包括需求管理、客户关系管理、课程设计与研发、教学科研管理以及采购与外包（如非核心课程的采购与外包）等，后者是指反馈评价流程。用户的评价与反馈，不仅是下游节点用户满意度的体现，更是发掘用户新需求的良机，应予以足够重视（见图 3-2）。同时，高校还要努力协调好供应链内部各相关节点的利益分配，重新设置课程体系，重新设计教学内容，将变化信息及时体现在高校的课程体系、科学研究和管理体系之中，提高针对用户需求的响应速度，制定出符合高等教育发展目标和供应链管理运行规律的战略，以优化成本，提高效益。在课程体系设计上，要提倡基于问题的课程体系设计，即不再单纯地按学科，而是按照问题进行课程设计，为学生提供基于问题的解决方案。方案设计要求设计者具有经济、管理、社会、人文、法律等多学科知识。学生可以根据自己对问题的兴趣进行探究型学习。课程体系由高校和企事业单位共同设计，通过教学平台，实现优质教育资源共享。教学过程由来自不同学科的教学团队负责实施，由相关部门进行针对性考评。

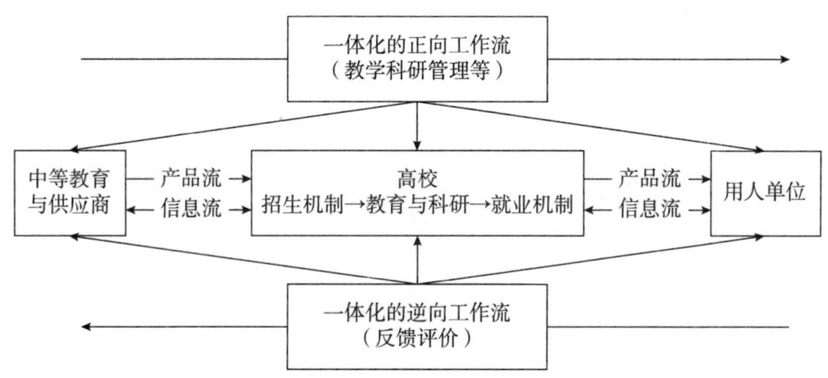

图 3–2　重构后的高等教育供应链管理流程结构

供应链一体集成化的管理思想强调供应链上各节点要明确其核心业务，厘清其核心资源，通过各节点间工作流的整合，提高整条供应链的竞争力，强化竞争优势。

二、构建高等教育供应链的协调机制

要保证供应链的顺畅运作，达到优化成本、提高效益、提升客户满意度的目标，就必须有效协调供应链各节点之间的各项行为，把各节点的行为合理纳入供应链进行一体化管理。要真正建设好高等教育供应链管理的协调机制，就要求供应链各节点的领导者，特别是处于供应链核心节点的高校领导者，能够从战略高度、从供应链的整体发展角度出发，通过信息分享、评价、激励、自律等手段，协调各节点的战略行动，在各节点之间建立起相互信任和战略合作的伙伴关系，形成高等教育供应链管理的协调机制。

高校要通过对组织结构上的重新设计，适应供应链的运作要求。要不断优化自身的教育、科研等优势资源，同时可以将部分非核心业务分包出去，充分利用国内外科研与各种社会资源，真正做到资源共享，优势互补，使整条供应链的成本趋于合理，效益不断提升。例如，可以通过借助一些社会外语培训机构外教资源丰富的优势，以业务外包形式将口语类的非核心课程分包出去，并通过与分包单位之间依据教学性质和目标，共同制定教学流程与规范，共同设定绩效考核周期与考核目标以及奖惩措施，通过一系列技术评估手段来监督教学进度，保证教学质量。分包可以节省师资资源，让教师更多地专注于自身所擅长的专业课教学和科研工作。这样便可真正发挥供应链管理在资源共享、优势互补方面的作用，实现相互促进、合作共赢。

当然，由于高等教育供应链各节点有着各自不同的优化目标与个体利益，这些往往与供应链的整体目标相冲突。例如，不少高校中目前还存在同一门课程由不同院系分别负责建设和实施教学的现象，教学内容存在交叉或重复现象，教学质量的评判标准可能会有所不同，教学效果参差不齐，造成了师资和学生时间的浪费。高等教育供应链管理就是要通过资源整合、不断优化优势资源，努力消除供应链各节点中存在的资源浪费，通过教学科研业务流程的协调管理，提高供应链的效率，使供应链的集成范围进一步扩大，从各节点内部的业务流程重组上升到各节点之间的业务流程重组与协作，使得高等教育供应链不断迈向战略协同发展的高度。

三、创建产学研结合的信息沟通云平台

信息共享是信息化时代的客观要求，信息流的通畅与否是供应链管理成败的关键要素之一。通过共享信息，供应链上各节点能够主动及时制定或调整其课程设置和人才培养方案，从而赢得先机，进而更加愿意相互开放和共享自身拥有的资源，进入一种良性循环。

先进技术是高等教育供应链健康发展所必需的技术基础，通过利用大数据挖掘、云计算、云平台等技术使整条供应链获得足够的优势。向下游，可以更加及时准确地把握客户的需求；往上游，发现供应链运行中存在的问题，及时指导上游节点改善运作模式。高校可充分借助大数据挖掘、云计算、云平台等信息技术，通过跨节点的工作流、信息流的集成化，实现供应链各节点协调运作的目标；通过信息系统，建立起高校与相关方无缝衔接供应链，供应链上的任何环节都可快速查阅学生培养信息。用人单位直接参与到高等教育供应链中，参与人才培养目标制定、课程体系设置和课程内容设计。作为供应链上的主体，高校可以根据用人单位需求变化，及时调整专业、课程及其内容。教师可以实时看到学生在图书馆、社会实践、学生活动、其他教师课程学习情况及评价，以便及时调整教学方案，实现人才培养的个性化。相关管理部门可以实时监控教学过程，大数据处理可以发现异常和需要解决的共性问题。家庭可以及时了解孩子的学业、身心健康及社会服务情况，并及时反馈建设性意见。教育主管部门可动态监管整个

流程的各个环节，一旦发现异常情况，可通过制定政策来影响高校决策。通过人才培养 C2B 客户定制模式，促进高校进行课程体系、教学模式以及管理体制改革。

从事知识生产、传播的企业参与教育过程重构，直接参与课程设置和课程建设，可打破企业与高校之间的围墙，实现产学研结合。这样既可以发挥市场在资源配置中的作用，又可以发挥教育公共产品属性的社会作用，极大地提高知识转化为生产力的效率。

四、建立高等教育供应链评价与激励体系

没有测量就没有管理，因此，要建立起高等教育供应链评价体系，只有通过强化对供应链管理战略实施的绩效管理，才能使管理者做出正确有效的决策。

高等教育供应链评价指标应当能够恰当地反映整条供应链的运营状况以及各节点之间的运营关系。要选取那些既能够反映出本周期与上期供应链的运营状况以及与竞争对手（其他同类型高校）的对比性指标，也要选取本条供应链各节点之间运营关系改善的指标（如各节点之间战略合作紧密程度方面的指标）；在注重集成化、反映整条供应链优化状况的同时，也要包含非集成化指标，用以判断单个节点与供应链相关的绩效问题（如针对部分教学模块的业务外包以及外包模块的绩效对整条供应链绩效的影响程度）；在做到重点突出的同时，要注重组织的未来发展，加强前瞻性；评价指标是基于业务流程的绩效评价指标，应尽可能采用实时分析与评价的方法，兼顾财务指标与非财务指标，同时还要注意各指标之间的平衡。

在激励体系的建设方面，要强调供应链各节点风险共担与利益共享，要注重长期性的战略合作，强调质量控制。供应链上下游节点之间的激励模式可以包括价格激励、商誉激励、信息激励以及淘汰激励等多种模式。作为高等教育供应链的核心节点，高校应特别注意整条供应链中的某些节点为了整条供应链的共同利益所做出的特别贡献与牺牲，在涉及利益分配与激励时，应予以充分考虑，这样才能使整条供应链的凝聚力不断加强。

本章小结

云计算、大数据、物联网、移动应用不只是技术上的进步，更是人们思维方

式上的重大变革。传统的有形工业商品占统治地位的生产方式、社会组织、管理模式以及所形成的教育、文化、法律法规以及意识形态受到空前挑战，其正在被无形信息商品生产方式及其所形成的新模式、新经济、新规则所替代。创新与变革已成为这个时代的主旋律。社会对人才培养质量要求越来越高，学生对高校的要求也同样如此。所有这些都给高等教育提出了严峻的挑战，国内高校与高校之间、国内高校与国外高校之间的竞争日趋激烈。在现有高等教育供应链缺乏协调和共享的社会环境下，应探索并依靠外部市场力量，推动高等教育供应链的重构。高校要在激烈的竞争中立于不败之地，就必须树立高等教育供应链管理的理念，把客户满意度放在首位，充分发挥高等教育供应链的系统优势和资源优势，准确及时全面地把握用人单位需求信息的动态变化，通过对高等教育供应链工作流的整合、集成，利用先进的信息分享沟通平台，连接各个节点，合理协调各节点间的利益分配，做到优势互补、相互促进、合作共赢，调整高校人才培养目标和课程体系，以最优成本实现高效益，办好人民满意的高等教育。

第四章 新经济时代商科类院校新课程建设模式

学生课程过多，学生累，教师也累。一个学生一周 30 多节课，从早到晚都是在听课，哪还有看书和思考的时间？一个教师平均每周 12 节课，哪还有精力和时间提升自己？如何破解“知识爆炸——增加课程”这一谜局，教育工作者需要转换思维模式。

就业还是创业，我们应该培养学生怎样的能力？经济管理类专业学生专业学得再好，没有经验和阅历也只能从基层做起，在白领岗位上一步步求升迁。但在“站在迎风口上，猪都会飞起来”的时代，如何帮助学生从追求就业转变为独立创业？这需要从教学模式、课程建设、人才培养模式等方面进行全方位的改革。就课程建设而言，一是对传统课程进行再造，二是创立反映信息商务模式的新课程。

课程是实施培养目标的施工蓝图，是组织教育教学的最主要依据。目前，我国高校课程体系主要是基于工业化人才培养目标，而对传统工业社会技术、社会、经济、管理、法律等的解读和研究上，未体现因科技进步和经济快速发展所引起的社会经济结构、管理体制、价值观甚至意识形态已经或正在发生的变化。因此，基于创新型人才培养的教育理念，有必要对传统课程重新思考和再设计，同时建设反映知识经济最新发展成果的新课程。

第一节　传统课程体系存在的问题

“产生混乱时最大的危险不是混乱本身，而是人们按照过去的逻辑行事”（Drucker，1992）。

目前的课程体系是按照工业社会专业化、标准化、工具型人才培养标准的教育理念，基于亚当·斯密劳动分工理论，按照现代商务人士应具备的知识结构和能力要求，通过指标细分，进行课程设计，由不同院系、不同老师承担不同课程的教学工作（见图 4-1）。这种学科课程设置的优点是毋庸置疑的，有利于教师对知识进行系统的梳理，容易组织教学，学生容易吸收。但是，这种课程设计强调各个科目是由单一、独特的内容组成，各学科都相对独立、封闭，自成体系，这样的设计倾向于割裂知识，割裂了整体的事物，使学生的理解力有了断层。随着科技的发展，人类的知识区域综合化，大量的新学科、边缘学科和交叉学科不断涌现，这样的课程设计有些疲于应付。另外，学科课程只着眼于知识本身，忽视了学生的需要和兴趣，迫使学生脱离自己的愿望进行学习，而且不注重与实际生活的联系，只是在学习一些抽象的符号，学生缺少完整的理解，了解不了其真谛，削减了学生适应外部环境的能力。学科课程的教学方法单一，如同工厂生产的商品一样都是同一规格，造成“千人一面”的局面，不能适应信息经济社会发展的需要。

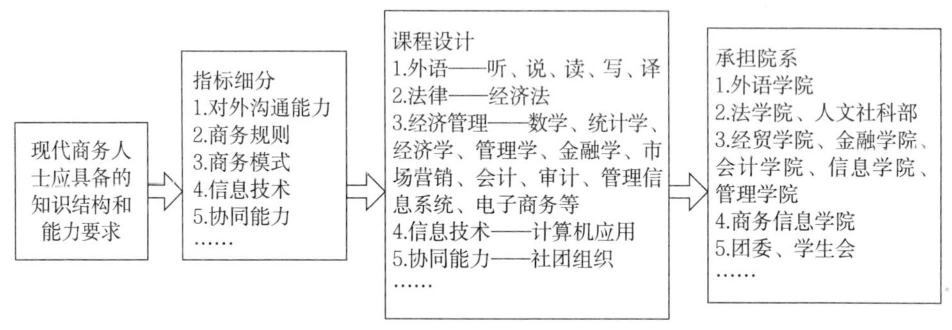

图 4-1　基于劳动分工理论的课程体系设计（以商科类高校为例）

从学生角度看，分割的课程设置不利于学生综合运用各科知识分析解决问题能力的培养。以 ERP 教学为例，现代企业管理需要的是基于现代管理思想的、基于信息技术和现代管理理论的综合解决方案。为此，我们先开设了英语、经济学、数学、计算机、管理学等前导课程，但学生面对集合了数学、计算机技术和专业知识的复杂问题，仍不能系统性思考，更谈不上全面掌握。

从学校管理的角度看，由于各课程缺乏沟通、布局和统一规划，课程过多、内容陈旧；由于院系之间因学科发展等利益诉求，课程重复建设严重。因此，课程体系重构成为高校内涵建设的症结，也是化解诸多教学矛盾的关键。

第二节　建立新课程的必要性

我国处于特殊的社会经济发展时期，一方面要继续完成工业化和城镇化的历史使命，另一方面又面临信息化的严峻挑战。在过去的30年中，我国高等教育为实现工业化、城镇化培养了社会经济发展必须的工程师和管理人才，对推动我国经济高速增长功不可没，同时也形成了稳固的与工业化人才标准相适应的教育理念、管理体制、教学模式、课程体系、人才培养模式，且根深蒂固，但目前要实现产业结构的升级以及迎接知识经济时代的到来，高等教育必然要承担起国家大量新兴产业和基于信息化思维对传统工业、农业改造所急需的人才培养的历史任务。所以高等教育首先应完成以适应工业经济发展的人才培养模式向信息经济发展人才培养模式的转变，为我国经济持续发展提供必要的劳动力和智力支持。

如图4-2所示，从农业经济向工业经济转化、从工业经济向信息经济转化的过程实际上是经济体系、产业结构、组织体系、社会结构的革命性变迁过程。在

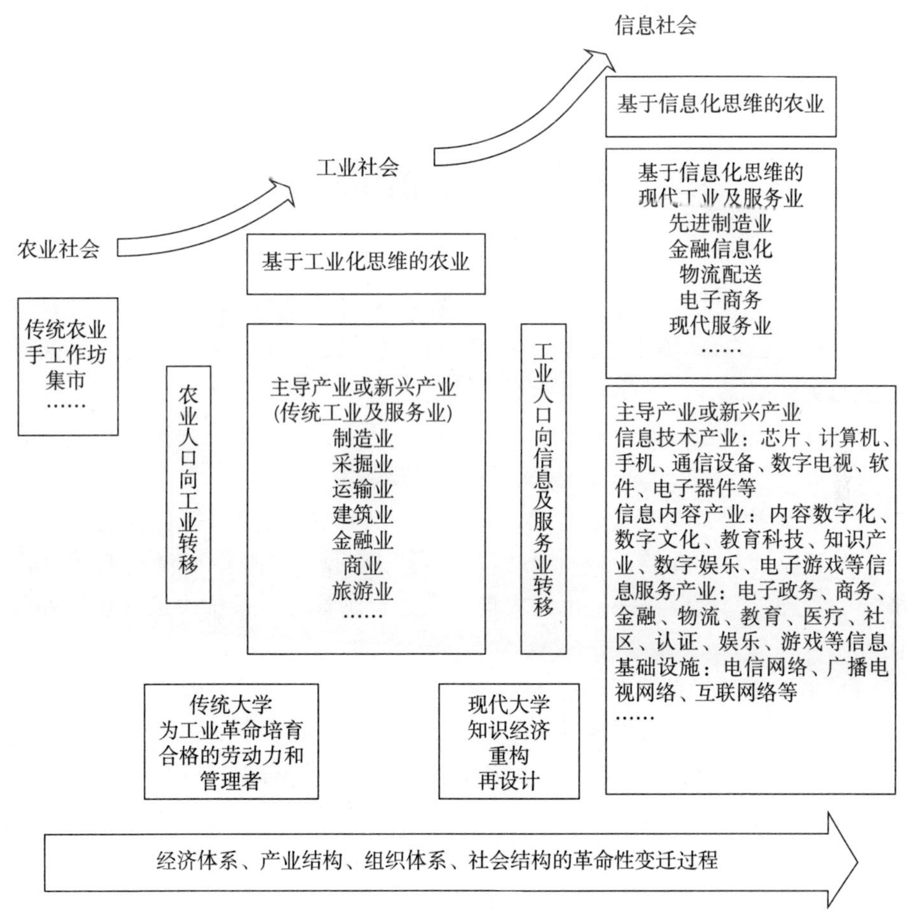

图4-2　经济体系、产业结构、组织体系、社会结构的革命性变迁过程

这一变迁过程中，新产业的出现和对传统产业的升级换代相伴进行。从高等教育发展的历史来看，在工业化时代，突出的工程教育，相继出现了以机械制造与设计、化工、纺织、煤炭、石油、电力等专业和院校，为工业经济发展培养了大量的专业化人才。如今，面对信息化浪潮，高等教育又面对新的转型。

新课程的建设具备以下三个特点。一是不同于工业社会工具型、标准化、专业化人才标准，信息社会需要的是创新型人才，新课程应以培养学生综合分析解决问题的能力为主。二是突出智慧教育。在知识爆炸的今天，传统的以传授知识和技能训练为主的教育模式受到了前所未有的调整，特别是网络搜索及智能学习工具的出现，学生可随时随地获取所需的知识，可通过虚拟环境体验不同的角色及场景，获取所需的技能和工作经验。因此，有限的课时应以智慧教育为主。三是产学研相结合。在信息社会，以知识生产、知识管理和知识传播为主的知识型企业越来越多，企业参与课程建设将是未来课程建设的方向。

第三节　对传统课程的再设计

上海对外经贸大学于 2005 年开始建设《Excel 商务应用与建模》，这是一门以信息技术（Excel）为工具、以面向企业应用实践，培养学生分析解决问题能力为主的实务型课程。学生直接面对的就是来自于企业的具体实际问题，考核的是学生分析解决问题的能力和水平。该课程一开设就受到学生热捧并得到来自毕业生的积极反馈。综合起来，该课程具有以下特点。

（1）根据社会需要确立教学内容。课程内容应尽可能包括现代商务活动和决策中所普遍涉及的问题，17 个案例及习题均来源于企业生产经营实际（涉及经济学、管理学、投资评估、市场管理、人力资源管理、最优决策分析、办公自动化等内容）。

（2）借助于现代信息技术。根据社会调查，商务应用与管理决策中最得力的工具、使用最广泛的软件就是 Excel。另外，Excel 在计算、画图和模拟等方面的强大功能，对企业管理中所涉及的微观宏观决策进行分析、建模与计算，使决策者无需复杂深奥的定量方法即可解决实际经营中的优化问题，准确迅速地得出决策结果。借助于 Excel 工具，将复杂的问题简单化，即便是数学基础薄弱的同学，也能运用正确的方法参与决策方案的制定。

（3）以建构主义等现代教育理论为指导，突出智慧教育。与传统课程注重知识传授不同，该课程对于技术技能训练（操作）、知识（建模理论）等内容采用的方法是简述或鼓励学生通过帮助文件或互联网自学；有限的课堂教学则突出计算机思维教育（以计算机的思维方式考虑问题）和学生分析解决问题能力的培养。

（4）该课程全部采用案例教学。学生首先面对的就是来自企业的具体应用需求，在教师的指导下，学生通过识别问题、建立模型，寻求综合了经济理论、管理方法和数学模型的综合解决方案，通过分析结果，帮助企业决策。微软Excel软件在计算、画图和模拟等方面的强大功能，对企业管理中所涉及的微观宏观决策进行分析、建模与计算，使决策者无需复杂深奥的定量方法即可解决实际经营中的优化问题，准确迅速地得出决策结果。如图4-3所示，原先复杂烦琐、可望不可即的企业优化决策真正成为简单实用、行之有效的竞争手段。学生借助技术工具，无需定量分析的知识也能建立优化观念、形成优化思想，掌握优化决策的过程和方法，得出优化决策的结果并应用于企业实际经营当中。

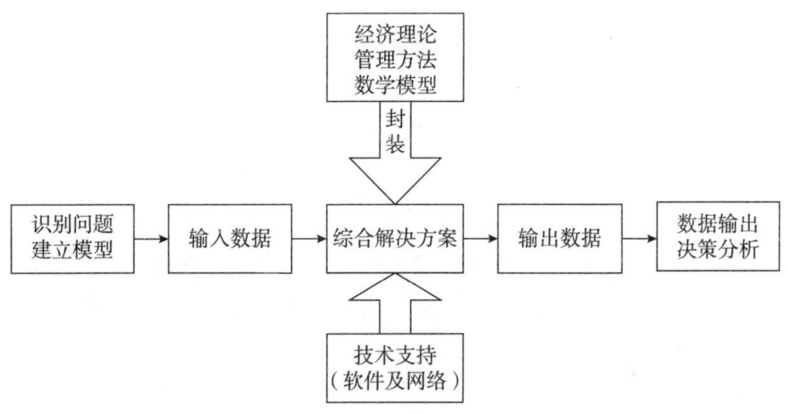

图4-3　基于信息技术对传统课程的再设计

（5）有利于学生专业兴趣的培养。选修该课程的多为一年级学生，他们一入校即接触到优化方案及投资决策等社会实践问题，选择正确的方法和工具（Excel中求解、回归分析及投资评估等），便捷地获得解决问题的方法，增强了其自信心和进一步探索问题的兴趣。这对于后续专业课程的学习起到了很好的引导作用。

第四节　建立信息经济发展所需要的新课程

信息技术对人类生产、交换、社会交往及社会运行方式所产生的影响巨大，改变了产品生产方式、产业分工格局、企业组织形式和商务模式。如何帮助学生认识理解这场因技术变迁所引起的社会运行、经济增长方式的变革，是教育工作者的责任。为此，从2003年开始，上海对外经贸大学张国锋副教授试图通过开设《信息系统文化教育》《管理信息系统》《云计算商务实训》等课程，就新课程内容、教学模式进行积极的探索。

一、新课程内容设计

以《云计算商务实训》为例，该课程有明确的定位，即立足于信息社会创新型人才培养，以Odoo为实验平台，使学生初步了解信息商品的生产运营和管理、数字化企业业务流程和管理模式以及信息商品的商务模式，使之成为经济管理专业学生进入信息社会所必需的通识教育课程。

（1）体现信息商品的设计生产组织模式。1776年，亚当·斯密在《国富论》中描述了通过劳动分工提高大头针劳动生产率的实例。如果说200多年前发生在英国的劳动分工还主要是体力劳动的话，今天以软件产业为代表的新经济的劳动分工主要体现在脑力劳动上。Odoo体现的是信息商品的生产组织模式。不管是从技术和工程的角度，还是从经济学、管理学及人文法律等方面来看，Odoo均是良好的素材并具有重要研究价值。如无形的信息商品与有形的工业商品在商品属性上有什么不同，信息商品的生产与管理具有哪些新特点等（例如，如何度量软件工程师的工作绩效等，涉及软件工程、人力资本管理、管理学、信息经济学等多学科知识，其方法仍在不断进化与发展中）。

（2）体现数字化企业管理模式。Odoo是基于IT技术的现代化企业管理智慧的结晶。学生通过该课程亲身体验最现代化的管理模式，领略技术与管理思维融合的智慧。如Odoo中成本中心概念、费用分摊及分配等说明数字化企业现代管理模式。

（3）体现信息商品商务模式。与传统的工业商品不同，信息商品边际成本几乎为零，但具有很高的转移成本和首次创作成本。商品属性的不同，决定了其商务模式的特点。比尔·盖茨曾说过，中国人就是用盗版也要让他们用微软的产品。微软公司在打击盗版方面，对组织行为不遗余力，对个人行为则采取默许，也就是不反对用户使用微软的盗版软件。其实这反映了信息商品的商务模式，也是难以用传统哲学方法能解释的。比较一下我国的信息服务业与微软、SAP、IBM巨头的巨大差异，我们落后的不仅是技术，工业化的思维观念也严重影响和制约了我国信息服务业的发展，通过介绍Odoo的商务模式，为学生开启了智慧和思想的大门。

（4）多学科复合。以《云计算商务实训》为例，该课程集成了软件工程、经济学、管理学、心理学等多学科知识于一体的解决方案，以业务整合的形式向我们展示了云计算的技术实现方法及商务模式、UI 设计思想、整合的业务处理流程等知识。学生不再是以单一学科隧道景观式观察数字化企业管理模式，而是通过参与体验活动体会最新技术和管理思想（云计算）。

二、新课程特点

（1）新课程注重学生分析解决问题能力的培养。《云计算商务实训》课程综合了大量的最佳业务实践、实施知识和技能，通过角色分配和协同工作完成任务。

（2）产学研相结合。《云计算商务实训》由 Odoo 开发，具有全球统一的课程结构、培训教材。新课程是根据社会需求设置的课程，反映目前企业的现实需求。

（3）新课程内容贴近社会实践，是以公司为中心的课程结构，强调教学环境与实际工作环境的一致性。

（4）新课程体系显现信息化、国际化。

（5）新课程提供了在线和课堂相结合的教学模式。

三、新课程教学模式设计

新课程与传统课程的区别不仅在于课程内容的设计上，更体现在教育理念及在先进教育理念指导下所形成的教学模式上。如表 4-1 所示，新课程在建构主义教育理论指导下，以任务驱动教学模式，通过课堂讨论和案例分析、学生演讲、教师指导和业务模拟操作，培养学生创新型思维能力。教师根据社会需要（ERP 失败率高居 70%~80%）设计学习目标、课程要求及指导性学习计划，以指导者的身份指导学生完成学习任务，加强学生学习的过程控制。教师由知识的传播者转变为学习的指导者，专注教学模式的设计、案例的设计和研究。学生以主体身份参与学习，变被动接受知识为以能力培养为目的的任务驱动型探究学习为主的学习过程。

表 4-1　新课程教学模式设计

教学内容	教学模式	教师作用
技能训练	参照实验指导书，以学生自我练习为主，教师进行必要的引导或辅导	目标管理、过程控制、加强考核(学习日志、提问、学习进程每日检查)

续表

教学内容	教学模式	教师作用
知识获取	以 Odoo 为例，结合云计算、ERP 等理论，设计 42 个知识点（数字化企业管理模式、ERP 知识、信息商品设计及生产），以问题形式请同学分组课堂外准备（包括课外调研），教师进行全程监控（过程控制），学生课堂展示后交互提问，并考核	内容系统设计、指导学生、加强学习过程监控和学习方法的引导
智慧及思维训练	由教师为主导，以 Odoo 为例，结合现实问题引导学生读书并思考。如 3Q 大战、Baidu 知识产权之争、比特比、互联网金融等问题	内容设计、监控与管理

课堂教学仍是教学的中心，与传统教学模式所不同的是，不再以知识传授为主，而是以教师指导学生学习方法为主。教师通过任务（案例、课程设计）驱动，引导学生思考问题并探寻解决问题的方法，相关知识和背景则可从互联网上获取。学生在教师的引导下，由被动接受知识为主动获取知识和方法，通过完成相关任务（课题论文、云计算实训操作、学习日志等）掌握知识点和技能训练。

本章小结

目前是我国进入以创新为核心、以发展服务型经济为重心的新一轮经济结构调整的关键时期，高等教育因其全局性、先导性和基础性地位，成为经济转型的关键。作为具有可操作性的手段，以新的教育理念重新设计现有课程、引入并建设适应新经济发展的新课程对于加强高校内涵建设，提高高校核心竞争力具有重要意义。

新课程建设不是原有课程内容的增删，而是产生质的飞跃，形成具有新理论的新课程。这是一项系统工程，包括教学目标的整合、教师队伍的整合、教学过程的转变，必须做好顶层设计，通过试点逐步推广。这或许将成为开启我国高等教育改革的序幕。

第五章 大变革时代与商科高等教育

第一节　中国经济转型升级

经济转型升级蕴藏着巨大的发展潜力和市场空间。建设现代化经济体系，就是要在经济转型升级的新趋势、新结构下形成新动能、新增长。经济转型升级的本质是创新变革，核心是发展实体经济，关键是使市场在资源配置中起决定性作用和更好发挥政府作用。这就需要深化供给侧结构性改革，推动经济发展质量变革、效率变革、动力变革。

党的十九大报告指出，中国特色社会主义进入新时代，我国社会主要矛盾已经转化为人民日益增长的美好生活需要和不平衡不充分的发展之间的矛盾。面对这个历史性转化，需要抓住发展这个第一要务，贯彻新发展理念，推进中国经济转型升级，建设现代化经济体系，推动中国经济发展走上高质量、可持续的新路子。作为世界第二大经济体，中国的经济转型升级具有国内、国际的双重意义。它在推动自身转型发展的同时，也正在促进全球的经济复苏与经济增长，为全球经济转型发展和全球经济治理变革注入新活力。

中国经济转型升级正处于重要的历史关口。从国内看，它将给经济增长方式、经济结构升级带来深远影响，并将明显提升经济增长质量。从国际看，中国经济转型升级的全球影响显著增强，它形成的巨大内需市场将成为全球经济复苏增长的突出亮点；它推动的自由贸易新格局将加快促进经济全球化进程与全球经济治理变革。

经过 40 多年的改革发展，中国总体上进入工业化后期，经济转型升级呈现历史性特点。例如，产业结构正由工业主导向服务业主导转型。在 2017 年前三季度，服务业占比达到 52.9%，预计到 2020 年有可能接近或达到 60%。

产业变革助推经济转型升级，全球范围的新一轮科技革命与中国经济转型升级交汇融合，形成建设现代化经济体系的新动能。例如，中国数字经济在过去几年快速发展，成为产业变革的突出亮点。首先，数字经济加快推动制造业的转型升级。其次，数字经济发展加快创新驱动进程，创新、创业成为转型发展的新引擎。估计到 2025 年，中国信息消费总额将达到 12 万亿元，电子商务交易规模将达到 67 万亿元左右。

经济转型升级不仅决定增长速度，而且决定增长质量。2013~2018 年，在内外发展环境发生深刻复杂变化的背景下，中国经济总量从 59 万亿元增长到 90 万亿元，其重要原因就在于经济转型与结构升级有明显进展。未来 5~10 年，产业结构、消费结构以及城镇化结构的变革和升级，仍将带来巨大的叠加效应，预计中国的经济增速不会低于 6%，对全球经济增长的贡献率将保持在 30%左右。

经济转型升级是中国经济比较优势变化的迫切要求。改革开放以来，我国抓住经济全球化和发达国家制造业向外转移的机遇，发挥劳动力资源丰富、成本低的比较优势，积极引进外资，发展出口导向型经济，有效促进了国内就业和经济快速发展。现在，我国经济的比较优势正在发生新变化。一方面，我国劳动力低成本的优势正在弱化。同时，我国“人口红利”正在减少。这说明，我国依靠劳动力低成本及土地、能源、资源、环境等低成本的发展模式已难以为继，不加快转型升级，经济就不可能持续健康发展。另一方面，经过 30 多年的快速发展，我国经济新的比较优势正在形成，为经济转型升级提供了必要条件，如我国劳动力素质明显提高。高等教育毛入学率已达 30%，主要劳动人口中受过高等教育的比例达 12. 5%。

第二节　新一轮的信息革命浪潮

以云计算、物联网、下一代互联网、下一代移动通信技术、大数据和智慧城市为代表的新一轮信息技术革命，正在成为全球后金融时代社会和经济发展共同关注的重点。信息技术创新不断催生出新技术、新产品和新应用。信息产业的新兴产业形态群体正逐渐形成并壮大，成为引领世界各国摆脱危机困扰、抢占后危机时代经济发展制高点的关键。

一、物联网产业成为最热门的产业

物联网概念的问世，打破了之前的传统思维。物联网把新一代 IT 技术充分运用在各行各业之中，具体地说，就是把感应器嵌入和装备到电网、铁路、桥梁、隧道、公路、建筑、供水系统、大坝、油气管道等各种物体中，然后将“物联网”与现有的互联网整合起来，实现人类社会与物理系统的整合，在这个整合的网络当中，存在能力超级强大的中心计算机群，能够对整合网络内的人员、机器、设备和基础设施实施实时的管理和控制，在此基础上，人类可以以更加精细和动态的方式管理生产和生活，达到“智慧”状态，提高资源利用率和生产力水平，改善人与自然间的关系。

物联网涉及目前已有的信息技术和相关产业的各个领域，内容非常庞杂，包括传感器件、无线通信、信息安全、海量数据分析、一直到嵌入式系统和云计算等，而物联网与互联网全面无缝的整合，能为各行各业带来变革性的重要影响，能够成为业务优化和创新的平台，能够驱动新一轮全球信息产业的繁荣，促进包括新能源在内的一大批新产业的发展和成熟。

有人预测，如果物联网全部构成，其产业要比互联网大 30 倍，物联网将会成为下一个万亿元级的通信业务。目前我国已经把“物联网”明确列入《国家中长期科学技术发展规划（2006—2020 年）》和 2050 年国家产业路线图。

二、云计算技术改变服务模式

云计算概念是由 Google 提出的，这是一个美丽的网络应用模式。狭义云计算是指 IT 基础设施的交付和使用模式，指通过网络以按需、易扩展的方式获得所需的资源；广义云计算是指服务的交付和使用模式，指通过网络以按需、易扩展的方式获得所需的服务。这种服务可以是 IT 和软件、互联网相关的，也可以是任意其他的服务，它具有超大规模、虚拟化、可靠安全等独特功效。

云计算的基本原理是，通过使计算分布在大量的分布式计算机上，而非本地计算机或远程服务器中，企业数据中心的运行将更与互联网相似，这使得企业能够将资源切换到需要的应用上，根据需求访问计算机和存储系统。

云计算是一个虚拟的计算资源池，它通过互联网提供给用户使用资源池内的计算资源。完整的云计算是整个动态的计算体系，提供托管的应用程序环境，能够动态部署、动态分配/重分配计算资源、实时监控资源使用情况。云计算通常具有一个分布式的基础设施，并能够对这个分布式系统进行实时监控，以达到高效使用的目的。

第三节　大数据

大约从 2009 年开始，“大数据”成为信息技术行业的流行词汇。大数据指的是所涉及的资料量规模巨大到无法通过目前主流软件工具，在合理时间内达到撷取、管理、处理，并整理成为帮助经营决策的资讯。在商业、经济等领域，各种管理服务决策将日益依赖于数据和智能分析。目前，几乎所有的世界级互联网企业，都将业务触角延伸至大数据产业；无论社交平台逐鹿、电商价格大战还是门户网站竞争，都有它的影子；大数据，正由技术热词变成一股社会浪潮，影响社会生活的方方面面。有媒体将 2013 年称为“大数据元年”。随着信息技术在社会管理服务中任务的不断加强，大数据的应用将更加深入。大数据可以帮助人们开启循“数”管理的模式，也是当下“大社会”的集中体现，其将在经济、政治、文化等方面产生深远的影响。在未来，三分技术、七分数据，得数据者得天下。

一、智慧城市

智慧城市概念的提出最早可以追溯到 1992 年新加坡制定的 IT2000 智慧岛计划（1992~1999 年）。2009 年，IBM 提出了“智慧地球”的理念，随后又重点推出了智慧城市的概念，进一步提升了智慧城市在全球的认知度，加快了智慧城市建设步伐。从技术应用层面看，智慧城市是以物联网、云计算、下一代互联网等新技术应用为基础，通过物联化、互联化、智能化的方式，让城市中各个功能模块彼此协调运作，以智慧技术高度集成、智慧产业高端发展、智慧服务高效便民为主要特征的发展新模式。智慧城市不仅具有数字城市、智能城市等共有的基本属性和功能，而且吸收了新的理念和应用成果，创新了城市建设运营模式，是把新一代信息技术充分运用在城市的各行各业之中的城市信息化高级形态。在不久的将来，人们将尽享智能家居、智能医院、智能交通等带来的便捷服务，“智慧城市”时代已经到来。

二、第四次工业革命

第四次工业革命作为正式概念的提出是在 2011 年 4 月德国汉诺威工业博览会上，即“工业 4.0”。世界经济论坛最近两届会议都将第四次工业革命作为主题。2016 年 1 月，在瑞士达沃斯召开的世界经济论坛把“第四次工业革命对人类社会的影响”作为会议主题，并发布题为《第四次工业革命：未来的就业、技能和劳动力战略》的报告；2016 年 6 月，夏季达沃斯论坛以“第四次工业革命——转型的力量”为主题。实际上，在此之前人们已经意识到来自工业领域的变革，并做了相关研究与概念界定。比较典型的有英国《经济学人》（2012）提出第三次制造业革命，里夫金（Jeremy Rifkin，2012）提出第三次工业革命，彼德·马什（Peter Marsh，2013）提出新工业革命，埃里克·布莱恩约弗森（Erik Brynjofsson，2014）等提出第二次机器革命等。但基本态势表明，对这场工业革命都倾向用“第四次工业革命”作为公共语境。

第四次工业革命是人类产业变迁史的继续与最新阶段。一般认为，第一次工业革命开创了“蒸汽时代”（1760~1840年），是农耕文明向工业文明的过渡；第二次工业革命将人类带入“电气时代”（1840~1950年），期间形成了以电力、铁路、汽车、钢铁、化工等为标志的工业体系，以及石油成为新能源，交通迅速发展，并形成了一个全球化的经济体系与国际政治；第三次工业革命带来了“信息时代”（1950年至今），催生这场革命的是半导体技术、大型计算机（20世纪60年代）、个人计算机（20世纪70年代）和互联网（20世纪90年代）的发展，这场工业革命使全球信息和资源交流更为迅捷，世界政治经济格局进一步全球化，通过电子和信息技术，实现了生产的自动化。第三次工业革命进程在世界范围方兴未艾，继续扩散和传播。当前，世界正处于第四次工业革命的开端或称发动期，其速度、广度、深度与系统性变化超过以往的任何一次工业革命。

从技术的视角看，第四次工业革命的核心引擎是各项技术的融合，特别是物理世界、数字世界和生物世界之间的高度融合，或者说驱动第四次工业革命的三驾马车是物理技术、数字技术、生物技术以及三者的有机结合。依据自然、社会、人在生产中的关系看，第四次工业革命不仅带来技术上的革命，也带来生产力和生产关系等方面的变化。综上认为，可以用深度网络化、生态化、智能化和生产组织分布化来概括第四次工业革命的特征。深度网络化是指第四次工业革命伴随一次宏大的信息处理技术演进，其近期标志是移动互联与物联网的全面发展。

深度网络化改变重构了商业运作模式、工业生产方式，以及社会组织、个体的互动方式，并推动物联网的纵深发展。在深度网络化背景下，大数据的搜集、储存、处理技术成为重要资源。

生态化是指第四次工业革命将使人与自然的关系和谐友好，能源和资源利用效率提升，是一种可持续发展。如第四次工业革命将实现以化石能源为主向可再生能源为主的模式转变等。

智能化是指第四次工业革命将迈入智能生产、智能产品、智能工厂，以及人与智能机器人协同生产的时代。德蒙特（Louis A. Del Monte）曾预言，21世纪中叶人工智能将进入迸发期，智能机器可实现自适应技术提升；21世纪的中后期人工智能在众多方面将超越人类脑力，进入自我演化周期，人与机器的智能边界不再明显。现在看来，德蒙特预言已见端倪，智能化正走入人类生产生活的方方面面。目前，人工智能取得了许多里程碑式的进展，从无人驾驶技术到虚拟助理、自动翻译和投资软件等。智能生产的前沿发展已实现通过输入产品零部件的信息调控下一道生产工序，从而达到自组织生产。另外，德国工业 4.0 战略把建设信息物理系统网络、智能工厂和智能生产以及实现生产系统横向、纵向与端对端的集成作为重要战略，充分体现了智能化的特色。

生产组织分布化是指第四次工业革命将带来新的生产组织方式，其中包括个性化、定制化的生产，以及由此引发生产组织的分布式的格局。智能化产品设计与生产制造，以及包括 3D 打印技术在内的增材制造的发展与成本优势，使个性化、定制化的边际生产成本几乎为零，这为个性化、定制化生产的普遍展开提供了基础。另外，需求的个性化、多样化趋势也催化了这种生产样态的形成，与此同时，这种变化造就了生产组织分布式布局。个性化、定制化催生了工业控制趋向降低集中控制度，强化设备的单元自主控制，并通过网络把分散的自主的智能化设备连接起来，使其更具开放性、动态性和重组灵活性。

第四节　人工智能时代与教育变革

一、人工智能时代的教育趋势

面对技术的爆炸式发展，我们的教育会发生哪些变革？从引力波预言成真，到近年来不断颠覆人们想象的人工智能技术发展，当下的“00 后”正面临着一个和我们完全不同的时代。在技术的发展之下，世界知识的增长速度已经远远超越每个人的学习速度，未来教育正面临着崭新的五大趋势。

第一，知识更新加快。有统计说，现代人平均一生会更换超过 10 份工作。原来的知识可能都没用了，但是我们教育机构的课程还十分陈旧。最近有人预测，未来面临淘汰的职业排名中，银行职员、政府官员、会计淘汰率都高达 90%。这对于我们整个知识体系来说，最大的挑战是什么？关于人的认知能力，从孔夫子时代到现在，我们的大脑没有多大变化，每一个人的认知速度一直没有变快，但是世界知识的增长速度是越来越快的，在 1976 年左右，世界知识增长速度超越了每个人的学习速度！这是对我们教育的最大挑战，所谓我们孩子负担重，不是其他什么原因，就是这个原因。因为世界知识增速太快，我们要学的东西太多了。

第二，学习的本质是塑造人的大脑。如果说，学了，大脑没有改变，就等于没学。任何有效学习的过程，都在大脑里留下了印象。什么叫学习？学习就是把别人的知识、书本里的知识或者网络上的知识，通过学习，变成我们自己脑子里的知识。这个过程，实际上就是大脑发生新连接的过程。从学习的本质来看，为什么说我们和孔夫子没有什么两样，因为我们要学会某一个东西，都要通过看、通过听、通过触摸，其产生的信号通过神经，刺激大脑，分泌物质，产生连接。这个过程，不可能加快。有本书叫《刻意练习》，这本书里有一句话：正确养育任何一个孩子，都可以变成天才。人们总认为天才生下来就是天才，作者认为没有天才这个说法，都是后天训练出来的。每个刚生下来的孩子，除了基本的呼吸，心跳，运动以外，所有脑神经回路都是通过后天刺激形成的。这本书里还讲了一个研究案例，说韩国围棋高手的平均智商是 90，而韩国人平均智商有 100。围棋顶尖高手，他的智商低于韩国人平均智商，但我们都认为他们是天才！而研究表明是他们经历了正确的刻意训练，因为他的教练厉害。学习有三种情况：第一种是天真的学习，舒适自然的学习，反复做某事；第二种学习叫有目的的学习；第三种就是刻意练习。这本书里面说的，针对问题精准持续练习，直到形成心理表征，每个人都可以成为天才。当你的训练很正确，然后达到 10000 小时训练，你的大脑就能形成一个和一般人不一样的回路，你就成了这方面的天才。

第三，为创新而学成为可能。什么叫创新？创新的本质，是大脑不一样。大脑怎么不一样？一个成年人的不一样，看他的“八小时工作之外”；一个孩子的不一样，看课外兴趣教育。从这一点来看，校外教育太重要。鲍勃迪伦，一名流行歌手，却获诺贝尔文学奖，因为歌词写得和别人不一样。校外教育在促进孩子知行合一、连接社会、个性特长培养方面，有着不可替代的作用。

第四，学生成为知识的创造者成为可能。对孩子来说，有三种知识：第一种是共同知识。这个很重要，对于共同知识，校外教育，也会承担一部分。共同知识就是让这个孩子，能够成为中国人，拥有共同的文化基础，这是让一个民族凝聚起来最重要的要求，如果没有这个，谈不上创新。第二种知识是个性知识。个性知识大部分是在校外完成的。第三种知识叫创新知识。更是由课外校外完成的，所谓的创新知识，这个知识本来没有，学生通过探究，自己创造了新知识。比如在 2010 年，有个 14 岁的孩子，自己学习了为苹果手机制作 APP 的软件，开发了一个叫泡泡球的游戏。做完以后，上传到苹果网店。有一天，他的这个泡泡球游戏下载量世界排名第一，一天 70 万次的下载量，这个 14 岁的孩子，一天就赚了 70 万美元。由此说明青少年的脑神经细胞比我们丰富，他们拥有更多的创意，因为技术已经可以让他们把创意变成现实！

第五，人工智能将为学习提供新工具。这段时间，人工智能很热，人工智能的提法是 60 多年前提出的，慢慢发展到 1997 年有一波高峰，就是大家知道的深蓝战胜国际象棋大师卡斯帕罗夫。1997 年以后，又有一段低迷期。在最低谷的时候，斯皮尔伯格拍了一部电影《人工智能》，讲了一个机器人小孩儿的故事。到了 2016 年，人工智能大爆发，主要是 AlphaGo 战胜李世石。AlphaGo 战胜李世石，它用的是什么？用的不是电脑，而是服务器集群，25 万台服务器，相当于 2.5 万台深蓝，因为深蓝是超级计算器，下一盘围棋，电费就要 3000 块美元。和李世石下棋，25 万台电脑连起来。人工智能的特点是可以复制，而人类学习不可能拷贝！在人工智能里有很多技术，其中神经网络技术是人工智能的核心技术之一。

二、人工智能对教育的影响①

2017 年 3 月科技部部长表示，人工智能或将被考虑增加进“科技创新 2030—重大项目”的规划，人工智能已经上升为我国的国家战略。那么 AI 的发展又会对教育行业有哪些影响呢？

人工智能对教学方式有何优化作用？未来学家、发明家雷·库兹韦尔曾说：“不断减轻人类痛苦是技术持续进步的主要动力。”技术发展的愿景和初衷是好的，人工智能也一样，它的研发初衷是为了把人从简单、机械、烦琐的工作中解放出来，然后从事更具创造性的工作。教育人工智能的使命应该是让教师腾出更多的时间和精力，创新教育内容、改革教学方法，让教育这件事变得更好。

目前人工智能在教育领域的应用技术主要包括图像识别、语音识别、人机交互等。比如通过图像识别技术，人工智能可以将老师从繁重的批改作业和阅卷工作中解放出来；语音识别和语义分析技术可以辅助教师进行英语口试测评，也可以纠正、改进学生的英语发音；而人机交互技术可以协助教师为学生在线答疑解惑。有媒体曾报道美国佐治亚理工大学的机器人助教代替人类助教与学生在线沟通交流竟无学生发现，说明人工智能在这方面的应用潜力。除此之外，个性化学习、智能学习反馈、机器人远程支教等人工智能的教育应用也被看好。虽然目前人工智能技术在教育中的应用尚处于起步阶段，但随着人工智能技术的进步，未来其在教育领域的应用程度或将加深，应用空间或许会更大。

人工智能会取代教师吗？自人工智能出现起，就存在一种人工智能威胁论，这种观点认为人工智能最终会取代人类，甚至消灭人类。比如著名物理学家史蒂芬·霍金继 2015 年 9 月抛出人工智能威胁论后，2018 年 3 月在接受英国《独立报》采访时再次表达了对人工智能技术的担忧。回归到教育领域，假设未来人工

① 资料参考来源于人人都是产品经理合作媒体——亿欧网，作者为刘青。

智能不仅在教育的技术层面，而且在知识层面应用得越来越成熟，那么人工智能是否会取代人类教师呢？对于这种担心，我们认为可以从教育的本质以及人与机器的区别等角度进行审视。教育的任务是教书育人，教师的作用不仅是传授知识，而且需要通过情感的投入和思想的引导教会学生做人、塑造学生的品质等。对于什么是真正的教育，德国著名哲学家雅斯贝尔斯曾形象地描述为，用一棵树撼动另一棵树，用一朵云推动另一朵云，用一颗心灵唤醒另一颗心灵。教育是一项心灵工程，它的实施者——教师是富于情感和智慧、想象力与创造力的人类，这些特质是人工智能无法比拟的。同时我们也看到教师正在努力从教学的主宰者、知识的灌输者向学生的学习伙伴、引导者等方向转变。

基于此，即使未来人工智能在知识储备量、知识传播速度以及教学讲授手段等方面超越人类，人类教师仍然具有不可替代的作用。但是面对人工智能的冲击，教师应该具备危机意识和改革意识，思考如何发展那些“AI 无而人类有”的能力，思考如何提高教师这个角色的不可替代性，思考什么才是真正的教育，思考未来需要培养怎样的人才等问题。只有朝这些方向努力，才能将人工智能带来的挑战转变为变革传统教育、创新未来教育的机遇。

人工智能对学科设置有何引导作用？在科学技术日新月异的今天，世界正在发生快速变化。新时代对学校教育的影响之一是学科设置的变化，包括新学科的设立、传统学科的改良以及某些“过时”学科的撤销。2018 年，教育部公布了 2016 年度普通高等学校本科专业备案和审批结果。可以看到，各高校在布点新专业时，纷纷聚焦大数据、新能源、新媒体等战略性新兴产业，比如“数据科学与大数据技术”“新能源科学与工程”“网络与新媒体”等专业，时代感很强。回归到人工智能领域，自 2003 年北京大学提请建立智能科学系，并于 2004 年招收首批本科生后，至今十多年的时间里，随着人工智能的崛起，越来越多的高校开设此专业，从事有关智能科学发展的研究并培养相关人才，而人工智能是一个多学科交叉的领域，其发展也带动了其他相关专业地位和报考人数的提升。与此同时，人工智能带动了本专业与相关专业发展，也对某些专业发展造成冲击。以外语专业为例，随着人工智能语音技术的发展，外语翻译行业受到挑战。

跳出教育看教育，未来人工智能将不断取代或变革现有的工作，也会创造很多新的工作，学校教育必须紧跟时代步伐，不断调整学科专业方向与人才培养目标，才能为社会培养、输送有用的人才。

教育数据会成为教育人工智能的瓶颈吗？在教育行业，人工智能不仅被用来节省教师人力、提高教学效率，而且可以驱动教学方式的变革。以人工智能驱动个性化教育为例，收集学生作业、课堂行为、考试等数据，对不同学生的学情进行个性化诊断，并进一步为每个学生制定有针对性的辅导和练习，从而实现因材施教，这已成为教育人工智能探索个性化教育的一个方向，但是实现人工智能引领个性化教学的一个关键点是数据的采集与分析。关于数据与人工智能的关系，有一种说法认为数据是人工智能的某种“养料”；同样地，我们也可以说，教育数据是教育人工智能的“养料”。教育数据产生于各种教育活动和整个教学的全过程，人工智能要想更好地应用到教育中，首先面临的就是数据采集的问题。目前，教育数据的来源渠道有两个：一是来源于数字化的教学环境，教学和学习数据在这种数字化环境中自然而然地产生；二是从传统教学行为中收集教育信息，并将之转化为数据。前者的优势是实时收集数据，效率高、节省人力。而现今在“互联网+教育”的广度和深度有待进一步推进的情况下，教育数据的来源很大一部分要依靠后者，未来教育数据或将成为发展教育人工智能的一大制衡因素。

三、学科融合的趋势

2017 年，诺贝尔经济学奖获得者理查德·塞勒将心理学上的现实假设用于对经济决策的分析。通过探究有限理性、社会偏好以及自我控制的缺失，他演示出这些人类特性如何系统性地影响了个人决定以及市场结果。2017 年经济学与心理学的交叉学科行为经济学引人注目，并引起大家对学科融合的思考。

学科融合是教育教学的理想境界和必然选择，也是教师应有的学科素养和品质追求。然而，学科融合不是简单的跨学科教育，更不是不同学科知识的随意拼凑和混搭，而是基于一定的教育理念和发展诉求，有着特别的规定和要求。在实践中，学科融合要注重模糊学科界限，围绕一个核心目标展开，有效地解决学生所探究的问题。

学科融合是多门学科的参与和介入，但不是简单的跨学科教育。从教育的目的和价值诉求来看，学科融合旨在通过多门学科资源的介入，有效地化解问题，更好地达成教学目标，并在问题探究的过程中全面培养和训练学生的学习能力和综合素养。基于这样的认识，学科融合虽是不同学科元素的参与和认知，但有统整、有主次、有多门学科知识的融入，更有主导学科的个性和特质。也就是说，在学科融合的过程中，主导学科（要学习的学科）是认知的对象和目标，其他学科是方法和手段，这些作为方法和手段的学科是学习上的资源供给和智力支持，目的是为了更好地学好主导学科，丰富和拓展学生的学习资源和认知视野。为此，学科融合有内在的规定和要求，必须从根本上克服那些可能带来的不利影响。首先，学科融合不是简单的学科点缀，而要切实发挥不同学科资源的效能和作用。比如教学“认识地球表面”时，有的老师用古诗词对地貌作描述，诸如“横看成岭侧成峰，远近高低各不同”“春江潮水连海平，海上明月共潮生”……这些古诗词的应用对于激发学生学习兴趣，提高学生文学的审美情趣的确有帮助，但对于研究地貌、了解地球表面的基本情况能有多少实质性的帮助就很难说了。其次，学科融合不能喧宾夺主，而在于增进目标学习的有效性。比如教学“折形状”时，本身是通过折不同的形状来测试各自的承重能力，但有些老师却把主要精力花在了指导学生折各种形状，以及如何折出不同形状上来。殊不知，这样的跨学科教学却偏离了教学的初衷和主题，失去了应有的价值和意义。最后，学科融合是一种自然的介入和参与，而不是有意为之。比如教学“力在哪里?”一课，其主旨在于通过各种活动引导学生发现力的存在，并能够找到力的作用点、大小和方向。但有的老师花了很大工夫引导学生用一次性水杯或木棒搭建一些非常漂亮的“城墙”或“碉堡”，让学生以纸球为子弹向这些漂亮的“建筑物”发射，比较谁搭建的“建筑物”更耐力更牢固。很显然，这些活动（包括建筑设计和牢固程度的比较）与本课研究的“力在哪里?”没有任何联系，只是为了“显摆”美学和建筑学等学科融合而有意为之，让人啼笑皆非。

经济学、管理学、心理学和社会学虽然具有截然不同的哲学理念，不同的研究对象、研究方法各有侧重，服务对象也大相径庭，但在工商管理教育中，也存在多种学科融合的趋势。

组织科学是管理学中发展和成熟最早的领域。狭义而言，通常所说的组织行为学指的就是微观的组织行为学，主要研究组织中个体和小组的行为动机与过程特点，受心理学尤其是工业心理学等传统的社会科学的影响，首先得到快速发展。宏观组织行为学通常称为组织理论，主要研究组织的结构设计，运作过程和行为模式，受社会学和政治学等社会科学的影响，也获得了长足的进步，而现在备受瞩目的战略管理领域则是在最近几十年才兴起和发展起来的。

第五节 商科高等教育面临的机遇与挑战

面对我国经济转型升级的特殊时期，面对新一轮的信息革命与工业革命浪潮，面对学科融合的趋势，商科高等教育面临以下机遇与挑战。

一、商科高等教育面临的机遇

1. “互联网+人工智能”时代产教深度融合的人才培养

新兴技术的不断涌现、经济结构的转型升级和社会需求的快速变化，使得商科人才培养模式创新一直处于教育改革的风口浪尖（毛青，2018）。“互联网+人工智能”时代是一个“大众创业、万众创新”的时代。对商业领域来说，“互联网”和“人工智能”绝不仅是商务手段和方式的更替，更是整个商务运作体系的变革。重构商科人才的培养模式，培养出真正满足新兴领域的复合型跨界的人才，已逐步成为社会各界的共识。然而，当前只是进行了粗放式的简单“复合”，所培养的商科人才根本无法形成跨界的知识、能力和素质，必然会导致商科人才供需结构性失调（卢彰诚，2018）。构建产教深度融合的新商科人才培养模式，不能简单地从构成要素组合的角度来研究复合型跨界人才模式创新路径（如人才培养理念、专业设置模式、课程设置方式、教学制度体系、教学组织形式、教育评价方式等构成要素），而应该围绕“互联网+人工智能”时代的新需求，进行系统把握和整体设计转型升级的路径，从技术进步和生产方式变革相适应、产教深度融合的思路出发，通过课程内容与职业标准、教学过程与生产过程、专业教育与创业教育之间的有机结合，实现“知识复合”“能力复合”和“素质复合”之间相互作用的、整体的协同效应，从而形成一个产教深度融合的创新创业型新商科人才培养模式。

2. 通过大数据信息把握学生动态

在缺乏实时数据采集能力的情况下，我们所有的分析都只能基于一段时间后数据的汇集，所以即便能够获得“定量化的结果”，也会有相当的延时。在很多时候，动态实时的分析以及相应的及时反馈，会大幅度提高教学和教育管理的效果。我们能够通过分析学生进出图书馆、进出寝室、教学楼打水、图书馆借阅、教学系统选课等数据，从努力程度和学习生活习惯这两个主要维度对学生进行分析，发现学生学习生活中的异常行为，甚至对学生是否会出现考试不及格以及大学毕业后的去向进行预测，从而提前干预和防止可能出现的负面问题。对于学生的心理和思想问题，也可以采用类似的方法进行预测性管理。

3. 重视基础理论教育，拓宽学生的知识结构

美国高水平大学本科教育普遍重视通识教育，通识课程大约会占全部学习任务的 1/3 左右，美国温斯洛普大学商学院的课程结构就是这种教育理念的具体体现（张力玮，2017）。通识教育不仅为了培养学生的完备人格，更为了培养合格公民。管理学是关于人的学问，又是一门综合性、交叉性学科，人文学科的理论知识构成了管理学科最深层的理论基础。在本科教育阶段，拓宽学生的知识结构，夯实他们的理论基础，对于培养学生继续学习、深入学习、自我学习的能力，有着十分重要的意义，而且学生一旦掌握深厚的理论基础，也有利于打破财务、生产、营销等专业方向的隔阂，避免只从狭隘的专业视角去理解企业。

4. 把研修作为一种重要的学习方式

1998 年，博耶委员会发表的研究报告《重建本科生教育：美国研究型大学发

展蓝图》，把探究式学习列为美国研究型大学本科生教学改革的重要环节。报告指出，所有学生在一年级时就应该参加小班讨论，由有经验的教师指导，写出研修报告，高年级时还应参加一定的科研活动。如沃顿商学院和哈斯商学院除了有面向本科生的 Seminar 以外，还鼓励学生参加一些科研项目，沃顿商学院还为学生提供了一些方法论课程。日本一桥大学把研修课程贯穿在四年学程中，学生在一、二年级参加“导入研讨”课程和英文文献阅读课程，三、四年级时根据自己的专业方向组成相对稳定的团队，在教师的指导下围绕一些专题进行持续研究，也是一种很有特色的做法。

二、商科高等教育面临的挑战

1. 在新时期教师本身需终身学习提高素养

学习，是当代教师的最基本要求。教师要有“活到老、教到老、学到老”的进取精神，还应有终身学习的意识，不断地更新自己充实自己，以适应时代发展需要。教师要认真学习政治理论，树立正确的人生观，丰富科学文化知识，掌握教书育人的本领。教师学习教育理论，掌握教育规律，才能更好地完成教书育人的职责，这本身是教师职业道德规范的一个要求。同时，通过学习教育理论，教师能进一步明确自己在教育教学中的主导地位，对学生的身心发展起重要作用，也更能使教师进一步严格要求自己，加强职业道德修养。另外，教师要勤于实践磨炼，增强情感体验，提高师德修养。教育实践也是教师职业道德修养的目的。教师不仅要通过理论学习来分清是非，更重要的是身体力行，用这些认知指导自己的行动，培养自己的良好品行。不断更新、不断学习是人一生中的财富。

2. 加强创新，鼓励学生为创新而学

教师是否具有创新精神和创新能力，对于是否能够有效培养学生的创新能力起决定性作用。具有创新精神和创新能力的教师本身就是社会现有的创新型人才，同时也承担着培养未来创新型人才的重要职责。因此，培养和提高教师的创新精神与创新能力，是教育界同时也是每一所学校刻不容缓的任务。

教师创新能力总体表现包括获取新知能力、教育科研能力、设计和实施最佳教育方案的能力。正如美国福特汽车公司培训部的名言：“知识就像鲜奶，纸盒上就印着有效日期”。在信息时代的当下，信息技术的运用、庞大信息资源的选择与应用、学科高度融合与交叉的社会发展特点，使得教师原有的知识储备不能满足培养创新型人才的需要，而教育科研是获取新知的最佳途径，因此，教师获取新知能力和教育科研能力，是构成教师创新能力的相辅相成的两个方面。设计和实施最佳教育方案的能力，则表现在教师日常教育教学实践活动的各个方面，如课堂教学，课外指导，学生课外活动的设计与实施，师生交往，差生转化，个性化教学，班级管理、教育教学资源的开发、整合、再创造及运用，信息技术的有效运用，有针对性的教育教学问题的提出与深入研究等。

3. 人工智能将为学习提供新工具

人工智能是60多年前提出的，发展到1997年有一波高峰——深蓝战胜国际象棋大师卡斯帕罗夫。2016年，人工智能大爆发，AlphaGo战胜李世石。人工智能的特点是可以复制，而人类学习不可能拷贝。人工智能和脑科学的综合应用，将从面向知识的单一工具发展到针对人学习的系统工具。

人工智能使人类从经典学习到超级学习。什么叫经典学习？从孔夫子到我们现在的学习，古代人看竹简，现代人看屏幕，都是经典学习，通过正常的渠道和自然的方法，把知识储存进我们的大脑。超级学习是什么？超级学习就是基于脑科学的精准学习、基于人工智能的精准学习、基于人格化的创新学习、基于新技术的高效学习。具体表现在，人工智能学习是个性化、定制化的。现阶段，传统的学校教育模式，深入人心，而这种方式有其优点与缺点，但明显的是，当下学校培育出来的学生，更像是流水线生产出来的产品，没有太多的独特性与选择性。被动的学习，往往不利于学生的发展，但陷于条件、资金方面的缺憾，更多的学生被封杀了创新性与独立思考判断的能力。当人工智能结合线上教育，新的选择、新的方式也出现在了大众眼前，学生在完成学校教育的同时，还能通过网络、人工智能，选择自己想要获得的知识，相关的教育资源。

本章小结

本章探讨了新一轮信息技术革命带给高等教育的机遇与挑战，为后面各章的论述奠定了时代基础。

第六章 新时代高校工商管理专业变革研究

第一节 研究背景

工商管理专业是研究营利性组织经营活动规律以及企业管理的理论、方法与技术的学科。此专业研究范围非常广泛，基础宽，所学课程较多，将管理学、经济学、会计学、统计学、心理学等课程集于一体。因此，工商管理专业的毕业生就业方向偏向多元。

在我国，工商管理本科专业的历史可以追溯到改革开放初期。1983 年上海对外经贸大学开办了企业管理专业。工商管理专业是为我国培养专业人才的大规模专业之一。根据 2014 年教育部高等教育司统计，80%以上的本科院校都开设了工商管理本科专业。另外，据统计，目前我国共有 597 所高校开设了工商管理专业，为社会输出了大量的管理类人才。更为重要的是，近些年来，我国高校招收工商管理专业学生的增速还在稳步上升。

新经济时代的到来，使我国经济步入稳步发展阶段，质量和效益成为人们更加重要的着眼点。但是，发展的脚步从来都没有丝毫的怠慢，市场上对于工商管理人才的需求仍然逐步攀升。市场环境的改变，企业对于人才需求的改变，都使得工商管理专业对于人才的培养必须做出一些适应社会发展潮流，甚至是超前的改变。

随着改革的不断深入，我国工商管理专业的培养也不断进行优化和革新，正在不断向更加满足社会需要的方向迈进。现阶段，我国工商管理本科专业的招生主要为大类招生，即按照“工商管理类”招生，攻读一两年公共基础课程之后再进行专业分流。

即使改革从未停止，工商管理专业也是最需要创新的专业，对于工商管理专业人才的培养也需要不断进行深入研究，不断革新，树立更加贴合社会需要的培养目标，采取更加高效优化的培养模式，研发更加健全的课程体系，并且能够在实践中不断创新，使学生的专业能力得到全面的提升，创新性、实践性更加得到锤炼，综合素质不断提高，使学生更加适应社会发展，也使企业能够找到真正能力匹配的理想人才。

首先，关于新经济时代。新经济是在传统经济的基础上，与知识经济、虚拟经济和网络经济相互交错的经济，是跨界的经济，是以高科技、信息共享、互联网、云智能等为基础的经济，是注重质量和效用的经济。新经济时代，是万众创新的时代、是全球经济进一步发展的时代、是充满动力的时代。

经济的发展带来了企业数量的增加，因此就业岗位数量变多，种类更为丰富。根据国家统计局发布的《2017 中国统计年鉴》显示，我国国内各行业的企业数量都有不同程度的增加，其中金融业企业约 12. 25 万个，同比增长 11. 67%；建筑业企业约 75. 45 万个，同比增长 31. 42%；制造业企业约 301. 93 万个，同比增长 7. 79%；批发和零售业企业约 504. 17 万个，同比增长 20. 07%；住宿和餐饮业企业约 31. 76 万个，同比增长 15. 80%；信息传输、软件和信息技术服务业企业约 50. 77 万个，同比增长 30. 90%；文化、体育和娱乐业企业约 34. 12 万个，同比增长 14. 77%。如此多的企业为商科学生提供了很多工作岗位。

其次，关于高校。根据 2017 年教育部公布的数据显示，我国共有本科院校 1243 所，是我国输出优秀人才的重要机构。2017 年我国普通高校本科计划招生约 328. 22 万人，比 2016 年增长约 3 万人，随着高校的扩招改革步入成熟期，近年来我国高校本科招生人数基本稳定。据估计，我国 2018 届高校本科毕业生大约为 380 万人，具有相当大的规模。为了让毕业生能更好地步入社会，提高就业率，高校毕业提前做供给侧改革。另外，教育部公布了《关于公布世界一流大学和一流学科建设高校及建设学科名单的通知》，“双一流”建设成为高校奋力发展的全新导向，在这个新的历史起点上，国家对于高校的教育提出了新要求和新期望，这就激励着高校不断进行变革尝试，寻求新的，具有中国特色的发展道路，共同打造教育强国。

说到高校，人们一般关心两个话题，就业率和薪资。据调查，2017 年全国大学生就业率为 91. 6%，人均月收入 3988 元，其中就业率与薪资持续走高的专业有软件工程、网络工程、通信工程。毕业半年后就业率最高的学科为管理学，就业率为 93. 6%①。所以说，工商管理专业的就业率还是相当乐观的。

在国内，工商管理专业一般以“工商管理类”作为大类专业招生，学生在大平台中学习一年多公共基础知识后进行专业分流，而工商管理专业，作为最受

---

① 资料来源：麦可思的《2017 年就业蓝皮书》。

国际学生欢迎的专业之一，一直是国内学生出国读书的首选专业。商科专业的留学热门大国是美国，据美国国际教育协会发布的《2017 年门户开放报告》显示，来自中国的留学生占比超过总留学生人数的 30%，而且本科留学生已经超过了研究生留学生。加州大学尔湾分校、俄亥俄州立大学、罗格斯大学、康涅狄格大学、华盛顿大学等是工商管理专业申请人数最多的美国院校。

无论处在怎样的时代、社会制度中，教育都是不可忽视的，尤其是高等教育。高等教育已经成为衡量一个国家综合竞争力强弱的重要因素之一。在数据时代到来的今天对人的能力有了新要求，这也使得各高校不得不考虑培养人才的新方式、新方法，以切实做到在人才培养方面的供给侧改革，为社会培养出更多高能力的、先进的人才。

工商管理专业培养的人才保证了现代企业进行的日常经营和管理，也保证了企业的生存和发展。在新形势下，工商管理专业的管理理念、管理重点、管理手段和管理模式都有了一定的改变，所以相对应的，工商管理人才素质的要求也变得不同。因此，工商管理专业作为商科专业的领衔者之一，更应该率先进行变革，以满足新形势下的人才新需求，以此进一步保证人才的高能力、高标准，为社会的发展、创新型国家的建设培养更多的动力源泉。

由此，我们联系上海对外经贸大学工商管理专业的实际情况，结合学生在外工作实习以及在校学习实践的经验，分析新经济时代对于工商管理专业人才的要求，反思国内外工商管理专业课题体系的变革过程，最终为更好地实现毕业生从学校到职场的转换，提高学生的学习能力和应用技能以及学校的办学能力和人才培养质量做出建议。

第二节　国内外研究综述

为了全面系统地了解国内外关于该方向的研究，主要基于 Springer LINK、EBSCO 全文数据库、ProQuest ABI 数据库以及中国知网，维普中文期刊数据库为数据来源，搜索关于 2007 年 1 月至 2018 年 3 月关于工商管理专业的学术论文，按关键词“工商管理”（Business Administration / Business Management）、“课程体系”（Course）以及“新经济时代”（New Economy）等进行高级检索，共检索到 76 篇相关文章，对上述论文的具体研究内容进行分析后发现，基于新经济时代工商管理专业课程体系的研究方向，共有 37 篇有效文章（详见参考文献）。这些文献主要反映了新经济时代的特征，工商管理专业的课程体系、人才培养能力、人才需求以及变革意见，如表 6-1 所示。

表 6-1 文献检索归纳分类整理

分类	文献
新经济时代	范丽新（2013）；蒋颜岚（2015）；马国庆（2016）；王海燕（2011）；闫贵成（2008）；张蕾（2015）
工商管理专业	靳玉乐等（2015）；李光勤（2014）；李静等（2015）；李旭轩（2013）；马云阔（2007）；王玖河等（2007）；胥悦红（2007）；杨佳利（2015）；于飞等（2016）；张晓梅等（2014）；周舟（2017）；Deinert, Beth A.（2007）；Hill, Andrew（2017）；Özdemir, Aytul Ayse（2009）
课程体系	范曙光（2007）；黄金梅等（2013）；李涛等（2009）；李晓红等（2013）；史宝玉等（2013）；宋成珍（2007）；王晖（2010）；张琦等（2016）；Asarta, Carlos（2007）；Carlson, Oksana（2014）；Lakhal, Sawsen（2015）
人才能力	康宛竹（2017）；梅莉等（2015）；缪春光（2017）；宋安玲等（2013）；田家林（2017）；周宏等（2009）

从总体上看，关于新经济时代的研究基本都来自国内，原因可能是国外没有新经济时代这样的相关说法。从国内的研究中看出，大多数研究主要侧重于新经济时代下人才的需求以及人才培养的创新之道、人才管理方法升级转型等，这与我国进入发展新阶段，人才培养与人才需求融合度不是十分理想有关系。关于工商管理专业课程体系的研究工作主要集中于其培养方案、培养目标、课程体系、创新实践教学等方面。国外学者关于本科阶段的研究较少，更多地集中在 MBA 的研究上，他们主要关注工商管理专业的线上教学、远程学习等模式，而国内学者主要关注创新教学、实践教学等模式。从研究时间上来看，国内最早研究工商管理专业的时间为 20 世纪末，而国外 19 世纪中期就已经开始了对工商管理专业的研究。

经过对所检索到的国内外文献的分析和研究，本部分内容对新经济时代工商管理专业课程体系的研究综述如下：

关于新经济时代的特征，马国庆（2016）在文章中指出，新经济即以互联网、知识、信息和高新技术为代表，在适应消费者需要的基础上形成的经济形态。新经济时代带有不断激烈的竞争，由于信息技术和知识资源等的出现极大地改变了竞争的方式。对于人才的需求，从总体上看，范丽新（2013）等学者认为，新经济时代所需要的人才，首先要具备创新性和创造性，另外还应具备丰富的知识背景，是跨领域、跨学科的复合型人才，其次还应该有个性、有灵魂，是学习能力强的可塑性人才。

靳玉乐等（2015）主要以工商管理为例分析了案例教学价值取向的变革，李光勤（2014）则是以工商管理专业为例研究了创业教育下西方经济学的课程变革，李旭轩（2013）研究了工商管理实践教学所存在的问题并提出了相应的对策，Deinert 和 Beth A.（2007）研究了工商管理专业在线课程和课程中进行的多地点评估过程，Hill 和 Andrew（2017）在文章中指出商科类院校高管课程的重要性，Özdemir 和 Aytul Ayse（2009）研究分析了公民社会意识视角下的工商管理专业课程。

在研究工商管理专业的课程体系时，范曙光（2007）指出，工商管理课程体系应该由理论课与集中实验课两部分构成，课程应充分反映现代管理思想、管理理念的新内容，注重创新能力的培养。王晖（2010）在其文章中指出，工商管理课程体系建设时应注重学科的交叉融合，要推动双语教学课程建设。李涛等（2009）认为工商管理本科专业人才培养时存在的问题是，课程体系不合理，教学内容理论性过强，缺乏创新以及难以保证教学的实践环节。Asarta 和 Carlos（2007）指出了商科类专业在输出人才的效率方面存在的问题以及原因，而 Carlson，Oksana（2014）则指出了 MBA 课程的国际化及其对培养学生全球竞争力的影响，认为国际化课程对于工商管理专业是非常重要的。Lakhal 和 Sawsen（2015）则主要研究了在工商管理课程中关于学生的个性和表现的一些评估方法。

综上所述，在新经济时代，工商管理专业确实有很多方面值得研究和优化创新，以输出更为贴近时代需求的管理人才。在课程体系方面，工商管理专业仍然存在很多问题值得去发现、反思并应对。因此本部分内容将运用比较分析法、定量分析法、定性分析法等探索国内外工商管理专业课程体系的相关问题，并结合国内高校实际情况进行对策分析，揭示其中的现象和问题，对促使我国工商管理专业顺应新时代发展有重要意义。

第三节　工商管理专业相关知识

一、工商管理专业简介

按照教育部印发的《普通高等学校本科专业目录（2012 年）》，工商管理专业是管理学门类下的专业，归属于工商管理类。管理学门类下还有电子商务类、工业工程类、公共管理类、管理科学与工程类、旅游管理类、农业经济管理类、图书情报与档案管理类、物流管理与工程类。“工商管理类”又可细分为财务管理、会计学、工商管理、国际商务、人力资源管理、市场营销、审计学、体育经济与管理、文化产业管理、物业管理、资产评估、劳动关系等专业。

由此可见，工商管理专业既可广义地理解为“工商管理类”的相关专业，也可狭义地理解为非常具体的“工商管理”专业。本书中，一部分内容需要宏观地比较工商管理这个专业的本科招生，专业分流等情况，我国关于工商管理专业的本科招生基本属于大类招生，所以，广义的工商管理专业的概念也将会用到，届时将会被明确指出。一般意义上，工商管理专业是一个狭义的概念。

二、工商管理专业的培养目标

所谓培养目标，就是由学校制定的，具有导向意义的，能预见教学所应达到效果的，反映人才培养的方向性和适宜性的，使培养后的人才具备一定能力和素质的明确的目标。培养目标的设定应该充分满足社会需求，结合自身办学条件和学生的能力，应该明确地传达，有保证地完成。

工商管理专业的培养目标，不仅只是培养具有企业管理运作人才，还应是战略制定、财务管理、市场营销，人力资源管理等多方面综合知识的人才，不仅只是掌握现代的管理理论，更应该制定对于学生技术操作、数据分析、实践、再学习等能力培养的目标，使学生更加适应激烈竞争环境，更加适应新经济时代，成为社会发展所需要的集创新型、应用型、复合型于一体的人才。

对比不同类型的高等院校，其工商管理专业的培养目标也不尽相同。财经类院校的培养目标更侧重国际化以及外语能力，而综合类院校更加注重培养人才的综合能力，理工科类院校更加注重学生的基础技能，除了专业知识，也强调学生的数学能力和计算机能力，而师范类院校强调学生的社会责任感以及素质品德。

复旦大学工商管理专业的培养目标写道：本专业培养具备管理、经济、法律的知识及积极创新、快速反应、善于沟通的能力，能在工商企业尤其是跨国公司及政府部门从事管理工作的工商管理中高级专门人才①。由此可见，一个成功的培养目标，不仅包括专业知识，还有其他综合能力和工作愿景。

国外的院校，比如给人印象最为深刻的美国加州大学伯克利分校哈斯商学院的培养目标是要培养出“能够重新定义如何做商务的领导人②”，这种培养目标大气又充满自信，重在培养学生的创新能力，领导能力以及实践能力。

---

① 资料来源：复旦大学官方网站，http：//www.fdsm.fudan.edu.cn，2018年4月30日摘录。

② 资料来源：天道教育，http：//undergrad.tiandaoedu.com/choice/604429.html，2018年4月30日摘录。

三、工商管理专业的培养模式

模式这一概念被定义为，“某种事物的标准形式或使人可以照着做的标准样式①。”因此，模式是人们经过总结归纳所得到的一种标准或是样式，以便在日后进行仿照学习，对后面的行为有引导和规范作用。

人才培养模式，是学校为了实现人才培养的目标，在培养人才时不断进行总结研究，然后形成的一种规范化、系统化的方法，使得学校在培养人才时有据可依，有固定规范所遵循。这样无论是教务机构的综合管理，还是教职工的教学或是学生的学习都有了一套固定的模式，既高效又有章法，实施起来更加方便。各个学校根据自身的特点制定的人才培养模式使学校更具特色，形成了独特的教育思想和教育理念。

在确定人才培养模式时，应该合理地体现自身的教育思想和教育理念，要具有合理性和可实践性，要既符合普遍大众的基本要求，也应该具有自身特色。最为重要的是，培养模式是服务于培养目标的，不可背道而驰。

比如西安交通大学的管理学院的培养模式就非常具有自身特色。西安交通大学管理学院本科教育设置有信息管理与信息系统、电子商务、工程管理、工业工程、市场营销、工商管理、人力资源管理、旅游管理、财务管理、会计学（注册会计师、国际注册会计师 ACCA）十个专业方向；除财务管理、会计学外，其他专业均为六年制本硕连读的专业，按照西安交通大学“2+4+X”模式进行人才培养。目前管理学院面向高考生只招收“国际注册会计师 ACCA”专业，其他专业均只面向本校理工类的大三学生招生②。

四、工商管理专业的课程体系

工商管理专业课程体系，是指学校为该专业制定的各种各样，不同门类、不同性质的课程，是教学内容的总和，一般按照课程不同的性质来分。课程体系会规定不同课的上课时间，使得学生按照学期顺序，循序渐进地掌握知识，从基础到专业，从了解到熟练。课程体系规定了学生将学习哪些课程，怎样接受教育以及系统地规划了教学层次和结构。

课程体系为培养模式服务，也为培养目标服务，它是落实到具体的学习计划和

① 范秀娟．我国本科应用型人才培养的探索与研究［D］．兰州大学硕士学位论文，2010.

② 资料来源：西安交通大学官网，http：//som.xjtu.edu.cn/contents/84/19636.html，2018 年 4 月 30 日摘录。

学习结构。工商管理专业的课程体系设置时，不仅要重视传统的工商管理基础知识，还要重视新的管理思想和管理理念；不仅要重视理论知识，也应该关注实践方面，要注重学生操作技能的培养；也不仅要安于现状，更应该着眼未来，对未来的发展趋势有敏锐的嗅觉并及时大胆创新，勇于做课程创新的先行者和实践者。

不同学校工商管理专业的课程体系有相似也有不同。所谓相似就是一些公共的课程或是较为基础的专业课，这些课程将保证学生掌握基本的理论知识，而不同的地方，则刚好是体现各个学校特色的地方，课程的设置甚至学时的设置等都各有不同。

国外一些有名的商科类院校的课程体系更加灵活多变，比如美国宾夕法尼亚大学会开设一些独特的课程，或者根据学生自己的兴趣与导师一起决定课业的研究方向，而加州大学伯克利分校工商管理专业的课程体系是，在修满工商管理专业的核心课程后，学生可以自行选择其他更高层次的课程。国外的课程体系更加自由多变，发挥学生与导师的主观能动性。

第四节　当前工商管理专业课程体系概况及国内比较

工商管理专业的课程体系主要由理论课与实践课组成。理论课基本可分为公共课必修课和选修课、通识课、专业基础课、专业核心课以及专业选修课，而实践课各个学校各有不同，极具特色。

其中，公共必修课有思政课、体育课和英语课等，公共选修课种类多样，通识课主要为人文、科学、历史等课程，专业基础课主要有高等数学、管理学、经济学、会计学、统计学、运筹学、财务管理、管理信息系统、组织行为学等，而专业核心课主要为人力资源管理、跨文化管理、企业管理、服务管理、战略管理等。实践课主要有军训、实习、讲座等形式。学校之间课程设置，学分设置等都会有一定的区別。

有了一个健全的课程体系，通过培养模式实现培养目标就有了可能。不同的课程有不同的作用，调查收集数据时发现的我国各高校的工商管理课程体系相对来说是比较健全的。我们对国内高校设置的工商管理专业课程体系进行对比如下。

一、学分比较

在分析比较我国各个高校工商管理专业的课程体系时，我们共查看了 108 所高校的培养方案或培养计划。然而由于大多数高校或者不对外公布培养方案数据，需要登录学校内网查看，或者就是还没有将培养方案放入相应的网站，所以导致本部分内容数据收集异常困难。因此，最终筛选出 20 所培养方案资料较全的高校做出数据分析。

分别从各高校工商管理专业的培养方案中整理出了每个学校该专业的计划总学分及各类型学分的汇总，如表 6-2 所示，从总学分上来看，北京外国语大学的总学分要求最低，为 135 学分，其主要原因可能是该总学分中没有计算毕业实习和毕业论文等学分，而辽宁工业大学的总学分要求最高。平均来看，这 20 所高校工商管理专业课程体系所要求的总学分为 158 分。另外，全校公共必修学分要低于专业课必修学分，自主选修的学分平均在 33.5 分左右。其他学分，比如毕业实习，毕业论文等的学分平均为 13 分。

表 6-2 各高校学分要求汇总

编号	学校名称	总学分	全校必修学分	专业必修学分	自主选修学分	其他学分
1	北京大学	139	46	53	38	2
2	复旦大学	150	50	83	11	6
3	上海交通大学	164	31	71	35	27
4	中国人民大学	172	50	62	44	16
5	南京大学	150	65	39	38	8
6	武汉大学	140	35	57	40	8
7	北京外国语大学	135	57	60	18	
8	上海对外经贸大学	164	69	50	45	
9	山东大学	146.5	55.5	62	29	
10	上海理工大学	181.5	66.5	111	4	
11	东北师范大学	148	39	54	30	25
12	首都经济贸易大学	138	53	44	35	6
13	江西财经大学	172	55	52	45	20
14	北京林业大学	183	30.6	82	55.5	15
15	对外经济贸易大学	173	65	50	30	28
16	中央民族大学	150	38	57	30	25
17	华南理工大学	173	49	51	48	25
18	辽宁工业大学	186	54	66	32	34
19	郑州大学	155	57	61	20	17
20	深圳大学	140	33	52	41	14
	平均学分	158	49.925	60.85	33.425	13.0625

通过图 6-1 对于各种类型学分的平均占比情况可以发现，占比最大的还是专业必修的学分，大约占总学分的 38.51%，专业必修的学分是基础的专业知识，是一切的起点，当然还包括专业核心课程或者特色课程，是用来拔高学习深度，凸显学校特色的专业，也是成长为工商管理专业优秀人才的关键。全校必修学分比自主选修学分占 10%左右，可以反映出我国高校课程设置时对于选修学分的开放度还没有很大。也不难看出其他学分的占比在 8%左右，因此也体现了实践课程的重要性，但有些高校并没有公布其实践课程的总学分，本书观点认为，明确实践课程的学分是必要的，而且实践课程必须得到重视。

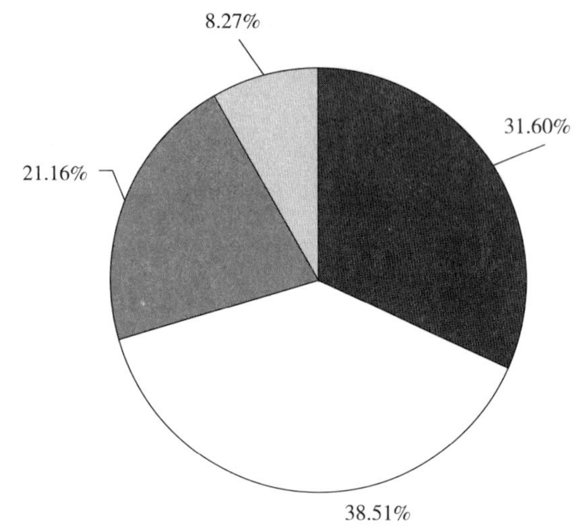

图 6-1 高校各类型学分平均占比

二、课程比较

在分析各高校工商管理专业培养方案时，由于各高校课程设置不尽相同，因此详细统计起来相对困难。但不难总结，各高校工商管理专业一般都开设的专业课有：管理学、经济学（一般分为微观经济学和宏观经济学）、市场营销学、人力资源管理、财务管理、运营管理、战略管理、企业管理、基础会计和组织行为学，而各高校也有自己学校的特色课程，比如北大光华管理学院的中国经济改革与发展、上海理工大学的生产与运作管理（双语）、东北师范大学的社会学、首都经济贸易大学的领导力开发等课程。这些极具特色的专业课使学生更加有兴趣、更加专业，综合素质进一步得以提升。

三、特色实践活动比较

实践课程是培养学生实践操作能力的重要环节，是将学生在校所学理论知识运用到实际生活中的重要途径、是使学生能更好地适应职场生活的必要准备。因此，实践课程意义重大且不容小觑。

在各高校工商管理专业的培养方案中，我们发现高校各自有实践活动的特色课程，如表 6-3 所示。可以看出这些极具特色的实践课程种类多样，有科研培训、有调研调查、有创新创业，还有模拟实习以及专业讲座等。这些特色的实践活动，使得学生在经过系统的专业理论知识的填充后综合能力进一步得到升华，成为理论与实践能力兼备的专业人才。

表 6-3　各高校特色实践课程汇总

编号	学校名称	特色实践
1	北京大学	科研训练
2	复旦大学	社会调查
3	上海交通大学	专题调研
4	南京大学	创新创业
5	武汉大学	生产劳动
6	上海对外经贸大学	学位后讲座
7	上海理工大学	模拟实训
8	东北师范大学	专业见习
9	对外经济贸易大学	社会调查
10	辽宁工业大学	实训 25 周

四、对应职业能力比较

对应职业能力是指高校课程体系中所设置的课程与所培养的专业人才能力的对应关系。高校根据社会需求与办学经验确定所培养人才的各类型能力，制定相应的培养目标，再根据培养目标制定培养模式和课程体系。所以说，社会工作对于人才能力的需求是一切人才培养的出发点与落脚点，课程设置与人才能力之间有对应关系。

关于人才能力的分类有很多种。按照工作类型级别可分为助理工作能力、实务操作能力和管理研究能力。按照学习内容可分为品德素质能力、专业知识能力、业务操作能力以及适应发展能力。按照社会需要可分为沟通协调能力、经营管理能力、创新能力、信息处理能力等。

根据学习课程内容对职业能力进行了划分并做出了职业能力与课程的对应关系。如表 6-4 所示，品德素质能力所对应的课程包括思修课程、体育与军训等，而专业知识能力当然对应的是专业的必修课与选修课，计算机、外语以及数学统计知识等则代表业务的操作能力。一些锻炼思维、心理以及职业发展规划等课程则是为了培训适应发展的能力。

表 6-4　职业能力与课程的对应关系

能力	课程
品德素质能力	马克思主义基本原理、中国近代史纲要、毛泽东思想和中国特色社会主义理论体系概论、思想道德修养与法律基础、形势与政策、体育、军事理论与训练等
专业知识能力	管理学、市场营销、财务管理、人力资源管理、会计学、微观经济学、宏观经济学、运筹学、运营管理、战略管理、经济法、服务管理、物流管理、公司治理等
业务操作能力	大学英语、商务英语、概率论、计算机基础、管理信息系统信息检索、统计学、计算机程序设计等
适应发展能力	职业规划、组织行为学、讲座、工商管理模拟等

在调查的 20 所高校中，有 10 所综合类院校、4 所商科类院校、3 所理工科院校、1 所师范类院校、1 所外语院校以及 1 所农林院校，其中综合类院校更加注重专业知识能力和业务操作能力中的偏理科的课程，商科类院校在培养业务操作能力时数学类、计算机课程较为初级，但在适应发展这方面效果明显。理工科院校更注重业务操作能力的数学知识和计算机能力，而在外语方面稍有逊色。师范类院校在课程的设计方面更注重人文社科，关注适应发展能力。外语院校更关注业务操作能力的外语能力。

高校不同时期培养职业能力比较。随着社会需要的不断发展，工商管理专业对于人才职业能力的培养有不同程度的改变。以北京大学 2010～2017 年光华管理学院工商管理类培养计划中的课程体系以及职业能力的培养为例，北大光华管理学院是大类招生，以“工商管理类”作为大类招生，细分为金融学、会计学和市场营销三个专业。研究发现，北大光华管理学院的培养计划每年都会有一些细微的变动。比如在 2014 年，学院增加了一门名为“中国经济改革与发展”的课程，设置为学院必修课，3 学分，而在 2015 年时，这门课的学分被改为 2 学分，在2016年时被列为专业核心课程。由此可见，北大光华管理学院很注重培养学生的适应发展能力，先在该方面进行研究，大胆开创新课程，最后发展为核心课程，特色课程。2015年时，北大的许多课程都进行了双语改革，原本的财务会计、宏观经济学等，都变成了中英双语，这进一步体现出北大对于学生业务操作能力的培养，为了适应全球化的进一步深化，专业外语学习显得尤为重要。

第五节　新经济时代的工商管理专业变革

一、新经济时代与工商管理专业人才素质

随着经济社会的发展，企业对人才素质的要求发生了变化，除了一些传统的专业知识能力，更强调沟通交流能力、团队协作能力等，在新经济时代，企业更加需要综合性的、跨学科的、实践能力强的人才。除了要有丰富且扎实的专业理论知识，还应该具备实践操作能力，比如在当今信息、数据如此发达的情况下，数据处理能力、编程能力、抗压能力、实践经验等都成为毕业生在应聘工作时的秘密武器和法宝。所谓复合型人才、应用型人才便是如此。另外，在物质文化蓬勃发展的今天，企业文化的构建和发展对于企业来说也尤为重要，因此，一个具备良好的素质品质或者个性突出的人才更容易被吸收。

工商管理专业人才的毕业去向基本属于企业，随着经济的变化，企业工作方式、工作思路等都在不断地发生着变化。作为商科类专业人才，尤其是管理者，人才素质被提出了更高的要求。

首先谈管理能力，工商管理专业的人才应该具备相当强的管理能力，这就为学生的沟通能力、协调能力、决策能力、应变能力等提出了要求。所以新经济下，工商管理人才应该更加积极地参与实践，将自己投入开放的环境中锻炼。

其次是操作技能，在网络如此发达的今天，公司不缺懂得各种专业知识的人才，更不缺只会空口说谈的管理者，缺少的是能在关键时刻做出综合判断的实干家。因此，无论是计算机能力、软件操作能力还是数据处理能力、调研能力及实例分析能力，都是关键的。

最后是创新能力，工商管理专业的人才，是企业的领头羊和方向标，良好的对未来发展的判断能力、决策能力、策划能力和执行能力，都是新经济时代工商管理专业人才素质的重要部分。

二、工商管理专业课程体系变革问题

根据我们的调查，目前国内高校工商管理专业课程体系还不能适应社会形势的变化，存在以下典型问题。

（1）变革力度缓，问题未根治。

工商管理专业的主要问题是培养模式上的问题，因此，只要培养模式未变革，课程体系就无法得到深刻的变革。我国本科阶段的工商管理主要采用大平台培养，然后再进行专业分流的培养模式，这使得很多专业理论课程略显重叠，而真正需要重点学习的技能型课程，比如高等数学、应用统计、计算机编程、大数据分析等课程并没有得到充分的学习，使得工商管理专业的学生操作技能较差。本书认为我国高校工商管理本科专业的培养模式较为成功的是西安交大，其不面向高考生直接招收，而是招收学校 3 年级其他理工专业的本科生，在学生具有一定的业务操作能力的基础上，将其培养成为优秀的管理人才。

（2）专业课程杂而多。

工商管理专业的专业课程的一大特点就是多而杂，俗话说，“专业不专”。工商管理的专业课程涵盖了一切商科类课程，如此多的专业课，都只是基础性学习，没有进一步深化研究，因此学生在专业课程上其实并不专业。比如会计学，工商管理专业的学习只是学习简单的基础会计，而且学时少，最终收获寥寥无几，而对于核心专业课，有时候也只是学习个大概，没有深入研究，一方面课时少，另一方面没有理论与案例相结合。

（3）选修自由度低。

在我们所调查的 20 所高校里，通识课的选修和专业课的选修相加才占总学分的 20%左右，由此可见，工商管理专业的课程选修自由度还是很低的。学生不能自由地选择课程，专业课程、通识课程的开设门数都偏少，使得学生选不到自己喜欢的人文社科类的通识课，也选不到自己感兴趣的专业选修课。所以存在的问题是，可供选择的课程数太少，综合类院校的课程开设更多，可供选择的也更多。

（4）实践环节难以落实。

工商管理专业不像工科专业，有长期的实验课程，也有固定的实验室。所以，毕业实习、创新创业、调研调查、讲座等形式的实践活动已经是工商管理专业的学生所能学习到实践经验的为数不多的几种形式，而这些形式的实践活动考核体系不健全，使得实践活动很难落到实处，学生实践学习的质量大打折扣。

为了尽快适应社会经济发展，我们建议工商管理专业课程体系应从以下几个方面尝试变革：

（1）明确培养目标，变革培养模式。

我国各高校工商管理专业的培养目标并不是十分明确，有些表达过于笼统，因此，在工商管理专业课程体系变革前，可首先明确培养目标，再调整培养模式。课程体系的设置应当使学生既能够循序渐进地学习，又不会有明显的短板，学习的课程要主次分明，该透彻学习的课程不能松懈，培养学生真正的专业能力与素质比表面看似健全的课程体系更重要。

（2）精练课程设置，选用适合教材。

在研究专业课的过程中，我们不难发现有很多课程其实内容重复，这使得学生学到的知识、掌握的技能事倍功半。因此在课程设置时，要尽量全面而综合地考虑，避免课程中重复的部分。专业知识多多少少都会重复，也可在教学方案中进行调整，使得学生掌握更多的专业知识，学习更高效，也可开设更多不同的选修课供学生选择。

（3）重视技能培养的课程，增加考核难度。

我国很多高校工商管理专业都需要学习很多的专业课，而对于一些技能类的课程可能不太重视。比如商务英语、高等数学、应用统计、大数据分析以及编程等课程。一般商科院校的数学类课程都选用最简单的书，有些学校工商管理专业不注重培养学生的外语能力，也不开设新兴发展的大数据分析等课程，高级计算机语言也得不到相应的重视。这些都使得工商管理专业的学生技能不高。因此，在今后的变革中，应该重视操作技能的培养。

（4）校企联手使实习常态化。

有些知识是书本中学不到的，当真正投身到工作中遇到任务时，学生往往束手无策，因为在学校中、在书本上没有关于如何解决工作上问题的答案。因此，去企业、去公司实习是重要的环节。

实习是大学生从学生时代转向职场的重要过渡时期，是教学与实际经营生产相结合的重要实践性学习过程，是学生巩固、验证和深化已学到的理论知识的重要环节，是培养分析和解决问题能力，提高综合运用所学知识和技能的重要契机。实习能使学生了解各个行业的基本情况与发展趋势，更加清楚地知道岗位职责、工作特点以及工作流程，从而增强适应社会的能力和就业竞争力。

实习对学生毕业后的工作选择有重要的意义，因此，将实习常态化是学校和企业需要共同迈出的重要一步。学校可与一些优质公司达成协议，建立良好的合作伙伴关系，使公司能够从中获益也可使学生获得宝贵的实习经验。

学校可规划从大二下学期或大三上学期开始让感兴趣的同学去相关公司实习，以获得更为丰富的工作经验，而不是仅只有毕业实习的一段时间。

第六节　新经济时代以特色建设为抓手的上海对外经贸大学工商管理专业建设

新时期国家战略发展方向对工商管理专业建设提出了新的要求。教育部、国家发展改革委、财政部发布的《关于引导部分地方普通本科高校向应用型转变的指导意见》（财政部教育部国家发展改革委，2015）中指出，新时期高等教育的发展，要紧紧围绕创新驱动发展、“中国制造 2025”、“互联网+”、“大众创业、万众创新”、“一带一路”倡议等，找准转型发展的着力点、突破口，真正增强地方高校为区域经济社会发展服务的能力，为行业企业技术进步服务的能力，为学习者创造价值的能力。工商管理专业的特色建设必须围绕上述国家战略方向，找准自己的着力点、突破口。

工商管理专业应届毕业生的就业市场发生了明显的变化。工商管理专业毕业生的传统就业行业银行业在近几年来出现了明显的增长放缓迹象，招收应届毕业生的数量总体上呈下降趋势。2013~2015 年，上海对外经贸大学工商管理专业就业毕业生中，进入银行业就业的毕业生的比例分别为 31%、19%和 22%。中国经济的增长引擎从靠外资和大企业拉动转变为靠新兴产业及创业创新带动，表现在就业数字上，2013~2015 年，应届就业毕业生进入世界 500 强企业的比例分别为 37%、28%和 14%，呈现出明显的下降趋势，而同期进入新兴网络科技企业就业的比例则分别为 3%、4%、5%。工商管理专业的特色建设必须充分考虑和预见如何适应就业市场变化的需求。

上海很多重点高校工商管理专业均以国际化作为自己的特色建设目标之一，导致上海对外经贸大学的国际化特色建设面临重大压力。

各高校专业特色建设需充分考虑各自师资队伍的能力和配置情况，充分做到扬长避短。上海对外经贸大学工商管理专业师资队伍在近来又注入了新生力量，在数据科学方面增加了学科领军人才。上海市教委响应国家教育部高等教育“双一流”建设发展规划，在上海高校中积极开展高峰高原学科建设，上海对外经贸大学工商管理学科获得了高原建设项目的支持，成立了“数据科学与管理决策重点实验室”。实验室重点引进了在数据科学与管理决策方面具有领先成果的领军人才和一部分具有极高发展潜力的青年博士教师，加入了工商管理专业的师资队伍中。新时期工商管理专业特色建设必须充分发挥师资队伍中新生力量的作用，使他们的特长能够运用到特色建设和学生培养中。

一、上海对外经贸大学工商管理专业建设特色的 SWOT 分析

为了凝聚全专业力量，做好专业“十三五”发展规划和特色建设，在 2016 年上半年请评估专家对专业建设进行全面审视并提出意见的基础上，2016 年 10~12 月，上海对外经贸大学工商管理专业又对自己的专业规划进行了详细论证。论证过程中，专业全体老师对工商管理专业面临的机会、威胁和优势、劣势进行了全面的分析和讨论，并请校外专家对专业规划和特色进行了会诊。经过讨论和会诊，专业全体老师对工商管理专业机会、威胁和优势、劣势因素做出了总结，老师们还对各项因素对于规划发展和特色建设的重要性进行了权重打分。具体结果如表 6-5 所示。

表 6-5　上海对外经贸大学工商管理专业内部优劣势总结

	优势	权重
1	有高层次人才两名，教学科研均有丰富的重量级成果	0.06
2	大部分教师科研积极性普遍较高	0.06
3	教师参与教学工程项目的积极性普遍较高	0.03
4	教师海外背景总体上较强	0.05
5	教师大部分来自于管理科学与工程背景，具有较强的科研潜力	0.08
6	教师平均学历高，超过 90%为博士	0.05
7	较长的历史和较高的社会评价	0.08
8	学生就业率高，生源相对还可以	0.08
	劣势	权重
1	生师比较高于全校及全院水平	0.06
2	专业特色有待进一步加强	0.06
3	教师研究方向比较分散，不利于形成团队	0.11
4	教师发表教研论文不足	0.04
5	各级各类研究数量有待提高	0.04
6	专业排名在全国起伏较大，专业在国内和国际影响力有待继续提高	0.03
7	教师教学任务较重，没有足够精力产出科研成果	0.08
8	教师知识更新任务较重	0.03
9	研究生生源质量非常低，无法产生符合质量要求的科研成果	0.06
	合计权重	1

从上述因素的权重打分来看，本专业教师认为本专业社会评价高、生源和就业好、教师队伍科研能力强、科研积极性高及具有两名领军人才是比较突出的优势，教师研究方向分散和教学任务较重是突出的弱势，同时专业特色有待进一步加强。上海对外经贸大学工商管理专业外部机会、威胁总结如表 6-6 所示。

表 6-6　上海对外经贸大学工商管理专业外部机会、威胁总结

	机会	权重
1	学校招聘政策支持	0.04
2	对口专业海归博士和国内 985 院校博士毕业生来本专业就业意向高	0.08
3	学院大数据实验室研究方向特点鲜明、优势突出	0.10
4	学院科研氛围稳步好转	0.10
5	学院的教师激励制度效果正在逐步体现	0.04
6	社会对工商管理人才和大数据分析人才需求巨大	0.06
7	学校正在逐步加强对教学和科研团队的鼓励	0.08
	威胁	权重
1	各校工商管理专业开办较多，生源竞争压力大	0.11
2	全国来看，有按专业而非按学校报志愿的发展趋势，部分地区已经开始试点，使专业自身发展和排名压力陡然增大	0.11
3	学校和学院在跟踪学生就业质量等环节有待提高	0.09
4	学校和学院实习实践基地与学生实际实践单位差异大	0.06
5	学校传统的主要就业方向之一——银行业发展势头下降，接收应届毕业生意愿下降，影响学生就业前景	0.07
6	由于上海大学生适龄人口下降，导致上海生源质量受影响	0.06
	合计	1

从因素总结和权重打分来看，本专业教师认为，学院大数据实验室的优势和科研氛围的好转，是专业发展的最大机会，同时学校对团队实施鼓励政策、青年教师来源充足和社会对工商管理及大数据人才的需求巨大也是非常重要的机会。在威胁方面，本专业教师认为生源竞争压力以及按专业招生面临所带来的压力是最大的。同时在学生就业质量环节的跟踪工作和银行业发展势头造成的学生就业前景影响也需要重视。

综合上述 SWOT 分析，本院专业特色，除了继续继承以往在国际化上已有成果和优势外，顺应国家教育发展战略、经济社会趋势，并充分结合本院专业大数据的强大研究能力，本专业老师达成一致，认为“数据化”可以作为本院专业下一阶段特色建设的又一重点。

二、新时期工商管理专业“数据化”特色建设内涵与落实措施

数据化管理，尤其是大数据与工商管理各领域的结合，已经越来越成为工商管理实践中一个重要的议题和不可逆转的趋势，也是工商管理学术研究领域的前沿。从科研角度看，数据化管理可以看成是新计算社会学（New Computational Sociology）在工商管理领域的一个分支。新计算社会学这一名词在2014年8月美国社会学界举办的“新计算社会学研讨会”上首次提出。新计算社会学是当代社会学界借助计算机、互联网与人工智能技术等现代科技手段，利用大数据、新方法来获取数据与分析数据，从而研究与解释社会的一种新的范式或思维方式（罗玮等，2015）。作为新计算社会学的分支，同时又是实践性较强的一个分支，数据化管理是当代管理学界和实践界借助计算机、互联网与人工智能技术等现代科技手段，利用大数据、新方法来获取数据与分析数据，从而研究与解释管理和组织并进行管理实践的一种新的范式或思维方式。随着大数据时代的到来，管理科学由“计量范式”向“计算范式”的转换只是一个时间问题。

将数据化管理作为工商管理专业“十三五”特色建设的着力点，是对数据化管理时代的顺应，也是对新形势下工商管理专业就业市场需求的一种顺应。从目前的就业市场来看，大数据方面的人才非常稀缺，根据麦肯锡咨询的预测，到2018年，仅美国本土大数据人才缺口就超过14万名，同时，通过分析大数据并为企业做出有效决策的人才缺口将高达150万名（沈湫莎，2014）。培养掌握具有全面的国际化工商管理理论知识体系，同时又具有大数据方法基础的复合型人才，预计将使得上海对外经贸大学工商管理人才成为特色更加突出的专业。

上海对外经贸大学工商管理专业师资队伍学术研究成果对支持数据化管理特色建设具有坚实的基础。在大数据研究方面，目前专业教师队伍已经获得了国家自然科学重点项目、国家社会科学重大研究项目立项，在情感计算、复杂网络分析、工商主体风险监控等大数据前沿研究方向上获得了上海市科技进步奖及多项研究项目资助，在SODA上海开放数据创新应用大赛中也获得了优异成绩。

上海对外经贸大学工商管理专业本科学生素质也非常适合建设数据化管理的专业特色。工商管理专业为一本招生，在上海及外地的招生分数线一直名列前茅，且生源大多为理工类学生。从对学生的初步调查来看，学生对学习大数据的理论方法工具具有浓厚的兴趣，并认为对自己将来就业是非常有益的。

在数据化管理特色建设的实施上，上海对外经贸大学工商管理专业将从以下几个方面落实建设规划：师资队伍建设、课程体系建设、研究成果聚焦和研究教

学相长。师资队伍方面，将继续加大人才招聘力度，招聘人才的主要领域为数据科学与管理决策，同时建立学术小组制度。人才招聘同时也是为了解决教学任务重的问题。课程体系建设，将改革学科基础选修模块课程和专业选修模块课程，或者通过专门开设辅修模块并授予荣誉学位的方式，体现数据化管理的特色。研究成果聚焦，在解决专业内现有研究方向分散问题的同时，重点在运营管理、创业创新管理、公司治理等方向，开展大数据与工商管理决策交叉方向的研究，从研究成果上支持数据化特色建设。在研究与教学相长方面，以学术小组为单位，在各自研究方向上，撰写数据化管理案例形成特色案例集，在一些新兴研究方向和实践领域上可以开设特色课程并编写特色教材。

“国际化”和“全球化”，是两个不同的概念（浙商总会，2016）。现在我们大部分讲的是国际化，但中国未来必须面临的，是全球化。全球化是指各国之间的问题，国际化是指中国和世界的问题，但是中国今天作为世界第二大经济体，必须用全球化眼光思考全球问题。

继承专业以往的国际化特色，开创全球化、数据化管理的新特色，相信上海对外经贸大学工商管理专业在特色建设上将会不断进步，通过不断产出社会有用人才和有影响力的科研成果，为学校特色建设和国家高等教育改革增砖添瓦，为社会经济建设做出更大贡献。

本章小结

本章主要针对国内本科高校工商管理专业的培养方案，对课程体系进行了研究，借鉴了国内外学者在相关领域的研究成果，再加上搜集相关二手数据以及整理一手数据，运用比较分析法、定量分析法、定性分析法、文献研究法等方法深入地分析工商管理专业的概况，课程体系的概况及不同学校之间的比较，还通过课程体系分析了对应的职业能力，结合新时代对人才的新要求，分析了目前我国工商管理专业课程体系变革中遇到的问题以及相应的解决对策。在总结前人理论以及研究成果的基础上，通过研究上百家本科院校的培养方案并最终提取了其中的 20 所高校作为样本，经过统计分析研究提出了基于新经济时代下对于工商管理专业人才的能力素质需求以及如何变革课程体系以适应新经济时代。最后，通过对上海对外经贸大学工商管理专业以特色建设为抓手的专业建设案例分析，例证了新经济时代工商管理专业的变革。

第七章 企业管理专业的再造实践
——以上海对外经贸大学为例

第一节 专业定位、人才培养目标和核心课程

一、专业定位

上海对外经贸大学工商管理专业的前身是上海对外经贸大学企业管理专业，成立于1983年，1999年根据教育部的《普通高等学校本科专业目录》更名为工商管理专业。依托学校所在城市的区位优势和学校品牌的社会认知优势，世界经济融合的现实和趋势以及学校提出的国际化办学要求，工商管理专业在办学方向上崇尚国际化特色，将学生的成才标准设定为具有国际化视野的知识、能力和素质结构。

在这样的背景和基础上，工商管理专业将自身的发展目标设定为：在完成建设基本教学单位的基础上，体现工商管理学科研究成果集成程度，取得国际化工商管理领域中思想库的相应地位，并成为重要的国际化工商管理人才输出基地。工商管理专业始终以国际化为自己的特色，学生培养方向为国际企业管理方向。2012年开始，工商管理专业开设了工商管理全英文实验班，使得工商管理专业形成由工商管理实验班和工商管理（国际企业管理方向）两种培养方式并行的本科培养模式。

为了凸显国际特色化，工商管理专业在过去的建设中，从四个方面进行了重点建设：师资队伍的国际化、课程设置的国际化、学生交流的国际化和教学科研成果的国际化。国际化特色的建设，使得上海对外经贸大学工商管理专业应用型

本科人才的培养取得了实效，突出反映在学生就业指标和英语交流能力上。工商管理专业毕业生当年就业率稳定保持在96%以上，进入银行、四大会计师事务所、知名金融企业和咨询公司、合资外资企业和其他世界500强企业就业的比例，一直保持在40%以上。工商管理专业学生具备较强的外语沟通能力和跨文化交流能力，突出表现在全英文实验班同学课上互动、作业和课程论文、考试等均以英文进行，学生全部通过国家英语六级测试，很多同学在雅思、托福考试中取得优异成绩，在校期间通过国际交流项目出国学习的学生比例在50%以上，毕业后考取国外著名大学的研究生的数量也逐年上升，2017年达到两位数以上。

二、人才培养目标

工商管理全英语实验班的培养目标是探索拔尖学生培养模式，实施本科人才“造峰”计划，打造国际化“四通人才”，即：通用语言——适应以英语为工作语言的工作环境；通用规则——熟悉全球通行商业规则；通用管理——具备跨文化适应力、合作力和领导力；通用工具——掌握全球运营定量分析工具及其通行软件，培养学生成为跨国公司全球运营业务的执行者和未来领导者。

工商管理（国际企业管理方向）的培养目标：培养了解管理科学理论前沿与发展动态，以扎实的管理学知识和理论基础、基本的定性分析、定量模型、计算机及数据科学相结合的分析工具和方法，通过案例和商务模拟等教学手段，以解决企业经营管理实际问题的基本技能为训练目标与对象，具备英语语言应用能力、人际沟通能力和团队合作意识的全球化、数据化企业管理人才。

三、核心课程介绍

在没有确定“数据化”特色之前，该专业为凸显专业的国际化特色，设置了大量的全英语课程和国际化管理课程作为核心课程，专业核心必修课程包括六门：跨文化管理、运营管理、组织行为学（英）、战略管理（英）、国际企业管理、跨国并购（英）。

国际企业管理是专业特色课程，同时也是上海市精品课程。国际企业管理课程讲授国际企业管理的基本知识与理论，引导学生了解并掌握国际企业管理的基本知识与理论，引导学生运用国际企业管理的基本知识与理论进行案例分析，引导学生运用国际企业管理的基本知识与理论对跨国公司的管理实例进行解剖和分析。国际企业管理课程的内容包括国际企业概述、国际企业环境和国际企业管理职能三部分，主要讲述国际企业的产生与发展，企业国际化经营的基础理论、活动方式和组织形式，国际企业的经济、政治、文化、法律环境，国际企业的运营、营销、财务、人力资源管理等内容。

跨国并购（英）也是本专业特色课程，同时也是上海市全英语示范课程。跨国并购（英）课程主要包括三个部分：第一部分为理论部分，包括并购理论与跨国并购理论；第二部分为跨国并购实务部分，包括跨国并购企业价值评估与定价、支付方式选择、反收购防御、融资、谈判与签约、并购后整合，以及各国并购政策与法律环境分析与比较等；第三部分为与中国企业有关的跨国并购，包括外国企业在中国的并购（外资并购）以及中国企业的海外并购（“走出去”并购）。通过跨国并购（英）课程学习，使学生能了解和掌握跨国并购的发展历史、模式、步骤、法律法规等理论与实务，掌握中国企业的跨国并购以及外资并购等具体实务。随着经济全球化的深入，大型跨国公司无论是在内部管理还是在与当地合作伙伴的合作中，正视文化的多样性都将有助于大大减少管理中的不确定性，从而降低风险。在“引进来”和“走出去”战略共存的中国企业国际商务活动中，由于不同国家的文化背景、价值理念、消费习惯不同，很容易导致国际商务活动中面临着大量严峻的跨文化管理的难题，跨文化管理正成为影响企业成败和地区经济发展的重要乃至决定性的关键因素。

战略管理（英）是专业特色课程，同时也是上海市教委重点建设课程。企业战略管理在管理相关专业的课程体系中是一门起到提纲挈领作用的课程，在管理类学科本科教学中，通常作为一门“出门”课程，面向高年级本科生开设，同时也是管理类研究生，尤其是 MBA 学生的课程学习中必不可少的一门课程。它综合利用管理学原理、财务、人力资源、市场营销、管理信息系统、运营管理、研究开发管理、经济学、决策学等方面的知识，找出企业所面临的重大外部机会和威胁，发挥和培养自己的优势，通过科学合理的战略制定、实施和评价，求得企业长期的生存和发展。课程近几年围绕教学思想和观念、教学内容、教学方法、教学手段等几方面进行了深化改革和提高，具体体现在教学内容中的国际化视野与中国特色战略管理实践探索结合、教学方法中的理论自测学习方法，教学手段中网络教学平台深度开发、教学游戏开发和音像资料案例的开发等方面。在这样一门课程的教学过程中，除基本知识和理论教育外，重点要培养学生的三种能力：战略思维能力、战略实施能力和战略理论与实践相结合的能力，同时兼顾通过双语教学提高学生的英语商务实践工作能力。为此，要引导学生综合利用以前所学知识，结合战略管理的框架、概念和工具，抓住关键和重大问题，做出科学决策，这就是战略思维能力；决策做出后，需要将决策落实到计划制定、组织结构、政策资源、激励分配等上面去，这就是战略实施能力。单个人的实践经验毕竟是有限的，而课堂和学科理论是丰富的，战略管理课程要培养学生能够在以后的实际工作中，不迷失在日常工作的琐碎和繁杂里，能够经常跳出现有实践，结合理论的现有成果和最新发展，反思自己和企业的现况，拓展自己的发展思路，这就是理论与实践相结合的能力。

第二节　新经济时代企业管理专业学生培养中的瓶颈与不足

学校提出全面贯彻党的教育方针、全面深化综合改革、全面加强依法治校、全面落实从严治党，不断开拓进取，努力发展成为一所高水平、国际化、特色鲜明的应用研究型大学。

工商管理专业在发展过程中，认识到了国际化、数据化的重要性和紧迫性，非常重视国际化、数据化人才的培养。但是在培养过程中本院专业存在以下不足之处。

一、师资队伍问题

国际化、数据化人才的培养离不开国际化、数据化的师资力量。国际化的师资力量，需要吸引国内一流、世界著名的专家学者来校从事教学、科研和管理工作，需要引进国外学科的前沿成果，引进先进的课程和教材。这是我国高等学校走向高水平国际化大学的捷径。数据化的师资队伍，需要招收和引进具有应用先进的数据化、智能化工具分析管理问题能力的师资。但是这两方面的师资，我们还非常欠缺。

从管理的角度，怎样培养师资队伍、怎样要求师资队伍，是一个非常关键的问题。目前很多院校都在不惜重金吸引高层次人才。引进高层次人才是提高师资水平的重要措施之一，但是更重要的是形成一套良好的用人机制。利用这种机制形成人才成长的氛围，从而促进人才的成长，这样才能使师资队伍得到长期、稳定的发展。我们在形成好的用人机制、激励机制这方面与国际、国内知名大学相比还有很长的路程，甚至相比内地一些同水平财经类院校，都有相当大的差距。

合理的师资队伍数量和年龄、职称和学员结构也是保证各项教学规划实施的重要前提。工商管理专业目前的师资队伍存在的最大问题是人员的减少、职称梯队和年龄梯队配备的不合理。工商管理专业的 14 名教师中，三人为双肩挑师资，一人临近退休，从基本数量上已经不能保证工商管理专业教学和科研目标的实现。

二、学生培养方面

对照学校应用研究型大学的定位和工商管理学院“十三五”规划提出的建成工商管理博士点的要求，目前我们在招生、学生培养方面都存在非常大的差距。

目前我们的硕士研究生招生中，研究生的第一学历大多来自非“985”“211”高校，学生对于应用研究型的培养目标和模式存在较大的不适应。大多数研究生不能具备开展科研任务的基础知识，不能达到开展科研活动需要的时间要求。

应用研究型学生培养所需教师的投入时间和精力是比较大的。目前本院办公条件比较差，普遍三名教师拥挤在一个办公室里，开展基本学术讨论的条件恶劣，基本不具备带领学生进行学术研究的环境。教师也因此对带领学生进行科研心存畏难。

目前本科生的培养模式也不适应教学研究型大学的学校定位。突出表现在，平时课程教学时，不能体现研究教学内容，考试考查水平还是以书本知识考查为主，研究型学习目标和考查内容比较少。目前的学生毕业论文普遍水平还不是很高，没有发挥出学生的积极性，反映出学生的潜力。

三、课程体系方面

互联网、大数据、智能化背景下的学科课程改革问题。近几年，随着互联网应用的全面普及，对传统的商科教学带来极大的冲击。通过互联网的搜索功能以及网络上的各类知识问答系统，学生很容易获得传统知识的信息。另外，各类在线教育视频课程，使得国内外名校的优秀课程资源变得唾手可得。如果传统的教学方法、教学内容不能实现当下大学生对于课堂教学的期望，本科教学质量将很难得到继续保障。随着技术的快速变化，技术对于传统商科知识体系的冲击巨大，在新的技术应用环境下，传统的商科教材的知识点需要不断更新。

如何在课程体系上，更加深入地体现国际化特色问题。在原有的工商管理专业课程体系基础上，遵循“通行、深化、聚焦、复合”的原则，在方法类课程上，采用国际通行教材和教学方案，进一步推进英语、数学、计算机等课程改革；在基础课程中进一步深化管理理论培养；在专业核心课程设计上，聚焦跨国公司全球运营活动，不断优化核心课程体系设计；在模块选修课程设计上，融合多个领域核心课程模块，进一步提升培养国际化人才质量。

如何在课程体系上，更加深入地体现教学型大学向教学研究型大学的转型问题。工商管理的课程，囿于原先的学生背景和教师背景，定性课程比较多，定量课程和研究型相对比较少，不适应学生成为应用研究复合型人才的目标，也不适应教师队伍教学研究并重教学相长的客观要求。

如何在课程体系上适应快速发展的工商管理职场实践环境，建立一体化课程体系。一体化的课程体系设计必须全面落实由职场需求和学科要求确定的能力、素质目标。这一目标体系应由产业界专家和大学教师以及学生共同确认，要明确、具体、全面、合理，便于逐条落实。同时课程体系要随着产业的发展而不断调整。一体化的课程体系设计又必须以综合性的研究项目为载体，这些项目往往需要多门课程的支持才能完成，所以可成为关联课程的纽带。这些项目的选择至关重要，要能反映职场典型工作和任务，要具备适中的难度和复合性，适于学生学习、实践，并作为关联课程的载体。确定合适的项目要与产业专家合作，同时教师要有丰富的项目选题和研究经验。一体化的课程体系设计必须由专业的全体教师（从基础课到专业课，包括专任教师和产业兼职教师）的团队合作完成。

第三节　建设目标与建设思路

新时期国家战略发展方向对工商管理专业建设提出了新的要求。教育部、国家发展改革委、财政部联合发布的《关于引导部分地方普通本科高校向应用型转变的指导意见》中指出，新时期高等教育的发展，要紧紧围绕创新驱动发展、“中国制造 2025”“互联网+”“大众创业、万众创新”、“一带一路”倡议等，找准转型发展的着力点、突破口，真正增强地方高校为区域经济社会发展服务的能力、为行业企业技术进步服务的能力、为学习者创造价值的能力。工商管理专业的特色建设围绕上述国家战略方向，继续不断努力突破。

为了解决前述本科生课程体系中研究型课程空白，并突出本校专业数据化特色，巩固本校专业近年来在数据科学与管理决策中的研究成果优势，并建设工商管理专业本科培养的数据化特色，本校需要开展一系列的专业建设工作。

一、建设目标

建设目标是“打造上海对外经贸大学工商管理类专业的全球化、数据化特色品牌，从学术和教学两方面提升本校该专业在全国的地位”。

二、建设思路

以国家新时代经济建设需求为导向，顺应新时代经济发展趋势和区域发展趋势，通过专业特色论证和实验班建设总结回顾、师资队伍建设、教学研究、教材建设、核心课程群建设和国际交流建设，强化专业特色，建设具有“国际化与数据化”特色的工商管理专业。

第四节　重点新课程建设

针对全球化和数据化特色，建设《企业管理数据可视化与智能决策》《管理博弈论》和《公司治理与公司金融》（英）三门特色核心必修课程，为了实现从应用型人才，向应用研究型人才培养模式的转变，增加了《工商管理研究》。

一、管理博弈论

现代管理的核心职能是激发人最大限度地发挥主观能动性，创造性地开展工作，这其中自然包含了管理者和被管理者之间的博弈。但由于管理对象是有限理性的社会人，不是理性的经济人；由于管理环境是复杂多变而组织目标是相对稳定的，因而管理活动更具多阶段特性；由于被管理者的需求是多方面的，因而管理激励与约束是多因素的；由于管理活动通常具有多目标、多层次的特点，使博弈论方法在管理学中的应用远比在其他领域的应用更为复杂、多样。由于引入了管理激励与约束机制设计的概念，使得管理和博弈有了结合部，博弈论在管理学的应用有了切入点。之所以说管理激励与约束机制是管理博弈论产生和发展的载体，由于它既切合管理实践发展需要，又能将个人理性与非理性、优化结果的定量与定性描述、需求的单因素与多因素、管理的单目标与多目标、单阶段与多阶段、单一管理层次与多管理层次有机地结合起来，从而为博弈论在管理学中的应用与发展开辟了道路。针对博弈论的重要性以及在校学生毕业后会立即面临管理相关问题，因此学习博弈论在管理实践中的运用对学生培养来说十分重要。

组织管理的目的在于提升组织绩效，而博弈论是组织管理者常运用的管理工具和手段，掌握管理博弈论知识成为就业人群和在校学生了解组织运营管理，实现自我价值的刚需。为使同学们更好地了解组织管理规则，《管理博弈论》将通过对课程的教学方案、教学大纲进行归纳梳理，系统讲述博弈论相关概念、博弈论在管理实践中的应用，培养学生基于博弈论思考管理实践的能力，提升学生对组织运营和就业环境的认识，进而提升就业竞争力。

本课程目的在于培养学生从博弈论视角思考管理实践的能力，讲述企业运营管理规则以及博弈理论在管理实践中的运用，这些对于当代大学生而言都值得去学习和关注。本课程以课堂教学、案例分析教学方式为主，学生在教师主持下进行探究管理博弈论知识。

二、公司治理与公司金融（英）

公司治理问题是制约公司核心竞争力的决定因素，是公司可持续发展的关键。现代公司的发展需要一批能将理论和实践结合在一起的公司治理人才。良好的公司治理人才一方面能够降低代理成本，另一方面也有助于保护员工的利益。据权威机构统计结果显示，很多失败企业在内部控制和公司治理层面都存在很大问题，而绝大多数的成功企业都解决了两个根本问题：一是能持续确保企业经营的效率和效果；二是能持续确保企业资产的增值与安全。随着市场竞争的加剧和企业生存环境的变化，企业要想持续经营下去，就需要不断地提高竞争力和控制经营风险的能力。单纯依赖传统的会计控制已不能应对企业可能面临的经营风险，会计控制必须向企业内部控制体系发生转变，必须进行有效的风险管理，只有这样，才能有效地提高企业持续经营的能力。

随着公司的影响力在全球公众生活中日益加深，如何保障公司进行持续的财富创造也成为一个重要的问题，而有效的公司治理是保障公司科学决策和可持续发展的制度基础。世界上的每一个国家，无论是经济发达国家还是新兴经济国家，尽管对待公司的观点不尽相同，但都在推进规范的公司治理准则的建立，当然也包括中国。我国企业和美国一些大企业相比，更加缺乏应对重大经济危机的经验，因而在更加复杂和动荡的环境下，中国企业的公司治理将面临更加严峻的考验。所以，培养精通公司治理规则和方法的国际化经营人才是高校经营管理人才培养的重要方向。

随着公司治理实践的发展和理论研究的深化，国内外高校陆续在工商管理教育中引入公司治理课程。上海对外经贸大学工商管理学院将《公司治理与公司金融》列为本科生的必修课程，通过本课程学习，使学生能了解和掌握基础的公司治理概念，区分全球范围内不同的公司治理类型；了解公司金融工具和方法、与公司治理目标的结合途径和方法；了解公司治理、金融体系类型和经济增长之间的逻辑关系。本门课程的学习将完善学生的企业管理知识体系，从微观和宏观两个层面增进对企业管理的理解和认识。

三、企业管理数据可视化与智能决策

本课程立足于数据可视化为管理决策服务视角，对数据可视化的过程和意义进行描绘，并围绕如何探索数据的模式和寻找数据间的关联、如何选择适合自己数据的可视化方式，以及有哪些我们可以利用的可视化工具展开。课程内容涵盖：数据可视化与智能决策简介、数据预处理、数据分类、数据统计、Tableau的数据连接、图形编辑与展示功能等。在教学过程中采取理论与实践相结合的教学方法，课程评价以课堂出勤、平时作业、课程汇报为主要评价方法。

第五节　工商管理专业培养方案修改前后的对比

一、培养目标修改

修改原因：①更好体现工商管理专业这几年的特色建设目标；②学校从教学型大学向教学研究型大学转变；③外地生源增多后，考研学生增多；④学校文件要求更能体现专业特色。

修改前：本专业旨在培养了解管理学科理论前沿与发展动态，以扎实的管理学知识和理论基础、基本的定性分析和定量模型相结合的分析工具和方法，通过案例等教学手段，以解决企业经营管理问题的管理思维和技能为目标与对象，具备英语语言应用能力、人际沟通能力、团队合作意识和多元文化视野的国际企业管理人才。

学生毕业后能够在涉外企业、外贸公司、金融企业、管理咨询公司、网络科技公司等从事企业经营管理工作。

修改后：培养了解工商管理理论前沿与发展动态，具备扎实的管理学知识和理论基础，精通基本的定性定量分析、计算机及数据科学相结合的工商管理问题分析方法和工具，掌握解决企业经营管理问题的基本技能，具备英语语言应用能力、良好人际沟通能力，团队合作意识和多元文化视野的全球化、数据化企业管

理人才。

学生毕业后能够在涉外企业、外贸公司、金融企业、管理咨询公司、网络科技公司等从事企业经营管理工作，并具备进一步深造和从事研究工作的良好基础。

二、课程教学计划修改

表 7-1 至表 7-4 分别为 2014 年该专业的教学计划，以及 2018 级的教学计划，从中可以看出，“国际化、数据化”特色在教学计划上进行了落实，体现了我校专业对新经济时代人才培养需求的主动适应。修改包括：必修课中增加“工商管理研究与论文写作”课程 1 学分、管理博弈论 2 学分、跨国并购（英）、公司治理与公司金融（英）等。选修课中增加了“企业管理数据可视化与智能决策”2 学分、统计软件 R 语言、统计软件 SPSS、服务管理、大数据营销等。

表 7-1　工商管理（国际企业管理方向）专业指导性教学计划 1（2014）

课程类别		课程名称	应修学分	开课学期	分学期周课时分布							
					1	2	3	4	5	6	7	8
全校共同课	思想政治理论课	思想道德修养与法律基础	2	1. 2	2+(1)							
		中国近现代史纲要	2	1. 2		2						
		马克思主义基本原理	2	3. 4			2					
		毛泽东思想和中国特色社会主义理论体系概论	4	3. 4				4+(2)				
		政治经济学	3	1. 2	3							
		形势与政策		1~6	1	1	1	1	1	1		
	大学英语	综合英语（读写）	16	1~4	4	4	4	4				
		综合英语（视听说）	8	1~4	2	2	2	2				
		综合英语（自主学习）	4	1~4	2	2	2	2				
		计算机应用基础	2	1~2	2	2						
		大学语文	2	1. 2	2							
		体育	4	1~4	2	2	2	2				
	数学	微积分 B	4	1~2	4	2						
		线性代数 B	2	2		2						
		概率论	3	3			3					

续表

课程类别	课程名称	应修学分	开课学期	分学期周课时分布							
				1	2	3	4	5	6	7	8
学科共同课	微观经济学	3	2		3						
	宏观经济学	3	3			3					
	管理会计	2	5					5			
	统计学	3	3			2+1					
	会计学	3	3			3					
	计量经济学	3	4				2+1				
	市场营销学	3	4				3				
	管理学	3	3			3					
	财务管理	3	4				3				
	管理信息系统	2	5					1+1			
	经济法	3	4				3				
	国际金融	2	7							2	
	国际贸易理论与实务	2	6						2		
	运筹学	3	4				3				
	创业管理	2	7							2	
	跨文化管理	3	5					2			
	运营管理	2	5					2			
	人力资源管理	3	5					3			
专业课	组织行为学（英）	2	5					2			
	企业战略管理（英）	3	7							3	
	国际企业管理	2	6						2		
	资本运营	2	6						2		
选修课	讲座	2	1~7								
	专业选修课	10	1~7								
	相关学科选修课	8	1~7								
	超规格选修课										
	综合素质选修课	9	1~7								

续表

课程类别	课程名称		应修学分	开课学期	分学期周课时分布							
					1	2	3	4	5	6	7	8
实践教育课	专业模拟训练课	工商管理模拟	2	7							2	
		商务英语应用能力自主训练（多媒体）	2	1~4	2	2	2	2				
		国际商务模拟训练项目	2	4~7								
	职业规划与发展课程		4	1~7								
	军训		2	1	2							
	社会实践		3	1~6								
	毕业实习		3	7.8								3
	毕业论文		4	7.8								4
合计			166		28	24	27	32	17	12	9	7

注：(1) 以“1.2”为例，点号表示在所标示的学期内滚动开课；以“1~2”为例，连接号表示在所标示的学期内连续开课；以“2+(1)”为例，+(1) 表示有课外学时，不计学分；以“2+1”为例，+1 表示课内学时计学分。

(2)“综合英语（自主学习）”1 学分 2 课时；“体育”1 学分 2 课时；“微积分 B”2 学分 4 课时；“概率论与数理统计 B”2 学分 3 课时；“商务英语应用能力自主训练（多媒体）”0.5 学分 2 课时；“计算机应用基础”1 学分 2 课时。

(3)“综合素质选修课”模块中含讲座 2 学分。

表 7-2　工商管理（国际企业管理方向）专业指导性教学计划 2（2014）

课程类别	课程名称	应修学分	开课学期	分学期周课时分布							
				1	2	3	4	5	6	7	8
专业选修课	物流管理	2	5					2			
	管理决策与模型	2	5					2			
	电子商务（英）	2	5					2			
	营销调研	2	7							2	
	国际商法	2	6						2		
	跨国并购（英）	2	6						2		
	广告学	2	7							2	
	商业伦理学	2	7							2	
	财务报表分析	2	7							2	

表 7-3 工商管理（国际企业管理方向）专业指导性教学计划 1（2018）

课程类别			课程名称	应修学分	开课学期	分学期周课时分布							
						1	2	3	4	5	6	7	8
通识教育课	必修课	思想政治理论课	思想道德修养与法律基础	3	1．2	3							
			中国近现代史纲要	2	1．2		2						
			马克思主义基本原理	3	3．4			3					
			毛泽东思想和中国特色社会主义理论体系概论	6	3~4			3	3				
			政治经济学	3	1．2	3							
			形势与政策		1~4	1	1	1	1				
		大学英语	综合英语读写	14	1~3	4+1	4+1	3+1					
			综合英语视听说	6	1~3	2	2	2					
			拓展英语模块	6	4				6				
			计算机基础与应用	2	1~2	2	2						
			大学语文	2	1．2	2							
			体育	4	1~4	2	2	2	2				
		数学	微积分 B	4	1~2	4	2						
			线性代数 B	2	3			2					
			概率论与数理统计 B	2	2		3						
	选修课		哲学与社会	2	1~7								
			历史与文化	2	1~7								
			文学与艺术	2	1~7								
			科学与创新	2	1~7								
			数学思维与经济分析	2	1~7								
学科基础课	必修课		微观经济学	3	2		3						
			宏观经济学	3	3			3					
			统计学	3	3			2+1					
			会计学	3	3			3					
			计量经济学	3	4				2+1				
			市场营销学	3	4				3				
			管理学	2	3			2					
			财务管理	3	4				3				
			管理信息系统	2	6						1+1		

续表

课程类别		课程名称		应修学分	开课学期	分学期周课时分布							
						1	2	3	4	5	6	7	8
学科基础课	必修课	创业管理		2	6						2		
		组织行为学（英）		2	4				2				
	选修课			8	1~7								
专业课	必修课	运营管理		2	5					2			
		公司治理与公司金融（英）		2	6						2		
		人力资源管理		2	5					2			
		战略管理（英）		2	7							2	
		国际企业管理		2	6						2		
		工商管理研究与论文写作		1	6						1		
		管理博弈论		2	5					2			
		跨国并购（英）		2	7							2	
	选修课			10	4~7								
个性拓展课	必修课	模拟仿真训练	工商管理模拟	2	7							2	
			商务英语应用模拟训练	2	1~4	2	2	2	2				
			国际商务模拟训练	2	1~8								
		职业生涯设计		3	1~6								
		创新创业拓展		4	1~8								
		军事理论与训练		2	1	2							
		社会实践		3	1~6								
		毕业实习		3	7. 8								3
		毕业论文		4	7. 8								4
	选修课			8	4~7								
合计				164		28	24	30	25	6	9	6	7

表 7-4　工商管理（国际企业管理方向）专业指导性教学计划 2（2018）

课程类别	课程名称	应修学分	开课学期	分学期周课时分布							
				1	2	3	4	5	6	7	8
学科基础选修课	货币银行学	3	4				3				
	国际贸易	2	5					2			
	运筹学	3	5					3			
	财务报表分析	2	5					2			
	国际贸易实务	2	6						2		
	经济法	2	6						2		
	国际经济学	2	6						2		
	财政学	2	6						2		
	国际金融	2	7							2	
专业选修课	物流管理	2	5					2			
	电子商务（英）	2	5					2			
	国际商法	2	6						2		
	服务管理	2	6						2		
	跨文化管理	2	5					2			
	社交媒体与客户管理（英）	2	6						2		
	广告学	2	7							2	
	大数据营销	2	6						2		
	商业伦理学	2	7							2	
	系统动力学	2	7							2	
	企业管理数据可视化与智能决策	2	5					2			
	文化产业管理	2	5					2			
	创业营销	2	7							2	
	统计软件 R 语言	2	6						2		
	统计软件 SPSS	2	5					2			
	跨国企业经营管理前沿讲座	2	4~7								

第六节　研究生管理学研究工具课程教学改革探索

一、管理学研究发展

管理学作为一门学科已经有近百年的历史，但由于管理实践性强的特点，管理学的发展与其他学科有很大的不同，对管理学的理解也是众说纷纭。对于管理学理论研究的工具来说，管理学也不缺乏研究工具，相反，管理学的研究工具是非常多的，如线性规划模型、决策树模型都是管理学的有力研究工具。近年来发展起来的许多决策支持系统，也都是研究和分析管理问题的有用工具，特别是随着大数据时代的到来，大数据作为互联网、物联网、移动计算、云计算之后 IT 产业又一次颠覆性的技术变革，正在重新定义社会管理与国家战略决策、企业管理决策、组织业务流程、个人决策的过程和方式。大数据已经在政府公共管理、医疗服务、零售业、制造业以及涉及个人的位置服务等领域得到了广泛应用，并产生了巨大的社会价值和产业空间。随着大数据技术及其知识影响力的不断扩大和深化，社会及商务管理与决策领域的实践日益走向技术融合（技术与人们生活和企业运作越来越密不可分）、内外融合（企业外部数据如用户/公众生成的内容与企业内部运作及管理数据紧密结合，成为企业赖以生存发展的关键资源）、价值融合（企业提供产品及服务的过程与消费者使用及接受产品和服务的过程紧密结合，共同创造价值）。与之相应，管理科学与决策科学领域的学术研究也日益走向全方位的多学科融合：新的研究议题呼唤着管理学、社会学、经济学、计算机科学、数理科学等多学科与多角度的综合交叉。

二、管理学研究工具概述

大数据时代下的管理学研究越来越成为一门交叉学科。因此，管理学研究生及管理学研究学者所需要掌握的方法和工具也越来越多。以下对管理学研究工具进行汇总，大致可分为两类：综述研究类工具和数据统计与挖掘工具。

综述研究类工具适用于任何学科的研究，如 CiteSpace。CiteSpace 是一款着眼于分析科学分析中蕴含的潜在知识，是在科学计量学、数据可视化背景下逐渐发展起来的一款引文可视化分析软件。由于是通过可视化的手段来呈现科学知识的结构、规律和分布情况，因此也将通过此类方法分析得到的可视化图形称为“科学知识图谱”。学习使用 CiteSpace 的目的是快速了解所研究方向的“论文图谱”，被引用数是论文是否优质的重要标志，故通过论文引用图谱，可以知道哪些论文是优质的，哪些论文是具有开创性的，并且具有开创性质的论文一般不会那么复杂，较容易理解，可为日后学习打下基础。

Sci2（Science of Science）是美国 Indiana 大学图书情报专家 Katy Brner 及其团队在 Cyber Infrastructure Shell（CIShell）的基础上开发的一款知识图谱分析软件。CIShell 是一个开源的 Eclipse 插件框架，其功能非常强大，可以很容易地整合各种数据集、方程、工具以及计算机资源。Sci2 的一大优势是拥有丰富多样的插件可供使用，这就为用户使用 Sci2 来绘制各类知识图谱提供了强力支持，其中 OSGi、CIShell 等插件运行在核心框架上；另外一些算法插件因其自身功能的不同，分布在不同菜单栏中，为数据准备、预处理、分析、建模、可视化等操作服务。这样，用户不仅可以使用该软件预先打包好的各种插件，而且可以根据自己的不同需求，创建、下载、共享并导入插件，不断丰富 Sci2 的现有功能。

当前应用于管理学研究的数据统计与挖掘工具非常多，商业统计软件和开源统计软件层出不穷。数据统计工具是管理学研究最常用的工具之一，主要包括以下常用统计软件。

（1）SAS 统计软件。SAS 是英文 Statistical Analysis System 的缩写，翻译成汉语是统计分析系统，最初由美国北卡罗来纳州立大学两名研究生开始研制，1976 年创立 SAS 公司，2003 年全球员工总数近万人，统计软件采用按年租用制，年租金收入近 12 亿美元。SAS 系统具有十分完备的数据访问、数据管理、数据分析功能。在国际上，SAS 被誉为数据统计分析的标准软件。SAS 系统是一个模块组合式结构的软件系统，共有 30 多个功能模块。SAS 是用汇编语言编写而成的，通常使用 SAS 需要编写程序，比较适合统计专业人员使用，而对于非统计专业人员学习 SAS 比较困难。SAS 系统中提供的主要分析功能包括统计分析、经济计量分析、时间序列分析、决策分析、财务分析和全面质量管理工具等。

（2）SPSS 统计软件。SPSS 是英文 Statistical Package for the Social Science 的缩写，翻译成汉语是社会学统计程序包，20 世纪 60 年代末由美国斯坦福大学的三位研究生研制，1975 年在芝加哥组建 SPSS 总部。SPSS 系统特点是操作比较方便，统计方法比较齐全，绘制图形、表格较为方便，输出结果比较直观。SPSS 是用 FORTRAN 语言编写而成，适合进行从事社会学调查中的数据分析处理。SPSS 原名社会科学统计软件包，现已改名为统计解决方案服务软件，是世界著名的统计分析软件之一。

（3）Stata 统计软件。Stata 统计软件由美国计算机资源中心（Computer

Resource Center）1985 年研制。特点是采用命令操作，程序容量较小，统计分析方法较齐全，计算结果的输出形式简洁，绘出的图形精美。不足之处是数据的兼容性差，占内存空间较大，数据管理功能需要加强（网址：http：//www. stata. com/）。

（4）Minitab。Minitab 由美国宾州大学研制。其特点是简单易懂，很方便进行试验设计及质量控制。在国外大学统计学系开设的统计软件课程中，Minitab 与 SAS、BMDP 并列，根本没有 SPSS 的份（网址：http：//www. minitab. com/）。

（5）Statistica。Statistica 为一套完整的统计资料分析、图表、资料管理、应用程式发展系统，美国 StatSoft 公司开发。能给使用者提供所有需要的统计及制图程序，制图功能强大，能够在图表视窗中显示各种统计分析和作图技术。

（6）Excel 电子表格与统计功能。Excel 电子表格是 Microsoft 公司推出的 Office 系列产品之一，是一个功能强大的电子表格软件。特点是对表格的管理和统计图制作，功能强大，容易操作。Excel 的数据分析插件 XLSTAT，也能进行数据统计分析，但不足之处是运算速度慢，统计方法不全。

（7）R 语言。R 是用于统计分析、绘图的语言和操作环境。R 是一套完整的数据处理、计算和制图软件系统。其功能包括：数据存储和处理系统；数组运算工具（其向量、矩阵运算方面功能尤其强大）；完整连贯的统计分析工具；优秀的统计制图功能；简便而强大的编程语言：可操纵数据的输入和输出，可实现分支、循环，用户可自定义功能。

（8）Python。Python 是一种计算机程序设计语言，是一种动态的、面向对象的脚本语言，最初被设计用于编写自动化脚本（Shell），随着版本的不断更新和语言新功能的添加，越来越多被用于独立的、大型项目的开发。Python 是一个高层次的结合了解释性、编译性、互动性和面向对象的脚本语言。Python 的设计具有很强的可读性，相比其他语言经常使用英文关键字，相比其他语言的一些标点符号更有语法结构特色。Python 是一种解释性语言：这意味着开发过程中没有了编译这个环节，类似于 PHP 和 Perl 语言。Python 是交互式语言，这意味着，您可以在一个 Python 提示符中，直接互动执行你的程序。Python 是面向对象语言的，这意味着 Python 支持面向对象的风格或代码封装在对象的编程技术。Python 是初学者的语言，Python 对初级程序员而言，是一种伟大的语言，它支持广泛的应用程序开发，从简单的文字处理到浏览器再到游戏。

三、管理学研究工具课程改革试探

管理工作在大数据背景下受到一定的影响，管理学作为一门实用性非常强的学科要与实际管理紧密联系才能够培养出符合社会需要的人才。因此，管理学教学方法和研究工具在大数据背景下成为新的热点课题。在大数据背景下，管理学研究工具课程教学的方法和策略如下。

1. 增加学生对管理学研究工具的实践课程比重

增加学生实践课程比重的目的在于让学生在大量实践中掌握工具的使用能力。不同学生感兴趣的管理学课题不同，经过实践学生能够找到自己喜欢的课题。在增加学生的实践课程比重中要注意以下两点。第一，要对学生的实践课程进行进度追踪和成果检查。对进度的追踪是督促学生克服惰性，成果检查是对学生做事效率的要求。第二，要在学生的实践课程中与学生保持互动联系，从而给予学生技术上的支持和理论上的帮助。

2. 构建师生互动式教学模式

构建师生互动式教学模式的目的在于让学生在课堂上有更多的话语权，从而实现学生主体教师主导，教师将学生们的观点和信息进行有效整合，进而培养学生用普遍联系的观点来思考问题，最终培养出适应社会需要的创新型人才。在构建师生互动教学模式时，要注意以下三点：第一，扮演主持人的角色，掌握课堂讨论话题的主导权。互动式课堂的弊端是容易出现学生跑题的状况，老师要对学生讨论内容的主题进行把控。第二，适当提问，引导学生思考。互动式教学成果得益于教师和学生的深度沟通和交流，老师适当的提问能够引导学生向着预期的方向思考，从而有利于教学的顺利进行。第三，适时质疑，激发学生的思考辩论潜力。青年学生有着不服输的精神，老师适时的质疑能够激发学生的潜能。

3. 将管理学研究工具课程课堂转移到计算机网络中心

将管理学研究工具课程课堂转移到计算机网络中心的目的在于让管理学专业研究生能够实时操作和实践所学工具。在计算机网络中心进行管理学研究工具课程的讲解要注意以下三点。第一，教师要通过主机对学生所用计算机进行总体控制。教师所用计算机为主机，学生所用的为子机，教师在进行课程讲解时要通过主机对子机的控制来统一教学，从而避免学生开小差。第二，教师要将学习讲义提前发给学生供学生预习思考。该教学过程可以参考美国教学中常用的“翻转式”课堂教学方法。将课堂转移到计算机网络中心的目的主要是增强学生利用计算机来处理数据的能力，所以课堂练习是重要部分，通过预习能够大幅缩短课堂讲解的时间，从而为大量练习提供必要的时间保证。第三，利用校内网来构建网络学习平台，下课前学生要将课上的练习任务提交到网络平台上。网络学习平台能够对学生的课堂练习情况进行监督和反馈，同时也为教师对学生练习的批改提供了方便。

管理学是一门科学，作为科学的管理学必须有其作为科学的视角、参照系和研究工具。作为实践性很强的管理学，它的运用离不开实践，它的正确性也离不开实践的检验。但是，这丝毫不应当影响管理学作为一门科学按照科学的内在规律独立发展。管理学是科学，而管理的实践则是一门基于科学的艺术；管理学研究，必须重视视角、参照系和研究工具。理解管理学，也必须努力把握管理理论的视角、参照系和研究工具。

第七节　工商管理专业学生课外竞赛活动指导思考①

“上海大学生创新创业训练计划项目”是上海市教委旨在推动高校深化创新创业教育改革，提高人才培养质量而设立的面向上海市高校本科学生的创新创业资助项目，包括创新训练项目、创业训练项目和创业实践项目三类，其中创新训练项目旨在探索并实施以问题和课题为核心的研究性教学模式改革，其训练目的是“转变学习方式、增强实践能力、培养创新思维”；创业训练项目通过对学生在商业计划书、可行性论证、创业报告等方面的培养，达到“激发创业意识，增强社会责任，提高创业能力”的训练目的；创业实践项目着重培养和锻炼学生的自主、诚信、团队精神，提高其社会责任感、创新精神和创业能力。从近年来实施效果来看，其覆盖面之广、影响之大，仅从各高校的立项数目来看便可窥见一斑。据网上公开数据显示：2017 年华东师范大学的立项数超过 130 项、上海对外经贸大学立项数超过 120 项、上海外国语大学立项数 90 项。事实表明大学生创新创业训练计划项目对大学生的创新意识、计划组织、管理实践而言均是一次难得的锻炼与展现的机会，提升了学生发现问题、思考问题、解决问题的能力（蔡宏亚等，2018）。

作为指导老师，上海对外经贸大学工商管理学院戴永辉老师曾多次参与大学生创新创业项目指导工作，其中指导上海对外经贸大学学生申报的《互联网+下的人性化医疗服务接受意愿研究——基于养老医疗服务的调查》和《共享单车使用意愿影响因素调查研究》项目获批 2017 年上海大学生创新创业训练计划项目立项；“对海岛区域民俗文化及经济发展的研究——以舟山群岛嵊泗县为例”项目获批 2017 年上海对外经贸大学大学生创新创业训练计划项目立项；“小红贸外贸服务利器”项目获第三届中国“互联网+”大学生创新创业大赛上海对外经贸大学校内选拔赛三等奖；“互联网+下基层社区的服务新业态探析——以上海四个社区为例”项目获“青春汇梦，实践随行”2017 年上海对外经贸大学大学

① 本部分内容原载于《对外经贸教育》2018 年第 1 期：戴永辉、冯彦杰、徐波、岳青，《工商管理专业学生课外竞赛活动指导思考——浅谈上海大学生创新创业训练计划项目申报指导体会》。

生暑期社会实践二等奖。"通用积分兑换管理平台"项目获第十三届"花旗杯"金融创新应用大赛优胜奖。《共享单车使用意愿影响因素调查研究》获第十五届"挑战杯"上海市大学生课外学术科技作品竞赛二等奖（上海对外经贸大学，2017）。结合上述项目申报指导实践情况，本部分内容从项目选题、申报书撰写两个方面来谈上海大学生创新创业训练计划项目的申报指导体会。

一、项目申报书撰写指导体会

项目申报书通常包括基本情况表、研究目的、研究内容、研究背景、创新点与特色、研究方法与拟解决问题、预期成果、进度安排、已有建设基础、经费预算及指导教师意见等，以下以笔者指导的项目"'互联网+'下的人性化医疗服务接受意愿研究——基于养老医疗服务的调查"为例进行解说。

（一）基本情况表

上海对外经贸大学的项目申报基本情况表主要有项目名称、所属学科、指导老师信息、项目负责人信息、负责人曾经参与科研的情况、指导教师承担科研课题情况、指导教师对本项目的支持情况、项目成员等。在填写基本情况表时，负责人参与科研的情况、指导教师对本项目的支持情况尽量填写完整，如下所示：

负责人参与科研的情况：负责人前期参与了指导教师的上海市哲学社会科学规划课题项目"微传播环境下的群体认知与引导机制研究"的申报，积累了一定的资料查询、文献归纳能力，并且参与了指导教师的 Working Paper（Study on Smart Care Service for the Gged Based on Context Awareness）的研究工作，锻炼了数据挖掘与分析能力，积累了一定的科研论文撰写经验。

指导教师对本项目的支持情况：指导教师可以从项目设计、调研、论证等方面进行全程指导。

（二）研究目的

研究目的尽量明确，开门见山地表示，如下：

（1）研究大众对"互联网+"下的人性化医疗服务接受程度。

（2）探寻医疗服务如何在"互联网+"下双赢的长效机制。

（三）研究内容

因项目执行周期短，因此研究内容不宜过多，尽量控制在三项以内，可用图表形式来表示，例如，本项目的研究内容主要有三部分，如图 7-1 所示。

（1）通过问卷、访谈、文献检索等形式对"互联网+"下的养老医疗现状进行调查。

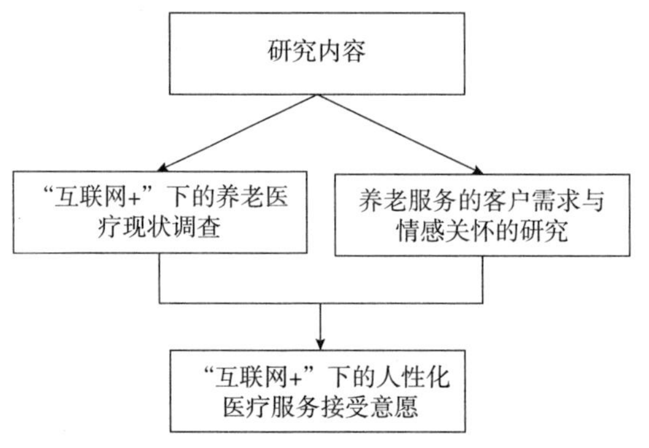

图 7-1　项目研究内容

（2）对养老服务的客户需求与情感关怀进行研究。

（3）基于上述养老医疗服务调研数据，进行定性定量分析，并结合数据挖掘方法，探究制约“互联网+”下的人性化医疗服务的接受意愿，进行相关性分析与检验。

（四）项目研究背景

项目研究背景通常写国内外的现状和研究趋势，例如，养老医疗问题涉及民生，在国内外都备受关注，随着互联网日益普及，“互联网+”养老医疗成为热点。国外的“互联网+”养老医疗发展相较国内起步较早，在美国弗吉尼亚州，有 4.9 万家门诊安装了远程医疗系统，医务人员基于互联网来展开医疗服务，引人注意的是其服务的对象 75%是老人（任少朋，2015）；与此同时，基于网站平台推出的老年人健康服务平台也颇受欢迎，如 eCare Diary、Home touch、Open Placement 等通过互联网为老年人和医护人员牵线搭桥，在网络平台上便可以安排老人的医疗预约、药物服用的时间表等。随着可穿戴式设备的发展，基于客观生理数据对人性化医疗进行研究被认为是之后的趋势。

在我国，2015 年 1 月 28 日，国家卫生计生委发布的“关于印发进一步改善医疗服务行动计划”的通知，明确提出：发挥信息技术优势，改善患者就医体验，通过新媒体微平台等途径，减少患者排队次数，缩短就医等待时间。在 2015 年 3 月 5 日十二届全国人大三次会议上，李克强总理在政府工作报告中首次提出“互联网+”行动计划之后，基于手机 APP 的“互联网+”优化医疗模式迅速推广开来，其应用作为解决医疗信息不对称、供需结构失调等问题的重要工具，提供的服务已涵盖预约挂号、缴费、紧急呼救、健康宣教、注意事项提醒、移动沟通、投诉以及后续对医疗服务行为的评价等多个方面的服务。截至目前，其相关研究大多聚焦在医疗服务技术的实现或功能的研发上。例如，黄群等（2014）对老年人的智能家用医疗产品需求进行了分析，提出了适合智慧养老的智能家用医疗产品的设计原则；吴新林（2014）针对国内医疗器械设计落后的现状，提出了以人为中心，利用人机工程学的原理来实施人性化设计。然而，到目前为止，相关研究大多聚焦在医疗服务技术的实现或功能的研发上。相对来说，从大众的情感诉求、心理接受等方面进行人性化医疗服务的研究尚不多见。在当前我国伴随着老龄化不断加深产生的社会医疗养老行业资源极度紧张的情况下，如何通过“互联网+”来优化医疗服务模式，研究大众对“互联网+”下的人性化医疗服务接受意愿，是深受社会关注和涉及民生的大问题。

（五）创新点与特色

创新点与特色是项目申报中较为关键的地方，往往需要凝练，示例如下：

1. 创新点

（1）本书以“互联网+”为背景，探讨人性化医疗服务的接受意愿，与以往从技术层面的研究相比，本书的视角较新，有别于传统经济模式下医疗服务，基于互联网的医疗服务是大势所趋，本项目将基于这一新的视角进行研究。

（2）本项目将采用综合问卷调查、定性定量分析、数据挖掘等多种手段进行研究，与单一的研究手段相比，在研究方法上具有一定创新。

2. 项目特色

根据民政部发布的《2014 年社会服务发展统计公报》显示，截至 2014 年底，我国 60 周岁及以上人口超过 2. 12 亿，占总人口的比重达到 15. 5%，2015～2021 年将进入快速发展阶段，2022～2030 年会进入急速发展阶段，接下来的时间我们将会面临更严峻的挑战。养老医疗随着人口老龄化的加剧，使得社会压力日益增大，本项目组人员敏锐地感受到其中的研究价值，经过不断提炼，聚焦在“互联网+”下的人性化医疗服务接受意愿研究上，我们立足于人性化医疗服务，从客户需求与情感关爱出发，探索借助于互联网科技来改善养老医疗服务资源短缺这种全新模式所面临的问题，这是涉及民生、惠及百姓的研究，也正是我们的特色。

（六）研究方法

本项目将综合运用文献归纳法、定性定量分析和数据挖掘等方法。

1. 文献归纳法

本项目的研究涉及相关数据的处理和分析，需要进行大量的文献搜索、整理和分析工作。本书将借助国内外的文献数据库，例如，中国知网期刊全文数据库、清华同方数据库、万方数据资源系统等数据库对相关内容进行数据库文献的检索与归纳。

2. 定性定量分析

定性分析就是对研究对象进行“质”的方面的分析，定量分析法是对社会现象的数量变化、关系与特征进行分析的方法。本项目拟采用此方法对项目过程中获得的调研数据进行量化分析。

3. 访谈法

本书需要了解“互联网+”下大众对养老医疗的真实看法与诉求，所以我们需要去医院、养老机构等地与相关人群进行面对面的沟通与交流，了解受访人的心理和行为，从而了解他们的接受意愿和情感诉求。

4. 数据挖掘

本书将通过关联规则分析、分类、聚类等数据挖掘方法，来寻找和发掘变量之间隐藏的关系，为探寻医疗服务如何在“互联网+”下双赢的长效机制奠定基础。

（七）本项目拟解决的问题

（1）通过设计问卷，在线上、线下（医院、养老机构等）发放，了解可能影响大众对“互联网+”下的养老医疗的满意度的因素。

（2）通过相关性分析，来分析问卷回收的数据，找到影响“互联网+”下的养老医疗满意度的主要因素，进而研究“互联网+”的养老医疗的接受意愿。

（八）预期成果及考核指标

项目通常是以研究报告或科研文章来结项，因此预期成果及考核指标的撰写可如下所示：

（1）市场调查报告一份（“互联网+”下的人性化医疗服务接受意愿研究——基于养老医疗服务的调查）。

（2）论文一篇（投稿、发表或录用）。

（九）项目研究进度安排

项目的执行周期通常是一年，因此项目研究进度安排控制在一个自然年度以内，为了显示明了，可以以表格形式来给出，如表 7-5 所示。

表 7-5　项目研究进度安排

时间	内容
2017 年 1 月至 6 月	（1）查阅相关文献，制作调查问卷，设置访谈问题 （2）访问小区、医院、公益服务机构和“互联网+”下医疗服务从业机构，搜集调查问卷
2017 年 7 月至 11 月	对搜集的数据进行整理和分析，撰写调查报告和论文
2017 年 12 月	完善调查报告和论文，撰写结项报告

（十）已有建设基础

此部分主要突出与项目申报相关的基础，示例如下：

申请者及团队成员曾多次参与市场调研，对基于问卷设计、数据处理与分析的研究方式非常熟悉，为本项目的开展做了良好积累，并且走访了一些医院和公益服务机构，完成了一些数据的收集工作，为本项目的开展打下了坚实的基础。

（十一）经费预算

项目经费根据学校公布的金额和允许的开支科目来写，如上海对外经贸大学的支持额度是5000~10000元，因此经费预算的写法可如表7-6所示。

表 7-6　经费预算

开支科目	预算经费（元）	主要用途
1. 业务费		
（1）会议、调研差旅费	3000	本市和外地的调研，交通、餐饮、住宿费等
（2）文献检索费	1000	国内外文献的检索
（3）论文出版费	3000	论文发布的版面费等
2. 资料费	1000	购买相关的参考书籍等
3. 仪器设备购置费	1000	购买相关的设备、办公用品等
4. 其他	1000	其他项目建设中涉及的开支费用
预算经费总额	10000	

二、竞赛活动指导小结

“上海大学生创新创业训练计划项目”作为上海高校响应“大众创业、万众创新”而进行的创新型人才培养改革实践，是对目前高校教育中存在的“课堂与现实脱节，学生动手能力弱”现象改善的有力措施，在提升学生的创业风险识别、创新实践能力上意义重大。

总的来看，指导教师在对大学生创新创业训练计划项目申报指导时要有效注意“度”和“量”的把控，根据学生的兴趣实情，充分激发学生的想象空间，通过引导式、迭代推进式的交流让学生能聚焦于项目选题和申报书的撰写，培养和锻炼他们的创新实践、团队协作以及解决困难的能力，从而达到创新创业训练计划项目设立的目的。

三、项目选题的申报指导体会

在“上海大学生创新创业训练计划项目”的申报前期，学生们的想法往往海阔天空，甚至“异想天开”，因此如何帮助他们面对现实，正确评估自身的能力，加深对项目的认知，能量力而行，快速聚焦项目选题是项目申报能否成功的关键，也是项目前期指导的重点。

（一）项目选题要求

由于大学生创新创业训练计划项目特有的项目周期短、资金有限、自主创新和综合实践性等特点，使得相关高校在发布项目申报通知时往往对项目的选题有一定的要求。例如，上海对外经贸大学发布的“关于组织申报 2018 年度上海大学生创新创业训练计划项目的通知”里的选题要求如下：

（1）计划按照“自主选题、自由申报、择优资助、规范管理”的程序，坚持可行性、创新性和实用性原则，注重培养学生的实践能力、创新精神，注重理论联系实际和研究课题实效。

（2）计划重点资助思路新颖、目标明确、立论依据充足、研究方案可行、实施条件具备的具有创新性和探索性的项目以及国家级、省市级竞赛活动项目。

（3）计划侧重资助专业契合度高，有一定建设基础的创新性项目。

从上述选题要求可以看出，一些“高大上”的纯理论研究的选题往往不适合申报，与其相对应的偏重于能深入实践的调研类、应用类的选题项目则容易受到评审者的青睐，成功立项的概率较高，因而在项目选题来源上尽量选用学生自身的创业项目或教师的研究课题。项目选题总的原则，首先，立足于社会的需求，聚焦于当前的自然、经济、民生、科技、教育等领域的热点、焦点和新问题，体现项目的创新性和现实价值；其次，选题要以学生兴趣为基础，结合他们的知识背景、专业技能，整体考虑项目的可行性与可取得的成果。

（二）项目选题实例分析

项目选题是关乎项目申报能否获批最为重要的环节，以下是对笔者指导的已立项项目以及上海对外经贸大学 2016~2017 年 192 项立项选题的实例分析。

1. “互联网+”下的人性化医疗服务接受意愿研究——基于养老医疗服务的调查

项目简介：人性化医疗服务作为医院口碑与解决医患关系的基石，在“互联网+”新形势下如何实现双赢是社会关注和亟待探索的问题。本项目在文献归纳、定量定性分析、实地访谈、数据挖掘的基础上，研究大众对“互联网+”下的人性化医疗服务接受程度，并探寻医疗服务如何在“互联网+”下双赢的长效机制，为相关机构提供有益的建议。

选题点评：选题敏锐地捕捉住了养老医疗服务这一社会热点话题，符合大学生创新创业项目倡导方向，具有良好的时效性和价值性；项目实施难度适中，能激发学生兴趣，结合所学的统计调查与专业理论知识进行创新性研究，适合在本科生中开展。

2. 上海对外经贸大学2016~2017年立项项目选题分析

（1）项目类型的选择。上海对外经贸大学2016~2017年共有192项项目获批，其中的创新训练项目、创业训练项目和创业实践项目立项数目分别如图7-1所示。

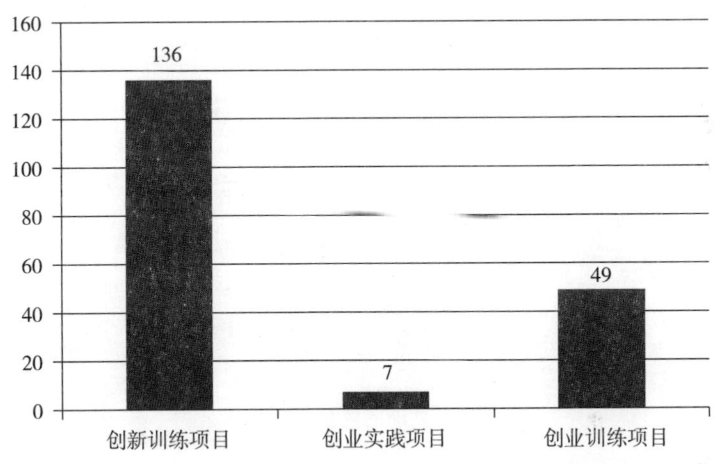

图7-2　三大类项目的立项数量①

从图7-2可知，获批的创新训练项目为136项，学生们大多倾向于申报此类项目，而创业实践项目因门槛较高，要求学生“真实创办企业并实现有效运行”，导致申报的人数较少，仅有7项。

（2）项目名称的分析。项目名称是项目选题的直接体现，将192项获批的项目名称绘制成词频云图，如图7-3所示。

从图7-3可知，互联网、养老、经贸、微信、共享、金融、会展等词均出现在项目名称中，这从侧面体现了项目评审人员对上述词在大学生创新创业项目的关注与肯定。

---

① 2016~2017年上海大学生创新创业训练计划项目汇总表［EB/OL］. 上海对外经贸大学，2017-04-17. http：//jwc. suibe. edu. cn/attach/download/2017/04/12/14017. xlsx.

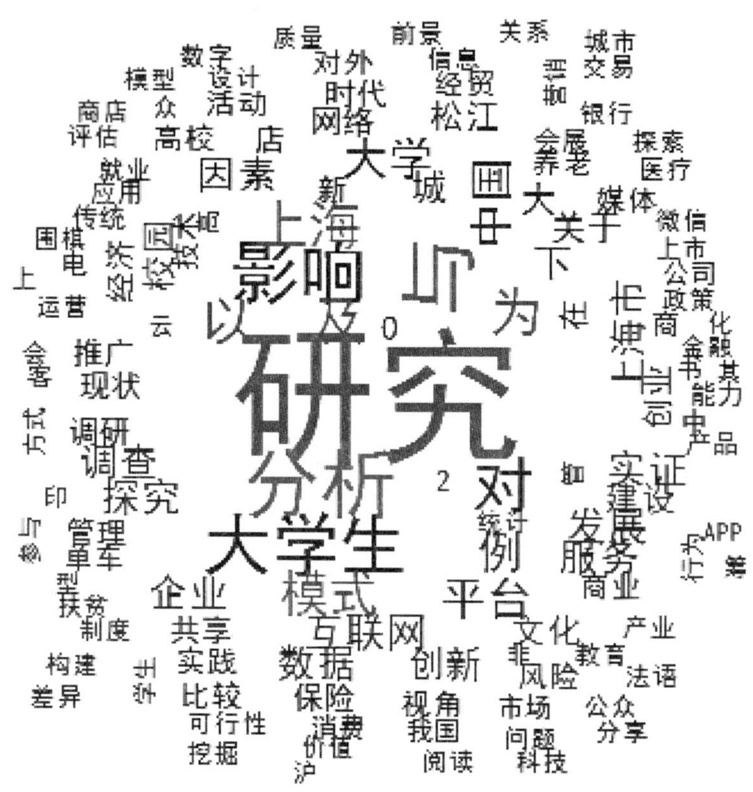

图 7-3　立项的项目名称词频云

本章小结

本章从上海对外经贸大学工商管理专业的专业定位、人才培养目标和核心课程设置、本科学生培养中的瓶颈与不足分析，专业建设目标和建设思路、本科重点新课程建设、培养目标和教学计划修改等几个方面，总结了上海对外经贸大学工商管理本科专业的改革实践，并从工商管理研究生课程“管理学研究工具”的课程建设、工商管理专业学生课外竞赛指导等方面总结了研究生课程改革和课外竞赛方面的实践经验。教学改革永远在路上，上海对外经贸大学企业管理本科和研究生专业作为上海市重点学科、高峰高原建设项目学科、一流本科建设培育项目的重点专业，将继续在全球化与数据化特色上不断加强和探索，在改革与发展的道路上砥砺前行。

第八章 专业再造及新课程建设实践
——以上海对外经贸大学市场营销专业为例

第一节 高校市场营销专业建设的思路与方法探讨

一、当前高校市场营销专业建设的背景

市场营销专业是我国高校开设数量最多的十大专业之一，据武汉大学中国科学评价研究中心 2014 年 1 月 6 日公布的中国大学及学科专业评价报告，我国 2751 所高校（包括 1200 所大学、287 所独立学院、1264 所普通公立专科院校）中共有 540 所高等院校开设了市场营销专业，仅在上海一个城市就有复旦大学、同济大学、华东理工大学、上海理工大学、东华大学、上海工程技术大学、上海财经大学、上海对外经贸大学、上海应用技术大学、上海海洋大学、上海杉达学院、上海立信会计金融学院十二所高校开设了市场营销专业。

尽管市场营销专业是大学生就业最热门、就业面最广的专业之一，但是由于培养院所过多、水平参差不齐，市场营销专业高校毕业生在就业市场上仍面临极大的竞争压力。

在上海市教委发布的 2013 年及 2014 年本科预警专业名单的通知中，市场营销专业连续两年进入预警专业之列，上海市教委称，这些预警专业从全市层面看，在本市高校中重复设置较多，连续多年招生第一志愿录取率偏低，调剂和征求志愿录取率偏高，且毕业生签约率偏低。上海市教委要求，设置有预警专业的相关高校应开展专业自主评估，分析专业教学与质量管理中存在的问题，及时推出相应的工作改进措施，切实提高专业人才培养质量。

这一警示为高校的市场营销专业敲响了警钟，提醒我们必须要花大力气改进办学的质量和特色，使高校培养出来的营销专业学生在就业市场上具备相当的竞争力，才能避免本专业惨遭淘汰的结局。

二、高校市场营销专业建设的现状

之所以高校市场营销专业毕业生存在就业签约率偏低的问题，是因为我国高等院校培养出来的市场营销专业学生与社会、企业的用人要求尚存在一定差距，主要问题体现在以下五个方面：

（一）相当一部分教师缺乏先进的教学理念

目前由于受中国传统的教学方法影响，很多市场营销教师仍采用“灌输型”教育，教学过程以“教师为中心”，没有把自己定位于学生的合作者、鼓励者和引导者去激发、引导学生主动学习，造成学生被动地听教师的讲授，缺少批判性思维训练和实践能力培养，很少有机会去思考问题、分析问题和解决问题，以至于学生的实践能力偏差。

当今时代是剧烈变革的时代，企业的经营模式、人们的生活方式都在发生着日新月异的变化，新技术与新知识不断涌现，终身学习能力成为每个人必须具备的能力，因此，高校教师必须清醒地认识到大学的教学模式由“授之以鱼”向“授之以渔”转变势在必行。

（二）教学方法陈旧单一

多年以来，大学的市场营销教学仍然以传统的讲授教学法为主，教学效果的好坏更多地取决于教师的语言表达能力，限制了学生的发散思维和潜力的发挥，教学过程中重理论说教、轻专业全面素质和职业基本能力的培养，结果造就的是考试型人才，而非复合型与应用型人才。

市场营销教学应当由传统的课堂讲授模式向案例式教学、课题研究、项目学习法等多种形式的团队式学习与学生动手实践式学习模式转变，培养学生对营销专业知识的实际运用能力，让学生从做中学，从而真正地掌握所学专业知识，培养他们解决现实问题的能力，为将来走上营销工作岗位打下坚实的基础。

（三）课程体系和教学内容相对滞后

当今社会是快速变革的时代，营销实践也随着时代的进步日新月异地发展着，数字营销、大数据营销、社交媒体营销等新兴营销方式的涌现与变化令人目不暇接，但由于教材更新、教师知识更新的速度不够，营销专业的教学内容上存在着跟不上时代发展需要的问题，导致学生走出校门后难以马上适应现实工作。

在如今的经济全球化环境中，对市场营销人才的要求是既要精通营销及相关专业的学科知识，又要精通外语，具备广博的社会、文化、历史、自然、科学等多方面知识，改革课程体系和教学内容，力求课程设置中外交融、文理交融、科学和艺术交融，以拓宽学生的视野，汲取不同学科的思维方法，丰富学生的科学素养，培养学生的社会适应能力和创造性思维能力显得势在必行。

（四）市场营销专业教师对企业营销实践了解不够深入

目前高校营销专业的教师有相当一部分在理论上缺乏广博而深入的专业理论功底，在实践上又是从学校到学校，缺乏与企业营销实际接触的经验，对营销理念的认识仅停留在书本上，肤浅而有限，难以对学生提供应有的引导。

（五）高校鼓励教师努力提高教学水平的激励机制不足

由于我国高校在教师职称晋升、绩效评价与奖励过程中主要依据的是教师的科研项目和发表论文情况，而教学质量的高低与教师的切身利益往往关系不大，这在一定程度上限制了教师提高教学水平的动力，从而对学生的培养有较大的不利影响。这需要高校在教师绩效评价体制、奖励和晋升制度方面认可教师在教学方面的投入和贡献才能改变这一局面。

三、高校市场营销专业建设的思路与方向

我国大学市场营销专业人才的培养是为了满足我国社会对营销专业人才的需求，因此我们在开展营销专业建设之前，必须要面向社会、面向未来展开深入思考，根据今后从事营销岗位工作所需要的关键能力和用人单位对市场营销专业人才的需求改革课程体系和培养模式，这样才能有针对性地培养社会需要的人才，增强学生的职业竞争力。

总的说来，根据对各用人单位在招聘时的要求，主要要求学生具有以下几方面的能力与素质：

一是专业水平与工作能力，包括对营销理论与实践知识的掌握、推销能力、洽谈业务能力、灵活应变能力、组织管理能力、市场调研能力和市场策划能力等。

二是道德水平和爱岗敬业精神，要求学生能诚实守信、吃苦耐劳、责任心强、爱岗敬业，对自己的工作能认真负责、不浮躁、不随意跳槽，能踏实肯干、虚心学习、安心工作。

三是职业素质与团队精神，要求学生具有职场人士应有的职业素质，包括学习与创新能力、人际沟通能力、团队精神和协作意识、认真负责的工作态度、良好的心理素质、必备的职业礼仪及良好的适应能力。

从用人单位的要求可以看出，营销专业人才的培养应主要从三方面着手：第

一，理论素质，必须要有扎实的专业知识和理论水平；第二，实践素质，必须熟悉营销实践，具备较强的实践动手能力；第三，思想素质，必须有较高的职业素养和社会责任意识，具备踏实肯干的爱岗敬业精神和团队合作精神。高校市场营销专业建设必须紧紧围绕学生这几方面能力的培养来展开。

四、高校市场营销专业建设的举措

为了全面提高学生的理论、实践与思想素质，高校市场营销专业建设可以从以下几方面展开：

（一）加强师资队伍建设

加强市场营销专业建设的重中之重是师资队伍的建设，师资水平的高低直接决定教学水平的高低。总的来说，师资水平的提高可以采用以下方法：

1. 提高师资队伍的国际化程度，广泛汲取全球范围内优秀高校办学经验

建设国际化教学团队有两个途径：一是引进来，二是走出去。

在引进来方面，我们应当根据专业实际和教学要求，积极实施“引智强校”的战略，面向全球招聘引进具有国际化背景的营销专业师资。在引进国外高水平师资的时候，可以同时采用多种灵活的方式比如客座教授、访问学者形式等鼓励国外师资与国内师资进行交流与思想碰撞。

在走出去方面，主要形式是选派有潜力的中青年师资到国外一流大学以访问学者、短期培训等形式快速提高教学与科研水平，完善教师海外进修等措施。本院已有规范化的教师海外访学进修培训计划与相关制度，本专业应充分加以利用，每年继续选派几名教师海外进修培训，加强对这些教师的进修培训目标管理，确保他们返校后能承担高质量的课程教学以及高质量的学术研究。

此外，加强本院与国（境）外相关特色大学、知名大学的合作办学以及交换生、交流生合作项目，鼓励与国外高校学术交流与教学科研合作的开展也是必须要重视的。

2. 运用交流、培训、访学等多种形式提高教师教学水平

加强对师资的培训，使专业教师们一方面在思想上认识到教学模式转变的重要性和必要性，另一方面在方法和手段上掌握新的教学方法，是提高学生培养质量的关键有效途径。

营销专业可以通过充分利用现有的中青年教师国外访学进修计划、国际课程师资国外研修项目、骨干教师国内访问学者计划等展开师资培训；另外创造校内外教师教学方法交流、研讨与学习的机会，如以教学方法讲座、组织示范观摩课等形式组织教师进行探讨交流；搭建相应的平台，鼓励教师参加国内外教学法研

讨会进行交流以提高教学水平；另外，鼓励教师申请教学改革科研项目，促使他们深入思考、总结教学方法与经验也是行之有效的措施。

3. 在教师绩效评价、职称晋升中认可优秀教师的成绩与贡献

为了更好地激发教师钻研教学的积极性，高校还应当在激励制度上鼓励教师在教学方法上的创新与探索，比如适当改变高校对教师的绩效评价、职称晋升中给科研的权重远远大于教学的权重这一现状，给予那些全身心投入在教学改革和学生教学上，有着很高教学质量水平的教师以相应的尊重、认可和奖励。

4. 提高师资队伍对企业的了解以及与企业的联系程度

要提高学生的营销实践能力，首先要加强教师与企业的联系与合作，提高专业教师对现实营销问题的认识和把握能力。高校一方面要采取多种措施鼓励教师深入企业，完善市场营销专业教师到企业进行合作交流的制度；另一方面可以采用建立企业实习基地、校企合作办学、组织校友返校活动等形式为教师搭建平台，加强与企业交流。

（二）改进课程体系与培养方案设计

营销专业的课程体系设置方面应当以“厚基础、宽口径”为原则，以“知识复合、能力培养”为重点，一方面要通过基础学科课程为学生打下坚实的学科知识基础，另一方面又要将跨学科的主题融入核心课程之中，具体思路如下：

一是增加学生跨学科学习的课程与机会。当今时代最有发展前景的机会都是跨学科跨领域的突破，社会急需那些既能对某个专业领域拥有深入的理解和认识，又能兼顾相关领域发展，善于与其他领域开展合作的综合性人才。因此我们在设计营销专业的课程体系时，应当增加跨专业选修课的比例，给学生更多的机会和选择，能够根据他们自己的兴趣和爱好展开跨学科、跨专业的学习。

二是增加前沿学科课程以及与实践更加接轨的课程。伴随着科技进步及其所带来的整个社会生活方式、交流形式、商业模式的变化，现实中的营销实践也在发生着翻天覆地的变化，数字营销、大数据营销、社交媒体营销等新型营销成为企业开展营销的必备利器，本院营销专业的课程设计也有必要适时调整，令学生更加与现实社会接轨。

三是加强综合实践环节，注重培养学生对知识的实际运用能力。当今社会需要的人才是能综合运用所学知识解决现实问题的人才，所以学校应当重视并加强培养计划中的学生实践环节，除了原有的毕业实习和毕业论文以外，可以考虑争取学生暑期在企业实习的机会，聘请企业里的专家作为兼职老师，把真正有启发的实践项目引入高校，作为课程的一部分。

四是重视对学生在心理成熟、人际关系、团队精神、职业操守、道德品质方面的指导。在培养方案中充分考虑利用学生社团、项目合作、暑期实习、志愿者

活动等多种形式与机会，让学生了解社会，学会思考、沟通和参与团队合作的基本技能，帮助学生培养正确的世界观、人生观、价值观，使之成为具有高尚道德情操的大学生，为未来走向工作岗位做好准备。

（三）改变教学与考核模式

21 世纪知识与技能更新速度大大加快，终身学习的能力是每个社会成员都必须具备的，这要求教师的教学模式由教给学生知识转变为教给学生学习方法，教师必须能够引导学生学会如何综合利用多种信息与知识来源渠道，构建并完善个人成长与发展所需要的知识与能力体系。

另外，科技与社会环境的巨变使得培养学生的学习与创新技能、数字素养技能、职业和生活技能变得日益重要，着重提高学生的自我学习能力、环境适应能力、团队合作能力、创新能力、信息管理能力等 21 世纪素养成为必然选择。

在此背景下，营销专业教学模式的变化就成为当务之急，教师需要综合运用案例教学、模拟教学、实践教学、项目教学、启发式教学、团队式学习、课题研究等多种灵活而有启发性的教学方法，培养学生 4C 能力，即批判性思考与问题解决（Critical Thinking and Problem Solving）能力、有效沟通（Effective Communication）能力、团队共建（Collaboration and Building）能力、创造与创新能力（Creativity and Innovation）。要做到这一点，对专业教师的挑战相当大，必须要做好对教师的培训工作。

与教学模式改革相对应的，学生考试与评分的内容与模式也需要改革。考试中应大量减少需要学生单纯记忆与背诵的内容，更多地考核学生是否学会独立思考，是否学会用创造性的思维方式来分析和解决问题。因为在实际工作中，照搬书本是没有用的，现实中几乎每一个问题都是模糊和不确定的，一切都需要自己动手，在融会贯通的基础上创造性地解决问题。因此，我们除了在教学过程中要强调对学生独立思考能力、解决问题能力的培养外，在考试中也需要在考查学生学会课本知识的同时，能否真正地将所学知识、方法和理念融会贯通。

（四）建设课程质量保障体系

为了全面保证营销专业人才的培养质量，营销专业必须构建系统的、科学的、有效的教学质量保障体系，实施对教学质量的全面管理，促进和保证教学质量的不断提高。

为此，市场营销专业在教学管理中需从制度建设入手，强调理念建设、行为规范与绩效考评为一体的建设路径，对教学质量监控形成体制化的保障体系。在教学管理制度方面出台一系列的规范化制度，对教学质量实施“全过程管理”，全程控制，形成教学质量检查、评价、反馈和改进良性循环机制。建立良好的生师互动制度，在新生入学辅导、选课指导、课业与作业指导、毕业论文指导、实习交流、商业策划大赛指导、学生毕业实习、职业规划、创业教育、心理压力疏导等每个环节与阶段都有教师以一对一、座谈会、网络教学平台沟通等形式全方位地为学生提供指导与帮助。

第二节　本土管理案例开发与教学研究
——以商科专业为例

案例教学作为沟通现实世界与书本知识的桥梁，是商科类课程普遍采用的教学方法之一。案例教学的目的是帮助学生完成从抽象理论到具体现实、从书本知识到实际应用的能力、从他人的看法到自己洞察力的提升。本部分内容首先分析了案例教学法的要点以及教学型案例的特征、目的和类型，然后深入探讨了当前工商管理类案例教学和撰写中存在的五大问题。在哈佛商学院和毅伟商学院案例教学模式的影响下，中国管理教学模式转型的积极影响改变了长期以来决策拍脑袋的经验模式；其消极影响则是相对弱化了对企业组织的人性面、政治面以及意识形态面的关注。基于中国管理教育发展的最新阶段，提出国内商学院应该重视中国本土管理教学案例的开发。在“全国百篇优秀管理案例奖”和“中国工商管理国际最佳案例奖”评选规范要求的基础上，论述了教学案例写作的策略和技巧。

一、引言

“这是最好的时代，也是最坏的时代；这是智慧的时代，也是愚昧的时代……”狄更斯《双城记》的开篇语是我们这个时代很好的写照。进入 21 世纪，全球化、移动互联网以及大数据、云计算、物联网等的兴起使得企业的竞争环境越来越复杂，甚至以前能够明确辨别的竞争行业，现在也变得越来越模糊。作为管理者越来越难以了解谁是真正的竞争对手、谁是未来的潜在进入者，传统的理论框架和学习方法在应对这些变化时开始变得力不从心（汪金爱和吴柏钧，2014）。早在 1995 年，美国军事战争学院就将未来世界称为 VUCA：动荡性（Volatility）、不确定性（Uncertainty）、复杂性（Complexity）、模糊性（Ambiguity）。我们所处的时代，VUCA 已经变成一个新的常态。现代企业身处一个动荡无常、复杂模糊的世界。套用狄更斯的话语，“这是开启民智的时代，也是个‘专家’辈出的时代……”个人和组织都要追求发展，我们应该怎么办？

这是一个快速变革的时代，不管是组织还是个人，要么主动学习适应变革，要么被时代淘汰。人们通过学习，增强对变革及新事物规律的认识，可以降低行为的不确定性和盲目性，少走弯路，减少在黑暗中徘徊及等待的时间。企业界面临的严峻形势，导致它们对商学院管理教育以及企业内部的组织发展或培训项目提出了更高要求，而情境化程度不高成了这些教育模式备受诟病的原因之一。案例教学模式在一定程度上可以弥补传统讲授式管理教育的不足，更强调自主学习、课堂参与思考以及积极互动，而不是被动的“填鸭式教育”，使得学生能够深度参与从而大大提高教学效果。案例教学的重要性之于管理教育，就好像尸体解剖之于医学教育。随着管理教育的发展，尤其是 MBA 教育的兴起，中国的案例教学逐渐引起管理教育界的关注。

2000 年以后，有不少大陆商学院积极参与由哈佛商学院及其他院校所举办的案例编写及教学研讨会，也扩大了案例教学在中国工商管理教育中的普及程度。据估计，近年来在美国哈佛商学院参加过案例教学法培训课程的大陆管理教师已达百余人。此外，参加该项目的各商学院开始提倡案例教学，一批富于教学和管理实践经验的教师，在学习国外先进经验的同时，积极探索自行编写案例，通过多种途径提高教学效果，对中国案例教学发展起到了积极的促进作用。然而，必须指出，由于中国案例教学环境不完善，缺少必要的物质、时间和人力的投入以及组织内部的限制，国内案例教学质量目前还比较低，距离哈佛模式还有很大距离（武亚军和孙轶，2010）。

基于此，本部分内容以我国高等院校工商管理类专业为例，首先回顾案例教学法的由来和不用传统授课的特点，以及教学型案例的特征、目的和类型，之后分析当前工商管理类案例教学和撰写中存在的问题，接下来结合本书多次入选全国 MBA 教育指导委员会举办的“全国百篇优秀管理案例奖”、中欧国际工商学院举办的“中国工商管理国际最佳案例奖”和参加第一届上海 MBA 案例教学比赛的获奖经验，以及参与相关教学型案例论坛的经历并结合自身作为函审专家评选“全国百优案例”的经验，重点论述工商管理类本土管理教学案例的开发策略。

二、案例教学法和教学案例

（一）案例教学法

案例教学作为沟通现实世界与书本知识的桥梁，是工商管理类课程普遍采用的教学方法之一。1870 年，哈佛大学法学院院长兰德尔（Christophet C. Langdell）教授首创案例教学法（Case Method of Teaching），其初衷是为了进行系统的法学教育，培养学生更为科学和理性的思维精神。由于这一教学方法具有通过个别决策的推广达到对一般化规则理解的普遍意义，1910 年哈佛商学院也开始采用案例教学，并逐步建立起相当规模的、完整的案例教学和管理系统，使案例教学在哈佛商学院的教学中逐步占据了重要地位。案例教学模式在哈佛商学院和毅伟商学院经历了近百年的实践，其学习效果得到公认，也逐渐被全球其他知名商学院所借鉴。HBS 的教学案例会有 2~25 页的文件和例证材料。通常而言，学生将提前一周收到即将讨论的案例。基于案例的课程，实质上是时长 90 分钟的案例讨论，其中，教授会提出问题并做出评论，而学生进行分析并提出意见。案例讨论以“无正确答案”原则为基础，目的在于最大限度地激发学生的创造性。

案例教学法最初被称为“问题教学法”（The Problem Method）。在案例教学法中，学生们面对现实世界中的商业困难，必须站在实际面对该困难的企业领导者的角度，进行分析并提供解决方案。所谓“案例教学法”是指教学者使用案例，以团体和小组讨论、角色扮演等方式来增进成员间的交流，引发学习者思考，并给予成员真实状况学习的一种教学方法（Merseth，1996）。管理案例教学不同于传统的课堂讲授，不是为了给学员一个标准答案或者解决具体问题的办法，它侧重于理论应用，需要学员积极参与讨论，是一种“学习者为中心的学习方法”（Participant-Centered Learning）。管理案例教学具有较高的拟真性（给学员大量的现实案例及丰富信息）、很强的挑战性（没有标准答案）、鲜明的针对性和启发性（多角度的对话和讨论及案例总结），它强调调动学员学习的自主性，提升行业经验，促进学员进行多角度甚至反思性的思考，进而增强学员在特定复杂现实环境下的问题诊断能力和决策能力（武亚军和孙铁，2010）。案例教学法旨在让学生在其案例中做出诸多决定，让决策变成习惯。

案例教学可以从五个方面改变学生的学习方式：①打破传统的课堂授课模式。案例教学是一个独特的、令人振奋的学习方式，每个人带着自身特有的创造力、洞察力、个人偏见和背景、专业经验来到教室并提出解决方案。在课堂中，大家会逐渐出现争论、达成“共识”，而教授则对学员的观点进行引导和总结，让每个人都能从中学到知识。②周密、审慎的课前准备。案例教学对授课老师提出了非常大的挑战，需要在案例的选取以及课堂组织和板书等方面精心准备。③应用“高深”的理论概念。传统授课和教科书教会了你基本知识，但案例教学能真正帮助你学会应用理论。④拥有全新的思考方式。课堂上不同观点和立场的碰撞能激荡出思想的灵感，这能帮助你获得全新的思考角度。⑤让真正的商业领袖进入课堂。如果案例公司的主人公亲临课堂，提出自己在案例中面临的最新挑战，并回应学员们通过案例讨论得出的具体意见，这些观点的分享将是富有洞见和鼓舞人心的。

（二）教学案例特征与目的

案例一词，由英文单词 Case 翻译而来，通常来说，案例是实践中发生的带有普遍性、代表性的典型事例，它反映一个问题、一件工作、一个事件发生、发展和演变的过程，通过对这些典型事例的分析，提出解决问题的办法和思路。案例是通过深入挖掘和精心组织的信息，再现真实的管理情景，用于服务学术研究或课堂讨论。案例教学法是运用案例从事管理教学的一种授课方法，而作为教材使用开发的案例就称为教学案例或教材案例（Teaching/Instruction case）（欧阳桃花，2004）。何志毅（2002）认为，教学案例需要具备三方面的特点：首先，要有明确的教学目的，并与一个或数个理论点对应；其次，案例中企业数据丰富真实，行业背景齐全，且与案例中的角色和情景相关；最后，案例使用者需要经过深入的讨论才能得到答案。成思危（2001）认为，案例教学中所运用的教学案例，不是成功经验介绍或失败教训的总结，而是通过模拟一种实际的管理情景，让案例使用者身临其境地进行分析决策。

教学案例的目的是让案例使用者（学生/学员）通过案例分析，理解或掌握一两条管理学科的知识点，将理论联系实际，帮助学生培养界定问题，从各个层面分析问题、解决问题的实际应用能力。在课堂中为了激发学生的学习兴趣，教学案例中要适当增加一定的故事情节。比如，在叙述案例时，可以通过虚构的管理情境，模拟不同人物的对话，穿插进行背景叙述，将真实的企业活动以一种故事的形式展现给学生。然而，教学案例又不仅是在讲故事，而且是要通过故事的叙述形式，使用新鲜的题材将课程需要掌握的知识要点传达给学生。此外，随着管理实践和理论的发展，还可以在案例中体现新的观点。教学案例的作用是要培养学生将书本上的管理知识应用到实践的能力，是对学生思考问题、分析问题、评估方案以及做出决策能力的锻炼。因此，教学案例需要具备三个特点：语言生动、有相对的原型和进行适当的虚拟（苏敬勤和孙源远，2010）。

教学案例不是一个纯粹的学术研究，而是要培养思维；教学案例不是一个唯一的真理、不是一个行业报告或咨询报告、不是一则新闻，也不一定是一段“最佳实践”，而是一个普遍的有问题的实践；不一定是正面的、不一定有唯一的解决方案。一般而言，案例本身并不是用来证明所描述的管理决策、行为的正确性或有效性，而是呈现一个真实复杂的管理问题，为学生的讨论和思辨提供内容基础。因此，案例教学的目的是帮助学生完成抽象理论到具体现实、从书面知识到实际应用的能力、从他人的看法到自己的洞察力的提升。为了完成这样的教学目的，优秀的教学案例应该具有三个特征：第一，涉及重要的管理问题；第二，包含充分的信息，足够反映管理问题的复杂性，能够为学员提供一个深度思考分析的基础；第三，没有明确结论，否则无法产生思维的碰撞与深刻的思考。

（三）教学案例主要类型

当前，国内管理学案例按照用途的不同，可分为教学型案例和研究型案例两大类，并已形成较为规范和统一的模式与范例。中国人民大学等高校举办的各类“管理案例研究质性论坛”对研究型案例和教学型案例的书写格式、评选办法等在全国进行深入推广。2009 年至今，教育部全国工商管理硕士教育委员会联合大连理工大学每年举办一次“全国百篇优秀管理案例”评选活动对教学型案例的申请程序、撰写格式、评选办法等方面进行了统一规范。该活动旨在鼓励各院校管理学科的教师基于中国制度与文化背景，积极开发我国企业管理案例，特别是要规范教学型案例的开发、写作和在课堂上的使用，如对所提交的教学型案例既要有案例正文，也要有相应的案例课堂教学手册。“全国百篇优秀管理案例”评选和中国管理案例共享中心案例库入选案例主要分为两种类型：描述型和决策型。描述型（即平台型）案例要求企业或行业完整介绍、描述某一事件或问题的决策及发展全过程，由案例使用者对决策过程及结果进行评价。决策型案例要求在案例中提出有待解决的问题，决策的基本要素和情境，由案例使用者自行去分析并提出对策。无论描述型还是决策型案例都可以开发成原创视频型案例。

本部分内容将重点关注教学型案例的撰写与开发。按照教学目的，中欧工商管理学院举办的“中国工商管理国际最佳案例奖”评选活动以及中国工商管理国际案例库入选案例主要把教学案例分成三类，不同类别的案例对应不同的教学模式。第一类案例是技能提高型的案例（企业大学或咨询公司培训师），通过这种案例，学员可以学会一个具体的技能。在该案例教学场景下，应该设计相关练习，充分且有互动、有变化、有趣味，保证学员能够举一反三。第二类案例是最佳实践型案例，一般会描述一个公认的行业典范实践。对于这种案例，最重要的不仅是分析其成功的原因，更重要的是分析其成功的隐含条件。第三类案例也是最常用的一类，即决策导向型案例——描述一个两难场景，推动学员做决策。在这种情况下，案例一定要有代入感，教学现场一定要推动学员做出真正的决策，并且要“逼迫”学员做出决策之后在团队中进行沟通。沟通中，学员重复表达自己思考推理的过程，努力理解他人或被其他人理解，最终达成一致，推进行动。

三、当前商科类案例教学和撰写中存在的问题

（一）对教学案例认识模糊不到位

常见的问题是将举例、描述型案例、说明型案例等混用。许多教师误将举例

当作案例，因此，就出现了许多教师在课堂上甚至教科书上将一个例子当案例使用的普遍问题，其实他们所使用的案例只是一个微型的解释型例子，而不是真正案例教学中的教学型案例（李彬，2014）。事实上，没有问题、没有决策点的安乐椅型案例，学生将无法展开讨论。为企业家歌功颂德式的案例，以及国内外各种教材探讨的为何成功或失败的开篇和结尾案例，也不是具有现代意义的教学案例。另外，发表在《南方周末》或《财富》杂志上的某一篇典型事件或企业案例，都不是真正的教学案例。基于管理案例的课程实质上是时长 90 分钟的案例讨论，其中，授课老师会提出问题并做出评论，而学生进行分析并提出意见。许多老师会在上课前准备好一份“思考讨论题清单”，这份清单是根据每位学生之前的课堂参与度以及学生可能引入讨论的所有具体专业知识而制作的。老师会让学生进行辩论，或者让学生扮演案例中的角色。

（二）案例缺乏时效性和研讨深度

我国一些企业在“家丑不可外扬”的心理作用下，不太愿意主动接受调研和访谈，更不愿意将企业的有关信息和管理决策问题公之于众，对失败的管理经历更是三缄其口。因此，造成了案例缺乏与及时更新的时效性。殊不知在快速变化的市场环境中，该企业原有的做法早已过时（路径依赖将会导致成功是失败之母），但在课堂上却还作为前沿做法来讲授，时效性不足。这样的案例不是前沿领域，业界已经不关注了；针对性不强，没有抓住业界管理者真正关心的问题。更有甚者，部分企业家希望访谈的老师把企业塑造成卓越企业的形象或只讲述自己的丰功伟绩，这样编写的案例有广告的嫌疑，也缺乏讨论的空间，更缺乏研讨的深度。事实上，企业跌宕起伏的发展经历以及对如何克服这些成长道路上的障碍做出的重要战略决策才更具有研究的价值。

（三）案例大多缺乏本土情境，对实践指导有限

国内高校给 EMBA、MBA 和 EDP 授课主要的案例来源是哈佛大学商学院的案例库（世界第一大案例库中心）和加拿大毅伟商学院的案例库（排名世界第二的案例中心）。这些案例大多是国外企业，教师和学生都难以深度把握，讨论的深度非常有限。国内教师案例开发由于企业来源有限、高层访谈困难等原因尚处于初级阶段。清华大学、大连理工大学以及中欧国际工商学院的案例库又有起步晚、更新速度慢、案例数量少等因素，开发的企业案例并不能反映我国的本土实践，缺乏适合我国企业本土发展的经典案例。目前已有 80 余家中国企业入选哈佛商学院案例库，包括海尔、海航、阿里巴巴、华为、腾讯等，这些世界级企业的管理智慧值得我们的老师深入研究，进而探讨他们成长为全球品牌的奥秘。

（四）学生对案例教学的感知质量和满意度偏低

邓新明等（2015）基于两个阶段的案例教学实践调研，探讨了高校工商管理

专业案例教学质量学生满意度问题。研究结果发现，案例教学实践中，由于学生对案例教学的质量感知低于质量期望，从而影响了案例教学的学生满意度与忠诚度；影响案例教学学生满意度的五大因素包括：案例选取、案例课堂建设、案例教学师资、案例教学的能力培养导向和案例教学考核。研究发现，接近94%的受访者认为相对于“洋案例”而言，本土案例在案例课堂教学中更受欢迎。同时，还有近88%的学生认为案例的预测性很重要。因此，具有前瞻性、预测性、开放性的案例内容对于提升案例满意度尤为关键。另外有87%的学生认为教师在选择案例时应注重内容的实践性，不要过分地强调理论；同时，时效性（74%）与关注度（64%）也是受访学生经常提及的两个方面。

（五）国内案例开发日渐感染了“哈佛型病毒”

梁能教授在《中美两国MBA案例中的隐含的思维模式分析》《西学之误？中国1992年和1999年出版MBA案例的比较分析》研究表明，中国的管理教学模式在引进西方MBA教育体制后发生了基本范式的重大转变。这一转型的积极影响是强化了对管理问题的理性分析，改变了长期以来决策拍脑袋的经验模式；其消极影响则是相对弱化了对企业组织的人性面、政治面以及意识形态面的关注。因此，他认为引进西方管理教育模式之后的中国本土案例已经感染了“哈佛型病毒”，并指出要警惕管理教育中的“哈佛型病毒”。梁能分析了中美MBA教育中使用的66个典型案例之后（其中包括36个哈佛商学院最畅销的案例和30个中国自然科学基金会通过全国竞赛挑选出来的优胜案例），却发现这些MBA教育典型案例隐含的思维模式存在五大误区（梁能，2006）。

（1）过于理性偏向，忽略管理中同样重要的非理性因素。忽略了企业的社会性和组织成员的人性面，忽视心理契约、非正式组织在企业中的作用，忽视企业是不同利益集团联盟的政治现实，忽视企业人的精神层面需要。

（2）战略至上，片面强调重大战略决策。改善企业管理绩效最主要的问题，绝大多数时候不在于战略制定，而在于组织能力的建设，这是最艰难的，也是最为关键的。

（3）总裁中心、高管中心偏向。总裁、高管被塑造成为英雄人物，几乎从来不讨论最高管理团队内部的意见分歧和权力斗争，以及高管人员尤其是一把手的个人缺陷、代理人的机会主义行为问题。

（4）分析决策的偏向。在企业管理的实践中，大多数管理问题的难点不在于问题的分析决策，而在于怎样在不同的利益群体之间寻求共识。片面强调“先制定，后执行”，忽视了“干中学”的实践出真知。分析的目标未必是优化，所谓管理就是在多重约束条件下寻求妥协解，而不是单一问题的最优解。

（5）价值中立偏向。片面强调管理教育的工具性和科学性，忽视管理教育的价值观含义。研究发现，MBA 学员的社会责任感明显低于公共管理硕士（MPA）学员，而他们的个人中心主义则明显高于其他专业学员。

四、商科类本土教学案例开发策略与建议

（一）中国本土管理案例开发的偏向

梁能和林淑（2009）研究发现，哈佛型案例至少包含了五个方面的偏向：片面强调对问题的理性分析，忽略管理问题的人性面；片面强调战略制定，忽略组织建设；机械地看待企业，忽视非正式组织的存在；假设“总裁”的视角为唯一正确视角；以“价值中立”的假象将管理决策表现为不含价值判断的“纯科学”，回避管理者自身的道德规范问题。整体而言，后西方案例（1994 年之前出版的中国本土案例称为“前西方”案例，之后的称为“后西方”案例）有明显的模仿西方案例的倾向，其形式、内容均接近哈佛型案例。具体而言，在引进西方 MBA 教育之后，中国本土教学案例在内容上发生了如下五个方面的变化：①案例主角从各层级的管理者转变为以 CEO 等高管为中心；②核心议题从企业实际管理工作中的各类难题转变为以战略制定为中心；③领导者角色从凝聚团队、协调沟通、达成共识转变为拍板决策；④决策的背景材料从全视角刻画案例焦点问题的历史渊源和社会情境转变为“去历史化”的就事论事描述；⑤价值取向从公开讨论各种冲突转变为规避矛盾的表面中立。

此外，后西方案例还有着明显的去文化倾向。大多数前西方案例带有鲜明的中国文化烙印，其提出的问题、背景、叙事者的思维/行动方式极具中国特色。但在后西方案例中，这些中国特有的文化元素（如集体认同、长期导向、对历史和权威的尊重、处理问题时的关系/面子考虑）和政治因素（党和政府在经济发展中扮演的角色）消失殆尽。因此，我们有必要重新推敲在本土 MBA 教育中简单照搬西方教学案例模式的做法，开发出更全面更真实反映中国实际的管理案例，总结提炼出更能反映中国优秀企业家管理者智慧和经验的思维框架和管理理念，从而培养出更多知识技能全面、领导能力杰出、行为诚信道德的商界精英。

中国大陆 20 多年的 MBA 教育，大致可以分为两个发展阶段。第一阶段，这个时期被认为是中国 MBA 教育全盘西化时期，主要特点是从内容和形式都照搬美国的 MBA 教育模式。第二阶段是中西方的结合，MBA 教育逐渐本土化的阶段。框架是西方的，内容有些会强调中国案例，注意到一些中国本土的特色，然后尝试进行一些中国管理模式的提炼。经历了 20 多年的风风雨雨，中国商学院未来将面临“路线斗争”：从美，还是从欧？同时面临“实力问题”：本土能有多少东西可以拿出来“上课”？接下来商学院如何发展，随着中国企业日益国际

化走向全球，有一种可能就是在第二阶段的基础上再延伸（腾斌圣，2011）。到第三阶段，可能逐渐会出现一些从理论到案例都是主打中国式的东西。比如说：中国企业的国际化、中国式的公司治理、中国式的商业创新等。一个商学院如果能够在这方面积累一定内容的话，那就可以变成它在世界范围内一个主打的内容。民族的就是世界的，长江商学院就在中国模块进行积极探索。

自改革开放以来，中国经济发展和体制转型举世瞩目，已经快速成为当今世界第二大经济体。但是，30 年过后，中国悠久的历史传统、深厚的儒家文化、有特色的社会主义制度，以及转型和快速增长中很多独具特色的元素在现有管理案例中还没有得到体现。反观战后的日本发展，贡献了诸如精益生产、核心竞争力、企业文化、知识创新公司、全面质量管理等全新概念和理论。这些理论和概念都是从日本企业发展实践中提炼出来，并抽象成管理知识。事实上，已有不少学者呼吁管理学走出西方苑囿，与东方管理实践相结合，汲取东方文化、哲学以及更广泛的知识传统经验，从而丰富现有的管理学体系，为其注入新的活力。因此，为了能够体现中国元素（管理特点/文化差异/制度环境/决策模式、政府的角色），管理教学案例的编写必须突出本土特色。

（二）中国本土管理案例开发的策略

“全国百篇优秀案例奖”和“中国工商管理国际最佳案例奖”评选活动对教学型案例的结构、格式等进行了全面的规范。具体来看，其主要包括案例正文和教学指导手册（案例使用说明书）两个部分，其中，正文部分包括引言、主题内容和结尾三个部分；教学指导手册包括教学目的与用途、启发思考题、分析思路、理论依据与分析、背景信息、关键要点、建议课堂计划、案例后续进展、相关附件等部分。教学指导手册部分是规范当前教学型案例应用于课堂教学的重要方面，这是一个描述案例教学目的、核心内容、主要问题、分析思路与过程、知识点等的文本，其目的是为案例使用者（包括编写这个案例的教师）提供一个为什么使用这个案例和怎样使用这个案例的说明。上述结构的要求是教学型案例的“规定动作”，是必须要按照上述要求来完成的，但完成“规定动作”只是撰写教学型案例的基础，而要使教学型案例的使用达到更好的效果，如案例正文引人入胜、启发思考，甚至达到获得“全国百篇优秀案例奖”的水平，则需要掌握一些撰写技巧和策略。本书研究曾四次入选全国百篇优秀案例，且笔者从 2011 年开始一直担任“全国百篇优秀案例奖”函审专家，也曾多次参加由中国人民大学举办的与教学型案例相关的案例论坛活动，这里谈谈案例正文的撰写策略。

一个案例不仅要提供足够的细节来让学生在真实状况下解决问题，也需要详细地介绍背景与主角。这将让学生辨识出案例中的经理人与其余决策者，熟悉现实世界的复杂性，“现实世界”永远伴随着选择与决定。关于如何撰写教学案例有以下三个关键点：第一，写什么？尽量写有名的公司，这样会有更多的关注。如今中国企业的案例会越来越多，既要写具有普遍性的问题，也要写中国经济中的独特问题。对于无法继续的案例需要果断放弃，对于有价值的案例则要长期观察和深入跟踪研究。第二，谁来写？最好找有经验的人士一起合作，“多个脑袋总比一个脑袋强”，要找合作者。第三，怎么写？下面谈谈具体写作策略和技巧。

1. 如何才算优质的案例

成功的案例需要通过讲述一个好故事及学生阅读后能完成分析来达到其教学目的。好的案例需要提出管理者当前所面临的典型挑战或热点问题，有一个明确但具有争议性的讨论聚焦点，并能充分体现焦点问题的复杂性。优良的案例需提出行动性问题、决策，并使学生根据问题进行分析。学生面对特定情形，案例将成为一篇综合教程，面对这类问题时该如何处理。在表述方面，案例应对企业、主人公和事件保持客观公正，围绕教学目标来展开，并保证提供数据的准确，内容逻辑严密，要点得当；在结构方面，案例应当长短适度，无冗余信息，结构合理，数据图表一目了然。

案例首先是一种教学工具。为了写出优质的案例，教员必须清楚地表明正在尝试传授的知识。当教员明确了试图带给学员的经验后，案例可以由这个终点反向设计。一个好的案例，最好有配套的教学笔记（教学使用说明）。教学笔记中应设定明确而恰当的教学目标，提出有针对性的讨论问题，并提供合适的分析框架和参考答案要点；同时，教学笔记应结合相关的管理理论，有合理的构架、清晰的逻辑。此外，有效的教学笔记中还应包括，具体、详细和切实可行的教学计划，以及有价值的图表、图形、实证研究发现和相关分析；有必要的话，教学笔记还应提供案例后续发展以及近期动态。

因此，写作者需要在案例写作的初期记住以下四点：

（1）案例所关注的要点：这通常会被认为是文章的“第一段”，尽管多数时候有可能占据案例的前一两页。

（2）解决问题所需的分析部分。

（3）能基本让学生完整地分析问题所需的数据。

（4）获得数据的渠道。

很难将案例写作与教学分开谈，也很难讨论教学而不讨论学习。案例本身不教导分析技巧（而是由教员在课堂上或在“注解”里提供），案例提供一个可以在实际状况中运用这些分析技巧的环境。通过强制面对一系列问题实现这些工具的价值，也会提高学生们对分析工具与理论框架的兴趣。案例讨论比阅读或类似材料更能达成这些学习目标，因为它将学生放在了主人公的位置上。

2. 教学案例写作策略技巧

（1）案例灵感与线索来源。开发某个特定案例主要有两个源头：问题驱使和企业/行业/执行层/驱使。不管与谁谈话，你都应该能够明确表明你在调查的问题。因此，当你找到案例主体时，案例的中心点应该已经整理好了，企业应该表达出参与的兴趣，而你也应该问了足够的问题来知道能否得到想象中的案例。很多案例的出现是因为教员从媒体中了解到了一个企业或其执行层的消息，认为可能会成为有趣的案例。几乎每家企业都有一个故事，但并不是每个故事都可以写成案例，关键是当识别了潜在的案例主体后尽快找到实际的问题点，尽快将问题清晰化。在问题驱使和企业/行业/执行层/驱使两种情况下，案例的写作决定是案例潜在主体与课程主题之间匹配的一道函数。当开始对问题有清晰的认知时，你可以通过各种排列商业媒体寻找成为上等案例主体的企业。

（2）案例题目确定。一般来说，教学型案例的题目至少要反映出如下信息：案例企业的名称或者所处行业、案例所反映出的管理问题。在此基础上，可以采用一些技巧吸引读者的眼球，使其有兴趣往下阅读正文。具体的技巧包括：抓住管理者决策中的“矛盾”与“困境”；对案例企业成功管理经验最佳实践进行提炼总结；运用“文学化语言”描写企业的独特做法。这些策略有助于更好地抓住读者的兴趣。

（3）寻找案例要点。在案例写作这门艺术里，在一家设定好的企业里找出“案例”可能是最艰难的挑战之一。你通常会先获得企业的简介和其近期发展历史，然后开始探索其案例要点。每个案例都有学生需要抓住的两部分——一个有意思的故事和一个要点或者决定，也就是案例的决策主线。突出决策者的矛盾或困境的案例，需要抓住决策者的“小痛点”进行突出描写，既要突出“痛”，把各种困难、阻碍、矛盾等交代清楚，又要突出“小”，在情节交代的字里行间透露出的这个“痛”是读者可以通过仔细搜索、认真思考分析后而解决的。

（4）实地企业访谈。在每次采访前加上这类声明会很有帮助：“我相信联系人已经告诉过您为什么我来访谈，但我希望用 1 分钟来介绍自己以及亲口告诉您我希望完成的事。”我们要采访的人非常忙，所以必须有效地利用他们的时间。因此对那些交易从其他地方得到的可靠资料，我们就不应该再问他们。不然，会存在准备不足或准备过分的问题。在实地企业访谈中学会倾听和记录是非常重要的，最好能够征得当事人的同意进行录音，访谈结束后进行详细的整理。

（5）伪装或掩饰技巧。在不触动到案例的要点上虚拟改变企业身份的所有信息，可以使用伪装或掩饰的技巧。假设企业有着非常高的利润并不希望竞争者知道利润如此高，你可以简单地将案例里的成本数字提高，利润数字减低。当案例的要点涉及某特定部门或产品的成本或利润时，数据很可能非常敏感。你能不能有效地对数据伪装取决于伪装会不会连累到案例教学目的。在任何情况下，伪装应被认为是对案例对象合理担忧所提供的便利。可以对企业身份（就是简单地将企业的身份更换掉）、行业或产品身份（更换行业和产品的信息）、财务数据进行掩饰处理（财务数据的伪装可以很简单，也可以很复杂，取决于需要学生做出的分析）。

（6）案例正文策略。

①尽快确定与主角相关的特定状况。从你踏入企业的时刻开始，你应该专注于洞察此事，并在找到之前不要分心。这个特定的状况会决定案例注重的要点及分析。②写出第一段。第一段或者第一页——记录时间、主角、要点及导致做出重要决策和问题的压力。这张画面将会成为打造案例的试金石。③准备大纲。列出案例的大纲包括附录，会帮助你组织思路和预计加入案例的材料。④建立时间线。先要做的是找出案例设定的时间——日、周、月，这将规定需要加入案例的信息，对比案例时间以后发生的事件。⑤保持案例作者语气的权威。你将需要所拥有的权威来达到案例的某些目的，如果你想说一些赞扬的话，将这些语句放入第三者的口中描述。另外，最好使用过去时态写作，这样使得案例永远都在陈述事实。⑥丰富引用别人的话。引用别人的话，将任何的评价放入别人的口中能帮你保持权威。同时，当任何评判角度的话从别人口里说出时，你给了读者质疑的权利。⑦苦思案例结构。你决定好要讲的故事和其将引出的要点，需要决定如何在纸上讲这个故事。大部分案例中，最自然的结构是按照时间顺序写，按照故事的时间顺序讲。然而，有些争论要将此结构做些改变。⑧在写案例的同时写教案。教案是为了教员与特定案例而准备的。教案是完全为了其他教师的使用而准备的文件，传达案例设计背后的想法，以及描述期待学生做出的分析。

五、总结与展望

“高层管理的最大困难往往不在于如何决策，而在于如何正确地定义问题。难的不是处方，而是诊断。从这一角度来说，管理教育最重要的不是分析技巧的传授，而是思维模式的开发。”据此可以认为案例教学在商学院教育具有特别重要的作用。案例是为了明确教学目的，围绕一定的管理问题而对某一真实的管理情景所做的客观描述，即采用文字、声像等媒介采编开发撰写而成的一个真实的管理情景或个案。因此，案例的特征体现为：真实性；有明确的教学目的；包含一个或多个管理问题；具有规范的撰写与使用体系。不同于传统的以教学者为中心的讲述式教学，案例教学强调尊重学习者的背景、现状、目标和学习习惯，在教学过程中鼓励学习者主动参与，最终达到更好的学习体验和教学效果。在商学院的具体情境下，案例教学法的目标是通过对真实商业案例的思考和讨论，培养学员在具体商业情境下灵活而有创造性地运用一般商业规律，在团队沟通协调过程中做出商业决策，并具有有效推行该决策的能力，而这些能力，也正是绝大多数企业所迫切需要的，却无法通过传统的讲述式教学培养而成的。

案例教学是工商管理学科重要的教学方法，对提高学员的思维和决策能力有着重要意义。案例研究和教学作为 MBA 最为常用的方法，是衡量学校 MBA 办学质量的重要指标之一，案例教学在国际知名高校商学院评价和 MBA 认证指标体系中占有相当的权重。案例教学在发达国家高等教育教学中应用较早且积累了较为丰富的经验，特别是在医学、法学和管理学等具有明显职业导向的学科中应用更为广泛。20 世纪 80 年代初，我国的管理教育引入了案例教学法，但经过 30 多年的发展，目前仍处于初级阶段。“全国百篇优秀管理案例”已正式列入教育部启动的“学科评估指标体系”（C5 项目）以及“中国高质量 MBA 教育认证”中，是工商管理教育办学质量的重要评估指标。案例教学是一个反复思考与实践的过程，我们希望商学院在过去数十年内总结的经验教训能够为企业培训用户产生助益，也希望未来学界和业界能够共同在尝试开发本土管理案例教学的过程中不断总结经验，持续提升，能有效地培养更多具有综合素养的高级管理人才，进而推动组织能力建设和经济转型发展。

第三节 营销模拟教学对师生互动影响的实证研究

随着计算机技术与管理理论的结合发展，模拟教学作为一种商业课程创新的教学方法，在西方国家的商学院中已得到广泛应用，而在我国高等教育中仍处于探索阶段。首先，本部分内容在相关文献梳理的基础上，以本书所介绍的高校为例，通过问卷调查和小组访谈形式，对模拟教学对师生互动效果的影响程度进行了实证研究。其次，本部分内容分析了模拟教学显著提高师生互动水平的原因。最后，本部分内容对国内高校如何运用模拟教学有效提高课堂教学中师生互动效果提出改进建议。

一、引言

现代社会需要一大批有较强实践操作能力、决策能力、创新能力和团队合作能力的管理人才。传统的课堂讲授、案例教学及毕业实习环节已经越来越不能满足现代商科人才培养的要求。随着计算机技术与管理理论的结合发展，模拟教学作为一种商业课程创新的教学方法，在西方发达国家的商学院中已得到广泛应用，而在我国高等教育中仍处于探索阶段。

师生互动是教学过程中最基本、最常见的互动形式，它对于教育目标的达成、创造性思维和批判性思维的培养、社交技巧的学习、学生人格的健康发展等方面起着重要的作用。建构主义学习观认为，社会互动水平是教学效果的重要影响因素（赵坤等，2011）。随着我国教育改革的不断深入，师生互动已逐渐成为近年来教育研究的热点之一。因此如何改革商业课程的教学模式和人才培养方式，提高教学中师生互动的水平，提升大学的教学质量，培养高素质的商科人才，已成为我国高等院校亟待解决的重大难题。

本部分内容主要以本书所介绍的高校为例，通过问卷调查和小组深度访谈形式，从定量角度研究模拟教学对于师生互动效果的影响程度，并与其他传统教学方法进行对比，突出模拟教学的特点与优势。本部分内容还对国内高校如何运用模拟教学有效提高师生互动效果提出改进建议。

二、文献综述

（一）关于师生互动理论的研究现状

20 世纪 80 年代，国外学者开始从事有关师生互动方面的研究。目前，国外学者对课堂师生互动展开了多方面的研究，包括对课堂心理环境、教师的情感投入、教师期望效应等方面，体现出较强的实证性特色，而国内已有的相关研究体现出教育学、伦理学、社会学和心理学等多学科视角，多偏重理论思辨研究（佐斌，2002）。国内外学者从不同角度对师生互动的概念及特征、研究范式、类型、形式及影响因素方面进行了较为广泛、深入的研究和探索。

1. 师生互动的概念、特征及本质

众多学者从教育学、社会学、心理学等多学科视角对师生互动的概念进行界定。从教育学角度，叶子、庞丽娟（2009）指出，师生互动是指在师生之间发生的各种形式、性质和各种程度的相互作用与影响。刘尧、戴海燕（2010）进一步指出，师生互动是指在课堂的特定环境中，教师与学生之间以教学内容为媒介，为达到教学目标而产生的所有的相互影响和作用。从社会学角度，马维娜（1999）把对于师生的角色分析作为研究师生互动的突破口，并指出“互动是角色的互动，角色是通过互动表现出来的”。从社会心理学角度，李虹（1998）提出，社会互动是作为人的社会行为的主要表现形式而被阐释的，应作为研究的本体而不是作为附着因素加以讨论。胡桂锬等（2006）认为，师生互动可简要概括为师生间因教学关系而产生相互影响的社会交往活动。

师生互动的特征既具有社会互动的共性（即互动双方信息的相互传播和相互

依赖性的社会交往活动），也具有区别于一般人际互动的特性（如教育性与自我教育性、复杂性等）。李保强（2001）指出，师生互动的本质特点包括理解性、形成性和反思性。岳欣云（2004）也对师生互动的实质进行了探讨，认为课堂互动应遵循有效、平等和真实的原则。傅维利、张恬恬（2007）认为，师生互动的本质是一个双主体的、以情感为基础的连续过程。

2. 师生互动的研究范式

叶子、庞丽娟（2009）认为，现有师生互动的研究主要包括两大研究范式：

（1）静态的结构范式。结构范式的前提是假定人总是归属于一定的社会群体，而社会群体具有一定的结构和规则，发生在群体中的个体间互动更多的是对群体结构和规则的反映，具有一定的稳定性。因此，运用结构范式进行师生互动的研究侧重从师生的既定角色、地位和行为规范这一角度来探讨师生互动，大多从宏观角度分析师生互动，多采用定量研究法来探讨师生互动的一些静态特征。

（2）动态的过程范式。过程范式的前提是认为尽管人际互动是发生在具有稳定结构属性的群体中，并在一定程度上受其影响，但个体的互动归根到底是互动参与者之间的互动，更多受互动双方对互动背景、对方行为等的认识和理解的影响。所以采用过程范式来研究师生互动更强调深入互动实际，在具体过程中解释和说明师生互动的形成、发展特征与机制等，强调定性化的研究思路和方法。在一定意义上，这两种研究范式对我们理解师生互动各有贡献和价值，应该相互取长补短，相互促进发展。

3. 师生互动的类型

英国学者艾雪黎（B. J. Ashley）等按照师生互动的主体地位，把师生互动行为划分教师中心式、学生中心式和知识中心式三种类型（亢晓梅，2001）。利比特和怀特（R. Lippitt & R. K. White）等把教师领导方式分为三种：权力专断方式、民主式和放任自由方式，由此形成了教师命令式、师生协商式和师生互不干涉式三种师生互动类型。另外，英国学者 D. 哈格里夫斯提出的分类也与此基本类似，认为师生互动分为“驯狮型”“娱乐型”和“浪漫型”三种。然而传统的三分法也存在明显的缺陷，即带有“先入为主”的成见，褒贬好恶倾向性太强。美国学者弗兰德斯（Flanders）又提出了一个新的分类方法，他把教师的行为分为直接指导行为和间接指导行为两种。前者表现为讲课、指导、下命令或批评学生，后者包括征求学生意见、认可与扩展学生的观点、赞扬并鼓励学生参与、阐明并包容学生的情感。

国内学者吴康宁（1998）等从教育社会学角度，对师生课堂互动行为类型进行研究：①根据教师行为对象不同可将其划分为师个互动、师班互动和师组互动三种类型；②根据师生行为属性的不同，将师生互动行为划分为“控制—服从型”“控制—反控制型”和“相互磋商型”三种。傅维利、张恬恬（2007）以师生互动中表现出权威主导地位和转移特征为分类标准，将其分为师权型、生权型和平等型师生互动三种类型。

4. 师生互动有效性的影响因素

以往对师生互动影响因素的研究大多侧重于教师。Ilatov 等指出教师的交流方式会影响到师生的课堂互动。Spsulding 等考察了教师风格对于师生互动的影响，发现喜欢采用惩罚手段的老师，会导致消极的师生关系。仅 Darrell Fisher 等（2001）从学生和教师两个角度比较了对某一具体课程教学中师生互动水平的感知差异，其研究结果表明，教师对与学生互动的实际感知会影响学生对师生互动的感知，反过来又会影响教师的感知。国内学者胡进军、郑高锋（2010）提出大学课堂师生互动的有效性标准包括：①课堂气氛是否活跃，参与主体是否真正互动；②互动活动是否顺利开展，教学设计是否顺利实施；③是否完成了预定的教学目标，提高了教学质量。他们进一步指出，教师、学生和课程三方面是影响大学课堂师生互动有效性的重要因素，并提出了提高师生互动有效性的基本途径。

（二）有关模拟教学的研究现状

模拟教学（Simulation Teaching Method），有学者也称之为仿真模拟或商业模拟（Business Simulations）。1957 年，国外开始最早引入模拟教学。随着计算机技术与管理理论的结合发展，模拟教学作为一种参与式教学法，在西方发达国家已得到较为广泛的应用。据《商业周刊》2008 年 1 月报道指出，即使以案例教学闻名的哈佛商学院，目前也开始采用仿真模拟教学，其他商学院如沃顿、斯坦福、哥伦比亚等商学院更是走在前列。

1. 国外学者对模拟教学的研究现状

目前，模拟教学已成为西方商业课程日益流行的一种教学方法（Faria，1998，2001；Keffe，Dyson & Edwards，1993），如在商业战略（Stephen，Parente & Brown，2002）、商业伦理（Wolfe & Fritzsche，1998）和有关文化差异的课程中（Chatman & Barsadem，1995）均采用了模拟教学。相比于传统的教学方法，模拟教学能够让学生通过设计、执行和控制企业经营战略的体验式学习经历，大大缩短课堂和商业决策现实世界之间的差距。在复杂的模拟中，学生可以从战略角度思考、解决复杂问题及整合跨业务职能的知识。在商业模拟创造的微观世界里，学生能够更好地理解环境、竞争者和员工之间的交互式影响（Romme A. G. J.，2003）。针对沃顿商学院 MBA 的一项调研显示，86%的 MBA 学生认为模拟教学比案例教学更有效，特别是在参与程度和经验获得两个方面具有明显优势。

21 世纪初，一些国外学者还对商业模拟的理论基础、运用的策略及其有效性进行了相关研究（Anderson J. R.，2005；Mortais L.，Hoff J. & Reul B.，

2006）。Yang 和 Yi（2010）研究在商业模拟的背景下有助于学生学习的因素，并建立了一个基本的理论框架（见图 8-1）。其研究结果表明，社会互动和心理安全两个因素会对学生小组的知识发展产生积极的影响，且这种协同知识发展能使学生形成复杂的心智模式。Philip H. Anderson 和 Leigh Lawton（2009）在《商业模拟和认知学习》一文中，重点研究通过参与基于计算机的商业模拟而产生的对认知学习的评估研究。他们指出，尽管基于计算机的商业模拟已成为西方流行的教学工具，但现在才开始有研究考虑这些商业模拟对学习效果的影响（Anderson，2005；Seethamraju，2008；Ben-Zvi，2007）。

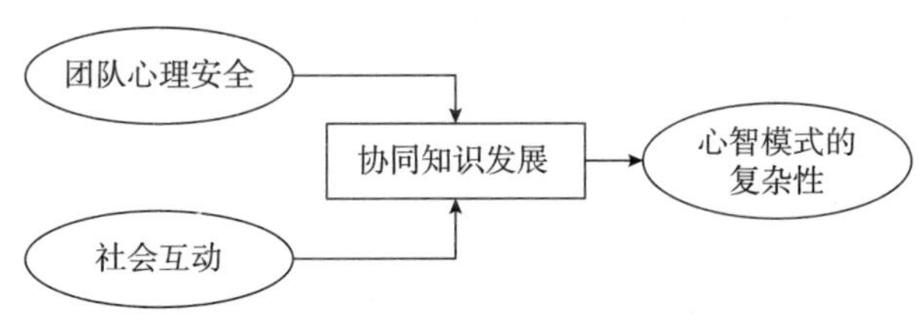

图 8-1　学生学习商业模拟的一个理论模型

2. 国内学者对模拟教学的研究现状

20 世纪 90 年代中期以后，国内一些高校才开始引入模拟教学，起步较晚。目前国内对模拟教学的研究还处于一个探索期。模拟教学是一种在教学活动中模仿社会实践的教学方法。李运模、伍婉清（2006）指出模拟教学中主要包括六个要素，即模拟的主体、指导者、对象、目的、活动及效果。许骏（2008）认为，在管理类专业开设“决策模拟”课程是非常必要的，这能较好地培养学生的管理决策能力，提高教学效率和教学质量，完善高校管理类学生实践教学体系。宋海燕（2010）指出，商业模拟是运用计算机技术产生模拟的企业经营环境，参加模拟的学生组成虚拟的公司，在模拟的市场环境里进行经营决策训练。其主要目的是培养学生在变化多端的经营环境下，运用管理学的知识正确决策，并在决策中提高自身的分析、判断和应变能力，培养团队合作精神。胡玉龙（2009）认为，模拟教学采用了团队互动的体验、反思、综合分析并再体验的螺旋式上升的体验式学习方式，它将有效解决中国学生偏重理论、缺乏参与项目或团队协作的实际经验的问题。

从上述文献的研究现状来看，现有研究中还存在若干不足：①以往师生互动研究多集中于对中小学师生互动的探索，而专门针对大学教学的研究相对较少。在教学实践中可以观察到，有相当一部分大学课堂还存在“满堂灌”现象，学生处于被动学习的状态，师生互动严重不足。因此，从理论和实践层面都很有必要来关注大学教学中的师生互动问题。②现有师生互动的研究文献主要是以教师为主体的互动研究，却忽视了学生的主体地位，缺乏从学生的角度对师生互动效果及影响因素等方面的系统研究。③研究视角相对较窄且分散，以往研究大多集中于师生互动的现状、影响师生互动感知的心理因素、师生互动对教学效果的相关性研究，对大学教学中师生互动形式仅限于课堂提问、课堂讨论、案例分析等传统方式，对师生互动的新形式、新途径的研究较为缺乏。这对于如何提高教学中师生互动效果缺乏实践指导意义。④现有文献主要是围绕模拟教学的应用现状、问题和解决对策展开定性研究，且较少从师生互动的视角来研究模拟教学法对学生学习效果的影响程度。⑤实证研究较少，以往研究多为经验研究和定性研究，缺乏令人信服的证据和严谨性。

综上所述，本书认为，模拟教学是指在一个计算机辅助的仿真商业环境中，参与者通过角色扮演将所学的理论和技能运用到"现实生活"中的一种教学方法。这一模拟过程需要学生充分运用离散的专业知识、专业技能和各种工具来解决特定领域的问题。

三、调查方案设计

为了更好地研究模拟教学法对师生互动的影响程度，本部分内容结合本书所介绍的高校——上海对外经贸大学模拟教学的实践，通过问卷调查和小组访谈形式，从定量的角度对此开展研究。

（一）调查问卷设计

本次调研的目标是研究模拟教学对教学中师生互动效果的影响程度。该调查问卷侧重于从学生的角度对课堂教学中师生互动的方式及整体效果进行评价。本书主要在参考《2009年国家大学生能力测评表》（*NSSE 2009 Codebook*）的基础上，结合我国高校教学现状，设计了此次调查问卷。本次调研在问卷设计之前进行了小范围的初步访谈，并在对初步访谈结果进行详细分析的基础上实施了预调研。预调研获得20份大学生样本数据，利用统计分析方法对测量条目进行完善修改，确认了最终问卷。另外还邀请了五位营销专业资深教师对相关调查问卷进行座谈，并根据专家座谈意见对相应评价指标的问题进行修改。该问卷设计主要分为以下三部分内容：

1. 师生互动效果的总体评价

从学生的角度对教学中师生互动的主要方式、互动类型及互动效果的整体满意度进行评价。该问题设计目的在于了解学生对于教学中师生互动现状的总体评价。

2. 不同教学方式对师生互动的影响程度

主要比较模拟教学与传统教学方式（包括课堂提问、课堂讨论、案例分析、课堂演示方式）对师生互动效果的影响。依据胡进军、郑高锋（2010）提出的师生互动有效性的认定标准，本书主要从学生的学习动机、互动意愿和互动结果三方面来评价大学课程教学中师生互动的实际效果：①学习动机是激发学生学习热情的内在动力，它主要通过学生学习的主动性来进行衡量；②互动意愿是通过学生参与互动的积极性来衡量；③互动的结果体现了学生在不同的教学方式下的知识水平、能力以及综合素质三方面的提升程度。该部分内容采用李克特五级量表的形式分别测量学生对教学中师生互动效果的感知大小。其中“1”代表“效果非常差”；“5”代表“效果非常好”；得分越高，表示教学中师生互动的水平越高，互动效果也越好。

3. 其他内容

该部分内容设计了一个附加的开放型问题（Open-Ended Questions），让学生写下对进一步提高大学教学中师生互动的相关建议。

（二）样本选择和数据收集

本次调查采取了非概率抽样方法（Nonprobability Sample）中的便利抽样法（Convenience Sample），样本选择主要集中于上海对外经贸大学上学期已开设过模拟课程的本科学生。本次调查问卷采用匿名形式进行填写，通过课堂和网络两种途径进行问卷发放，样本对反映本书研究所介绍的高校模拟教学对师生互动的实际影响具有代表性，调查结果能为现阶段我国商学院有效提高师生互动水平提供一定的参考和借鉴。

此次调查共发放问卷250份，回收问卷185份，回收率为74%。删除空白较多、未完成答卷或者答题逻辑出现明显错误的问卷，最终有效问卷146份。在146份有效问卷中，30.8%为男性，69.2%为女性。调查对象涉及大二市场营销、工商管理和人力资源专业本科生和大三市场营销、电子商务、财务管理专业的本科生。总体而言，样本具有较好的代表性。

（三）调研结果统计

问卷中的封闭式题目主要采用SPSS 16.0统计，开放性问题则主要采用人工归纳概括的方法进行统计。并在此基础上，配上一定的访谈项目，以验证数据结果的真实性与准确性，进行深层次的原因剖析。

1. 师生互动效果的总体评价结果

此次调研数据显示：①在师生互动的方式方面，受访者认为课堂讨论、案例分析、课堂演示及课堂提问为现阶段师生互动的主要形式，其占比分别为95%、92%、81%和80.8%，而认为决策模拟为师生互动主要方式的学生比例仅为

25%。这说明模拟教学作为一种新的教学方法，在我国高校商业课程中应用比例相对较低。②在师生互动主体方面，41.8%的学生表示是以教师为中心，38.3%的学生支持以知识为中心，而仅 19.9%的学生认为是以学生为中心［（见表 8-1（a）］。由此反映出，在国内高等教育中师生互动的地位并不平等，教师处于绝对的权威和领导地位，而学生的互动地位和发言权相对较小。③学生在对师生互动效果整体满意度评价方面，非常满意、满意、不确定、不满意的比例分别为：4.8%、37.7%、41.8%、15.7%，其中学生对师生互动效果感到满意和非常满意的比例仅占 42.5%，还不到总数的一半［见表（8-1b）］。由此我们可以得出，现阶段大部分学生对国内高校教学中师生互动效果的满意度较低，高校亟待需要探索能有效提高师生互动水平且具有创新性的教学方法。

表 8-1　师生互动效果的总体评价

（a）师生互动主体地位的频数分布

样本	频数	各组频数占比（%）	各组频数的有效占比（%）	各组频数的累计占比
以教师为中心	61	41.8	41.8	41.8
以学生为中心	29	19.9	19.9	61.6
以知识为中心	56	38.3	38.3	100.0
合计	146	100	100	100

（b）互动效果整体评价的频数分布

样本	频数	各组频数占比（%）	各组频数的累计占比（%）
非常满意	7	4.8	4.8
满意	55	37.7	42.5
不确定	67	41.8	84.2
不满意	23	15.7	100
合计	152		

2. 不同教学方式对师生互动的影响程度

本调查还以五级量表形式，分别测量受访者对于不同教学方式对师生互动的影响，重点比较模拟教学与传统教学方式（包括课堂提问、课堂讨论、案例分析、课堂演示等）对师生互动效果的影响程度（详见表 8-2 至表 8-6）。

表 8-2　课堂提问方式下师生互动的效果评价

样本	最小值	最大值	均值	标准差	方差	偏度系数	标准误差
主动性	1	5	2.97	0.756	0.571	-0.235	0.201
互动积极性	1	5	3.05	0.816	0.667	-0.089	0.201
知识水平	1	5	3.29	0.716	0.579	-0.252	0.201
能力	1	5	3.36	0.796	0.633	-0.332	0.201
综合素质	1	5	3.30	0.737	0.543	-0.440	0.201

表 8-3　课堂讨论方式下师生互动的效果评价

样本统计	最小值统计	最大值统计	均值统计	标准差统计	方差统计	偏度系数	标准误差
主动性_A	1	5	3.41	0.777	0.604	-0.044	0.201
互动积极性_A	1	5	3.39	0.767	0.589	-0.137	0.202
知识水平_A	2	5	3.41	0.663	0.439	-0.101	0.202
能力_A	2	5	3.47	0.647	0.491	-0.052	0.202
综合素质_A	2	5	3.61	0.701	0.491	-0.214	0.202

表 8-4　案例分析方式下师生互动的效果评价

样本	最小值	最大值	均值	标准差	方差	偏度系数	标准误差
主动性_B	2	5	3.46	0.726	0.527	-0.048	0.201
互动积极性_B	2	5	3.57	0.695	0.484	-0.049	0.201
知识水平_B	2	5	3.72	0.694	0.482	-0.312	0.201
能力_B	2	5	3.75	0.732	0.535	-0.439	0.201
综合素质_B	2	5	3.70	0.698	0.488	-0.263	0.201

表 8-5　课堂演示方式下师生互动的效果评价

样本	最小值	最大值	均值	标准差	方差	偏度系数	标准误差
主动性_C	1	5	3.14	0.866	0.750	-0.221	0.201
互动积极性_C	1	5	3.14	0.871	0.759	-0.145	0.201
知识水平_C	1	5	3.34	0.853	0.727	-0.185	0.201
能力_C	1	5	3.28	0.812	0.659	-0.311	0.201
综合素质_C	1	5	3.32	0.824	0.679	-0.290	0.201

表 8-6　模拟教学方式下师生互动的效果评价

样本	最小值	最大值	均值	标准	方差	偏度系数	标准误差
主动性_D	2	5	3. 89	0. 777	0. 681	−0. 321	0. 301
互动积极性_D	2	5	4. 02	0. 767	0. 726	−0. 516	0. 302
知识水平_D	3	5	3. 84	0. 677	0. 458	−0. 203	0. 302
能力_D	3	5	3. 98	0. 772	0. 597	−0. 028	0. 302
综合素质_D	3	5	4. 06	0. 759	0. 577	−0. 107	0. 302

本书将以上统计变量当作定距变量来处理，而均值和中位数是定距变量常用的统计量，其中均值是数据集中趋势的最主要测度值，它反映出人们在整体水平上对某一项目的看法，而中位数代表总体标志值的一般水平。从以上统计结果我们可以看出，模拟教学相比其他传统的教学方式对师生互动的效果影响显著。大多数受访者认为模拟教学的师生互动效果最好，尤其是它对学生综合素质的提升方面（均值为 4. 06）。在传统教学方式对师生互动影响评价最低的是课堂提问方式，尤其是在对学生学习的主动性和学生参与互动的积极性两方面，均值仅为 2. 97 和 3. 05。在统计结果中，标准差和方差均较小，统计显著。这些都反映学生对各形式下特别是模拟教学形式下师生互动效果的认可度很高，反映出了通过模拟教学，师生互动得到了明显提高。

3. 开放性问题的调查结果

以下是受访者对于进一步提升国内高校师生互动效果的相关建议（节选），主要集中于以下两个方面：

（1）课程改进方面。多开展类似模拟教学，这样的模拟能调动学生的积极性，提高学习的乐趣及加强最终学习效果。

多用一些新颖的方式进行互动，或用一些同学们感兴趣的方式进行互动，如模拟、游戏等，让学生成为教学的中心，而不是老师单方面地“灌输”知识。

理论知识与一定量的案例以及模拟实验相结合的方式更能激发学生主动学习的兴趣和积极性。相比传统教学模式而言，相信这也是学生们更乐于接受的教学互动方式。

（2）教师改进方面。教师应是活动的发起者而不是参与者，即最重要的是提高学生参与的积极性，在师生互动中学生是主体，教师需要辅助学生自身能力的提高。

建议师生互动中，教师尽可能参与、推动、激发学生的学习兴趣和积极主动性，并增加一定课程奖励机制，让互动成为评价学生学习表现的一部分。

四、模拟教学提高师生互动效果的原因分析

以上调研结果证明，模拟教学是一种有效的互动式教学方法（Interactive Teaching Method），它让学生通过商业模拟实践来提高分析决策能力及综合素质。相比传统教学方式，模拟教学显著提高师生互动效果的原因有以下几点：

第一，模拟教学是一种以学生为中心的互动类型。在传统教学方式下，师生互动主要是以教师和知识为中心的，教师在互动中占主体地位，拥有绝对的权威，学生只能被动地回应。国内教师很少从学生的兴趣和已有的知识出发，采用固定的模式组织教学，追求所谓的标准答案，制约了学生对课堂师生互动的参与，不能真正融入课堂互动中去。因此，传统教学方式下学生参与互动的积极性低，互动效果较差。通过小组深度访谈，发现模拟教学本身所具有的竞争性、趣味性和实用性是其他课堂教学形式难以比拟的，具有强大的生命力。它能较好地激发起学生的求知欲和竞争取胜意识，充分发挥学生在互动中的主体地位，真正使学生体会到主动学习的乐趣。模拟教学让学生学会在多变的经营环境中，综合运用所学过的营销、财务、人力资源管理等多领域的专业知识来判断局势，运用预测方法进行市场分析与销售预测，开发决策工具，正确制定企业的管理决策，实现企业的战略目标。因此，模拟教学中学生参与互动的积极性较高，变被动学习为主动学习，互动效果显著。

第二，模拟教学能增加师生和学生之间互动交流的机会。在传统课堂提问教学方式下，师生互动仅局限于师个互动和师班互动，师组互动没有得到有效开展。国外有学者研究表明，教师与学生小组的互动（师组互动），甚至分组行为本身都会对学生行为和教师行为以及对师生互动产生一定的影响，最终影响课堂互动的整体效果（亢晓梅，2001）。虽然在案例分析和课堂讨论方式下，也有可能出现学生分组讨论的情况，但小组的学习功能较弱，主要还是对小组成员进行学习的监督任务，而在模拟教学中，每个小组都代表一家虚拟公司，这使得小组成员之间产生浓厚的合作学习氛围，让学生在课堂内外都能主动地建构学习。并且，每个小组在商业模拟过程中都不可避免地会遇到各种各样的困惑和决策难题，每个学生都会产生很强的学习动机，会主动与教师、小组成员和其他小组进行沟通与交流，寻求帮助和探寻解决问题的有效途径。这样也会大大增加师生以及学生之间互动的机会。

第三，模拟教学能及时反馈学生的学习行为，鼓励学生在模拟场景中进行冒险。以 Simbrand 模拟课程为例，在每一回合结束后，软件会依据模拟的商业环境，自动生成各个竞争公司的产品特征、售价、销售额及所占份额、财务报表、

每股收益等信息，学生可以及时根据软件提供的市场反馈信息，了解公司上一回合制定策略的成功与否，然后再根据下一回合的市场前景与竞争对手的策略分析，及时进行市场预测和策略调整。模拟教学还鼓励学生进行大胆尝试和冒险，测试不同想法，经历他们行为的结果和应对突发性的结果。这样学生就可从教学的理性认识，再到模拟实践的感性认识，最后再进一步升华为高一层次的理性认识，逐渐形成螺旋式上升的知识结构。在完善自身知识结构的过程中，学生也逐渐增强了参与互动的主观能动性。

五、运用模拟教学提高师生互动效果的对策建议

基于自身模拟教学体会和学生访谈反馈意见，本书对于我国高校如何进一步推广模拟教学来增强课堂师生互动效果提出以下建议措施。希望对国内高校提高课程教学质量、培养高素质的商科人才提供一定的参考和借鉴。

（一）遵循“以学生为主体”的设计原则

在师生互动的实践过程中，必须遵循“以学生为主体”的设计原则，更多地体现出学生的主体地位。模拟教学区别于传统教学方法，其并不要求教师直接灌输理论知识，而是把学生当作模拟教学情境中的主体，教师则居于从属和辅助的地位，引导学生把主要精力放到分析、解决问题上来。这样能更好地激发学生学习的主动性和参与互动的积极性。学生经过自身的努力，通过不断探索发现问题、发现规律，从而提高独立解决问题的能力（赵洁，2009）。学生只有通过自己不断地探索、受挫、再尝试所得到的实践经验才有可能印象深刻，而教师直接讲授的效果与其无法比拟。这也是主动学习与被动学习效果的巨大差别。

（二）转变教师的教育观念和方式

要想提高师生互动水平，就必须先提高教师自身的专业素质，转变其教育观念，给予学生参与课堂互动的权利。大学生学习的独立性已显著增强，因此教师“教”的成分应逐渐减少，学生自学的成分逐渐递增。模拟教学中，教师应更多采用间接指导方式，如征求学生意见、认可与扩展学生的观点、赞扬并鼓励学生参与、阐明并包容学生的情感。教师的间接指导越多，学生发言越多，学生创新也越多；教师的间接指导越多，就越能导致学生较积极的态度（刘莉，2009）。在模拟教学中，教师应充分贯彻“授之以渔”而非“授之以鱼”的教学理念，扮演好咨询者、辅导者和启发者的角色。教师应当围绕学生学习的目标和内容，充分考虑学生的专业知识背景、认知与情感、发展特点以及所处的环境，采取民主参与的方式，在教学目标设计、教学组织、教学方法的选择等环节上寻求学生的反馈信息，并做出相应调整。教师需要持续关注各组的决策情况和竞争状况，

适时给予一定的提示和专业指导。但在指导过程中，教师不要代替学生去做决策，而是适当地对学生进行方法、路径方面的引导和提示，使学生在决策过程中去亲身体会、总结和感悟（刘莉，2009）。

（三）选择合适的模拟软件

模拟教学开展的前提条件是有合适的模拟软件，即与所授商业课程“契合度高”的模拟软件。在挑选模拟软件时，教师必须先要熟悉课程的教学目标和主要内容，了解现实商业环境中企业实际开展的经营决策，知晓企业对商业人才的能力要求。同时，教师还要通过模拟教学培训或亲身体验等方式，深入了解相关模拟软件所涉及的所有决策项目。只有两者契合度最高的模拟软件，才能将模拟教学更好地融入学生专业课程的学习中去，有效提高师生互动的效果。例如，Simbrand 营销模拟软件所涉及的决策几乎涵盖了《市场营销学》课程中要求掌握的所有主要知识点。它包括营销环境分析、市场定位理论、产品生命周期理论、营销组合策略、新产品开发和营销审计、市场需求量的预计等。因此，两者的契合度较高，师生互动效果显著。

（四）积极营造良好的师生互动氛围

为了提升大学课堂师生互动的有效性，我们必须从两个方面努力营造良好的师生互动氛围。一方面要建立起平等交互、和谐进步的师生关系。这种师生关系是要建立在师生双方对自己角色进行重新定位的基础之上：教师是学生学习的促进者，在平等的基础上发挥主导作用；学生要从被动学习者转变为积极参与者和主动探究者，由孤立的学习者转为小组合作学习者。这种角色定位和师生关系，为进行有效师生互动奠定了基础。另一方面要为课堂师生互动提供适宜的课堂文化和物质技术条件。这样，从“软件”和“硬件”两方面都确保了课堂师生互动的顺利开展。本书建议在模拟教学过程中，教师可以在网络教学平台上搭建起互动交流区，积极提供师生之间、学生之间的互动平台，同时加强小组之间及小组内部成员沟通交流的机会，及时分享模拟经验和学习体会。另外，教师也可以在教学过程组织 2~3 次的全班级的课堂讨论和交流。例如，在营销模拟回合结束后，组织一次全班性的经验交流会，要求各小组撰写总结报告并做模拟经验分享。报告内容要求各小组从营销管理理论的角度来总结模拟中的学习体会，分析自身及主要竞争对手的营销策略，总结成功的经验或失败的教训。在经验交流会上，学生参与互动的积极性高，师生互动效果显著。

（五）完善课程评价体系

为了更好地通过模拟教学增强师生互动效果，教师还应进一步完善课程的评价体系。教师应当将师生互动环节作为学生课程考核的一部分，并且逐步提高其在总评成绩中的占比，制定相应的奖惩措施，有效激励学生参与互动的积极性。

建议对于师生互动环节的考核可以多样化，如不仅包括学生在课堂上与教师的互动、对其他小组提出的问题和建议，还可以包括学生在小组和班级交流平台上的发言次数和提问的质量等。

除此之外，模拟教学的顺利开展离不开整个学校的重视和大力支持。由于模拟教学会涉及模拟软件的购买、师资团队的教学培训等方面，需要学校对此进行持续的投入资金和技术支持。同时，学校还应该出台一系列奖励措施，在体制上鼓励专业教师投身于模拟教学的实践和教学研究中去，努力提高教学中师生互动的效果。

第四节 “消费者行为学”课程中的学生参与

本部分内容结合“消费者行为学”课程的教学实践，探讨如何通过教学方法创新，激发学生课堂参与，以进一步提高教学质量。

“消费者行为学”作为市场营销的核心基础课，是引导学生理解营销精髓的基石。该课程具有很强的实践性和理论性。实践中，消费行为无处不在，既有多样性，又显复杂性，其理论研究涉及心理学、社会学、人类学、经济学等多门学科。面对深奥晦涩的理论以及不断变化的消费行为，如何通过教学方法创新，激发学生课堂参与，以进一步提高教学质量是多年来我们努力教学研究的目标。

一、现代教学中的学生参与

现代教学不同于传统教学。传统教学，是在传统教学论规范下的课堂教学。传统教学首先关注的是教师如何教，很少论及学生如何学。在教学过程中，强调教师在教学中的主导作用，认为教学的主要和首要任务是传授知识、技能；授课内容则以教材为依据，强调基本、具体知识的掌握。相应地，教学活动形成一种“教师→学生”的单向交流模式。然而，教不能代替学，这种“重”教师、“轻”学生，仅把知识传授作为教师教学主要任务的认知过于简单和狭窄，不能很好地反映教学活动的复杂特质，也不能体现学生间的差异及兴趣，因而不利于教学质量及效果的提高。

美国教育学家德莱塞尔和马库斯认为，衡量教学效果的标准不是教师教了什么，而是学生是否学会了以及学到了什么。学不仅是教的出发点，也是教的目的和归宿。教师不应该只是单纯的知识灌输者，而且应该是教学环境的设计者、意义建构的合作者、促进者以及学生学习的组织者和指导者。在这样的教学理念下，现代教学方法得以发展，首先，它“继承”了传统教学的精髓——关注学生的“学”，即主张按照学生的认知特点和兴趣爱好展开教学，关注学生如何进行自主探索和知识建构。其次，它“批判”了传统教学中的单向交流，与传统教学相比，现代教学方法更加强调“教学活动是一个双边活动”，即教学活动是师生交流、积极互动、共同发展的过程。

在现代教学中实现师生双边交流互动，学生的参与是必不可少的。没有学生参与，教学活动将停留在传统教学中的单向交流模式，学生被动地接受知识；只有学生“参与”，并且积极参与，师生双边才有“交流互动”的可能。强调学生参与的现代教学观念，实质上是首先确立了学生作为主体的人在教学过程中的重要地位，同时把教师和学生都看成教学过程中的主体，重视教学过程中师生的相互交流和平行影响。

如何让学生在课堂上做到真正有效地参与？调动学生参与课堂的积极性是关键，教学方式、方法的巧妙运用是重点，而精心组织教学活动则起到促进和鼓励学生参与的作用。本部分内容结合“消费者行为学”课程的教学实践，谈一谈我们鼓励学生参与课堂的做法和体会。

二、学生参与“消费者行为学”课程的形式

（一）鼓励个别学生参与教材内容的讲解

世界上第一部系统介绍消费者知识与理论的教科书是由美国俄亥俄州立大学的詹姆斯·恩格尔等在 1968 年出版的，此后，随着企业界对消费者问题的日益关注，消费者行为研究备受重视，该学科也得以大力发展和传播。20 世纪 80 年代，消费者行为学从西方引入中国，经过二十几年的发展，目前已有 100 多所设有市场营销专业的高校开设了该课程。所用教材可分为两类，一类是国外教材的影印版或翻译版，另一类是国内学者编著的教材。尽管目前相关教材版本众多，体系结构各有差异，但就该学科所需涵盖的主要知识点而言，均可大致分为三部分内容：消费者的购买决策过程、影响消费者购买的内部因素、影响消费者购买的外部因素。其他知识点则零星讨论上述三部分内容与营销策略之间的关系。在实践教学中，我们首先可以结合教材内容，针对部分章节的特点鼓励具有某些特点或者某些特殊经历的学生参与教材内容的讲解。

以美国霍金斯等著的《消费者行为学》（符国群等译，原书第 10 版）为例，教材中影响消费者购买的内部因素之一是消费者个性。按照传统授课方式及内容，我们需要介绍个性是什么？个性是如何形成的？个性在营销中如何应用（特

质理论与品牌个性）。但是，这种传统的教师纯讲义授课方式一味地灌输知识，教学手段枯燥乏味；学生也只能被动地接收信息，缺乏对理论知识的深刻理解。事实上，当代大学生大多是独生子女，具有鲜明而张扬的个性。这一点与教材内容相结合，别具一格。在个性相关理论介绍之前，我们邀请一位“特别”（该学生喜欢表达，在同学眼里“个性十足”，且与同学间的关系极为融洽）的学生向大家介绍其个性及消费偏好。该学生极具表现力地用最流行的网络语言、幽默的肢体动作展示了自己的个性以及对音乐、服饰、颜色等方面的选择，整个讲解过程吸引了全体学生的关注与兴趣，随后纷纷就该学生的个性形成、个性表现以及针对此类消费者企业所应采取的营销策略展开热烈的讨论，课堂气氛异常活跃。讨论完毕后，教师总结讨论结果，并归纳、提炼与个性相关的理论知识点。这种以个别学生参与、带动全班上课热情的课堂活动，增加了课堂趣味，也加深了学生对理论知识的理解。

除了将学生特点与教材内容相结合，还可以利用个别学生的特殊经历。教材中，影响消费者购买行为的其中一个外部因素是参考群体。参考群体主要从信息来源、行为规范、价值认同等方面影响消费者行为。目前校园内的大学生所能接触的参考群体主要有同学、舍友、同乡、兴趣社团等。这些参考群体因被学生过于熟悉而缺乏讨论兴趣。针对这部分授课内容，我们邀请了班级一位应召入伍，携笔从戎的退伍学生参与课堂讲解。该学生通过一系列照片围绕军队生活向大家展现了三部分内容：①入伍前的样子与消费习惯；②入伍后的军队生活与训练；③退伍后的样子与消费行为。由于军队作为一个特殊的群体对学生是陌生而又新奇的，学生个个怀揣好奇、情绪高涨地聆听讲解，并积极参与课堂讨论：为什么讲解者入伍前与退伍后消费行为会发生一系列的改变？诸如衣服款式的选择、产品利益的诉求、购物风格的形成、决策过程的变化，背后的原因是什么？经过一番深度思考及讨论，大家均能深刻体会军队作为一个特殊的参考群体对消费行为的重要影响，从而充分吸收书本上有关参照群体的理论知识。

（二）激发全体学生参与“消费行为报告”的展示

“消费者行为学”中很重要的一部分知识是消费者的决策过程，将近占据了教学大纲的 1/3 内容。我们通常会在介绍完课程导论后，直接进入这部分内容的讲授。我们认为按照“决策过程→内部影响因素→外部影响因素”的逻辑结构授课，更符合中国人的思维接受习惯。由此，决策过程的消化理解是学习其他章节的基础。围绕这一教学目的，在消费者决策过程讲授完毕后，设计并组织了一项激发全体学生参与的课堂活动——每位学生制作、完成消费行为报告，并按规定在课堂上展示。

消费者的决策过程，实际上就是解决问题的过程，这一过程有时简单，有时复杂。对于复杂的购买决策，一般要经历问题认知、信息搜寻、评价与比较、店铺选择与购买、购后行为五个阶段，这五个购买阶段涵盖的知识点较多。因此，我们规定消费行为报告围绕复杂购买决策进行。经过多年的课堂实践总结出：目前对于大学生而言，复杂购买决策涉及的产品主要有手机、手表、数码照相机、电脑、护肤品、自行车、机票订购、旅游线路等。

我们要求每位学生按照自己的兴趣与实际购买经历，并结合所学理论知识完成消费行为报告，并以PPT的形式提交。上交的报告按照决策的产品类型进行分组，并以抽签的方式从每一组选出两名同学进行课堂展示。

以购买手机为例，某学生的消费行为报告如下：阶段一（问题认知），实际状态（手机被盗）与理想状态（便捷地与外界沟通联系）存在差距，产生购买一款手机的需要。阶段二（信息搜寻），手机评价标准有价格、性能、品牌、外观、售后服务，经过内外部信息搜集形成意识域为诺基亚、索爱、LG、三星、夏普、摩托罗拉、iPhone、天语、波导，其中激活域为诺基亚、索爱、LG、三星；排除域为摩托罗拉、iPhone、天语、波导；惰性域为夏普。阶段三（评价与选择），采用析取式决策规则最后确定购买NOKIA 5800XM。阶段四（店铺选择与购买），利用感知风险比较网上店铺与实体店铺的优劣，最终选择实体店铺购买。阶段五（购后评价），总体较满意，其中象征性功效：希望有更多的颜色选择；工具性功效：大部分功能满意，仅存在320万像素的摄像头拍摄模糊的问题。

在上述消费行为报告中，回顾的知识点主要有：问题认识产生、信息搜寻内容、评价标准、意识域、激活域、排除域、惰性域、析取式决策规则、感知风险、网上店铺、象征性功效、工具性功效。一个简单的报告展示不仅激发了全体学生课堂参与的积极性，提高了学生各个方面的能力，而且以贴近学生生活的方式，依托报告载体梳理了诸多知识点，更重要的是让学生学会独立思考，即在学习理论知识以后，如何结合自身经历研究消费行为，如何一步一步条理清晰、有根有据地分析实际问题，如何制作更好的PPT，如何进行清晰的语言表达。在此过程中，教师仅仅是营造民主、平等、和谐课堂氛围的组织者而已。

（三）引导学生小组参与“地域文化与消费行为”的讨论

《消费者行为学》中，外部影响因素有文化、社会阶层、家庭等。在这些因素中，影响消费者行为最深远而广泛的因素是文化，那么什么是文化？对消费行为如何影响？相关教材将文化界定为知识、信念、艺术、法律、伦理、风俗和其他由一个社会大多数成员所共有的习惯、能力等构成的复合体。这种来自教科书上的定义抽象而晦涩，为便于学生真切体会到无形文化的存在，理解文化的影响作用，我们在教学过程中组织了文化与消费行为的讨论，引导小组群体积极参与。

由于在校学生半数为当地上海人，其他来自全国各地，我们将全体学生按照生源地区划分成小组，有上海组，外地组，也有上海、外地混合组。“学生小组”是此次文化与消费行为讨论的参与单位，小组活动内容包括讨论、合作创作和演示三个模块。首先，小组成员在小组内分别讲述自己所在家乡的地域文化及对消费行为的影响；其次，小组成员交流讨论，选出能代表小组公开展示、有代表性的地域文化；最后，小组成员相互合作，一起设计制作 PPT，并选派代表在课堂演示其讨论结果。在演示过程中，任一小组成员可补充发言。在我们组织的一次课堂活动中，不同小组分别讨论了上海的“弄堂文化”、贵州安顺的“休闲文化”、老上海的“怀旧情结”、山东的“酒文化”、象山的“海洋文化”、湖南的“湖湘文化”等不同亚文化下的消费行为表现及特点。这些来自学生家乡的地域文化，是对教科书刻板知识的补充和丰富，而组内讨论、组间竞争展示的课堂组织方式增强了团队合作意识，提高了团队成员沟通、协作能力，这一过程有利于提高学生参与的热情和积极性。

现代建构主义认为，学习活动应是学生根据外在信息通过自己的背景知识，建构自己知识的过程。该理论倡导在教师的指导下，以学生为中心，学生主动探索、发现知识，并对所学知识形成主动建构。文化与消费行为的讨论将学生置于一定的亚文化环境中，有利于每位学生对特定文化情景的真切体会。每一参与小组都经历了沟通协调、互动合作、相互学习的过程，在观点融汇和交锋中，个体的思维与智慧被整个群体所共享，群体成员共同完成对所学知识（文化及影响机理）的意义建构。

三、学生参与下的课程考核及学习成效

学生的积极参与实现了师生双边交流，改变了课堂教学模式，相应地，课程考核方式即教师对学生的评价方式也随之发生变化。相比传统教学，学生参与下的现代教学课程考核方式正从结果导向转为过程导向，由单一纸笔测验的终结性评价向多元方式、连续性评价转变。教师在与学生接触、互动的日常学习过程中，以师生、生生交流方式，观察、了解学生，逐渐形成对学生的看法和判断。这种考核方式克服了以往“等级化”“分数化”的不足，在学生当中产生了很好的效果。

在“消费者行为学”的课程实践中，我们对学生考评的项目分为：平时成绩（40%）和期末卷面成绩（60%），其中平时成绩（40%）由课堂出勤及问题回答（10%）、消费行为报告（15%）、文化与消费行为讨论（15%）三部分构成。其一，课堂出勤及问题回答（10%）不是指简单机械的点名，而是有实质内容的问题回答。每次上课前 10 分钟，我们会提问 5~10 名学生，主要考查上一章

节知识点的掌握情况，课堂表现也纳入考核范围，这样的考核方式既达到保证出勤的目的，又督促学生课下复习、课上思考，有利于学生在课堂上集中精力。其二，消费行为报告（15%）展示完毕以及文化与消费行为讨论（15%）结束后，我们鼓励全班同学参与到课程评价中来，对个人或小组汇报的展示内容、逻辑思维、PPT 效果、语言表达等方面进行全面讨论和评价。学生之间通过议论进行相互评价和自我评价，教师作为学生的学习伙伴，一是营造公平、公正、和谐而又活跃的课堂气氛；二是与学生分享心得，交流知识，将自身的经验判断结合全班同学的讨论做最后的知识总结与点评。期间的知识分享允许学生自主进行甄别和吸收，以进一步发挥学生在教学中的主体作用。

上述平时项目对学生的约束考核可最大限度地保证学生进入课堂、参与课堂，提高学习积极性。相比传统教学，学生参与下的现代教学学习成效更为明显。学生通过课堂参与锻炼培养多种能力，学习积极性得以提高，师生相处也更为融洽。课程考核不再“一锤定音”，课程考核的通过率也相对较高。更有意义的是在课堂参与下，学生对“消费者行为学”逐渐形成自己的判断和认识，如“这门课帮助学生把一些习以为常但辨别不清的现象背后的逻辑梳理一遍，是十分重要和必要的”“这门学科就是对消费者行为的一种抽象和总结。在大量的观察、统计之后，对行为进行分类。再从其他学科（如心理学）的理论进行解释，以论证行为这样分类的可靠性、可行性。最后再说明这样的分类抽象带来的好处”。“消费者行为是不断变化的，我们学的应该是对行为的抽象、分类、论证以及使用的方法。”“作为一个营销人员很好地理解消费者购买的个性和共性是不容易的，但也是有章可循的。”“这门课能够使学习营销的人更加清楚目标客户及其行为。对企业营销人员进一步采取营销手段提供参考、指导建议”。

学生参与作为现代教学活动的重要内容是提高教学效果的重要环节。在今后的教学过程中，我们还将继续实践和思考，积极创造条件，多提供机会，保证学生的参与落到实处，促进学生主动探求，自主形成理论构建，进而不断提高教学质量。

第五节　“大数据营销”课程设计与规划研究

一、引言

Gartner（2014）报告称，《财富》500 强企业中有 85%无法有效利用其庞大的数据库来获得竞争优势。关键因素之一是缺乏训练有素的专业人员，他们能够管理和克服与大数据相关的特殊挑战，具备从多个数据源提取、准备并形成大量非结构化数据的技术能力。大数据分析不只是工程学学生的专利。相反，随着大数据在越多越广泛领域的应用，大数据分析技术对大多数商业研究和实践领域都是不可或缺的，当然对商学院学生也是如此。因此，有必要开设一门大数据营销课程，向市场营销专业的学生讲授数据科学相关的原理和数据处理过程以及在营销中的应用。在大数据营销领域，任何数字营销活动无一例外都是围绕消费者展开的，而消费者终究是活生生的人，因此无论环境、技术与手段如何变化，内容和创意才是不变的主题，所以培养学生时又不能被技术裹挟着前行。除了了解前沿的大数据营销技术以外，更重要的是培养学生价值观、治学态度和职业心态，让他们有机会在未来成长为服务于数字营销的高端人才。

虽然在过去几十年里中国市场营销教育已经有了很大发展，但如今的大学教师深刻意识到他们已经进入一个以电子为主导、竞争激烈的信息时代教书。教学中最大的挑战之一就是获得和保持学生的学习兴趣，传统单向式教学方法受到越来越多的质疑。市场营销教学方法在大数据背景下成为新的热点课题。如何分析大数据背景下市场营销的特点，设计和开发大数据背景下市场营销教学的内容和方法，让学生更主动地参与教育过程、带来更多积极的学习效果是当前高校市场营销课程专业教学改革的重点。

本部分内容研究资料主要基于两个来源：国外高校相关课程的 16 份教学方案以及上海对外经贸大学工商管理学院大数据营销课程团队的教学实践案例。通过国外高校教学方案的搜集整理过程，了解国外大学大数据营销相关课程的设计理念；通过回顾大数据营销课程是如何在上海对外经贸大学作为市场营销研究生选修课来教授的，以及提供这一新兴数据科学分支在国内市场营销教育领域的实践经验进行反思。

二、文献回顾

运用大数据辅助营销分析与决策是数字营销领域重要的发展趋势之一。消费者对产品和服务的感觉、行为、互动以及他们对营销策略的反应等信息流，通过在线和移动应用程序产生了大量相关数据。利用数据为客户提供更多价值和品牌体验，提升顾客满意度和忠诚度，从中获取长期价值是企业开展大数据营销的目标。企业需要创造性地收集数据，并构建能够优化业务结果以及转化业务流程的商业模型（Barton & Court，2012）。市场营销各个子领域（例如广告、促销、产品开发、品牌）有不同的数据和分析需求，分析师需要对营销建模技术有足够深入的了解，以预测市场反应、市场优化组合及其个性；他们必须精通评估技术的应用［比如最大似然法、贝叶斯的马尔可夫链蒙特卡洛（MCMC）模拟技术，以及机器学习方法和熟练运用来自 OR 的优化技术］。除此之外，他们还需要具备软技能和全面的市场营销知识，以确保他们能够与决策者沟通；发挥公司日常运作中联结营销经理与信息技术人才之间的中介作用。寻找这样的复合型人才是商界领袖们普遍认同的实现大数据分析的主要障碍（Michel Wedel & P. K. Kannan，2016）。对于那些想加入大数据和数据科学的营销专业人士而言，营销分析将是一项不可或缺的技能。

营销理论研究和企业大数据营销实践之间日益扩大的差距不容忽视。这一问题的解决迫切需要商学院重新构建营销数据分析课程，课程内容既要能反映学术理论前沿、更应该包含来自企业实践的洞察与智慧（Reibstein Day & Wind，2009；Stern & Tseng，2002）。虽然大数据革命现在已经根植于市场营销实践中，但在营销教育中，商业分析的整合充其量也只是零星的（Spiller & Tuten，2015）。要让课程与企业实践相结合，实现商业分析类课程相关性的最简单的方法就是在课程和课程设计阶段获得商业界支持，通过行业合作，来发现课堂教学和市场需求之间的差距，以不断补充和完善我们的教学。如业界强烈鼓励我们使用 Python 作为我们的程序语言，R 作为我们的主要统计软件包，并希望我们帮助学生理解数据挖掘、可视化和文本分析的重要性（Cliff Wymbs，2016）。目前应用于市场营销领域的数据分析技能包括以下几个方面：数学和计算技术、基本统计和概率（如分布、抽样等）、主数据收集（如面板销售数据、客户调查、在线点击流数据）、辅助数据收集（如市场报告、财务数据、外部环境因素）、调查问卷设计、行为实验设计、定性研究、定量研究五个主要类别的基本统计分析（即描述性/推断性/比较性/联想性/预测性）、基本营销工程分析［例如，市场细分和产品分类的聚类分析和判别分析、市场定位的多维标度法（Multidimensional Scaling，MDS）、新产品开发的联合分析］、网络分析［例如，数字平台流量和转换分析、搜索引擎营销（搜索引擎优化 SEO/付费搜索广告 PPC），电子邮件营销和社交媒体营销］、CRM 数据库管理、用于营销运作和供应链管理的分析工具及模型。除此之外，通过营销课程学生还能建立一些共同的技能，包括市场营销和财务报告分析、数据准备和质量评估、决策技巧、战略思维、口头和书面沟通技巧、道德考量、批判性思维及团队协作。通过以上各种技能的整合，可以让学生更广泛地了解营销信息的来源、信息转换的过程、最适合各类信息转换的工具以及结果如何与营销环境相匹配（刘倚源，2018）。

主动学习教学法是大数据营销突破传统营销教学法的关键点。主动学习涉及学生对任务的高度投入，这给学生一个与老师互动的机会。在很多市场营销课程中，学生往往是被动的学习者，因为教授们依赖于传统的单向授课方式。营销教育被人们普遍认为缺乏相关性（Nonis et al.，2005）以及学生学习动机不理想（Paladino，2008），在培养学生关键技能方面现有教学实施落后于营销实践（Harrigan，2011）。要改变这种状况，鼓励有意愿的学生参与成为解决问题的关键（Barkley，2010）。许多营销课程的设计旨在通过在营销课堂中提供更积极的学习元素，使学生具备较强的沟通能力、灵活性、决断力、专业技能和专业素养（Glaser-Segura et al.，2010）。提高学生课程参与的多种授课技巧，如角色扮演、案例研究、研讨会或联系社区，被证实与学生对教师教学的积极评价相关（Yam B. Limbu，2013），其中角色扮演在销售课程中是一种有效的教学工具（Widmier，Loe，Selden，2007），而案例研究对于营销策略课程更有用（Barkley 2010）。实地考察被认为是最具影响力的学生参与策略，学生可以被指派将课程资料与短途旅行结合起来，观察、研究或参与相关的社会现象，教师和学生都可以从实地考察旅行中受益。另一个有用的学生参与技巧是团队分析，学生通过运用批判性思维和分析积极协作参与不同活动的学习技术。通常情况下，学生被分配扮演结构化角色，如归纳总结者、提问者和批评家。

由此看来，《大数据营销》课程为学生开启了感知未来数字营销发展趋势的大门，研究这门课程的教学设计与实施问题有重要的理论与现实意义。为了切实弥补大数据营销理论与企业实践之间的差距，我们需要进一步研究大数据营销课程的教学内容；为了改变传统营销教学法固有的弊端，实现学生主动学习的目标，我们需要重新思考大数据营销课程的教学方法。

三、数据来源与方法

（一）国外高校的课程大纲

关于课程大纲的选择过程，由于高等教育课程和课程结构、理念和具体要求因国而异、因机构而异，所以本部分内容没有采用一种定量的、有代表性的抽样方法。利用网络搜索，我们获得了16门国外商学院开设的大数据课程的教学大纲。经过逐一删选，在这16门课程中有6门课程内容与市场营销相关，其中11门来自美国高校，2门来自法国高校，1门来自加拿大高校，西班牙和中国香港高校各有1门（见表8-7）。

表 8-7 国外商学院 16 门大数据营销相关课程构成

课程代码	课程名称	所属国家或地区/院校	教育层次
CAN	营销分析	加拿大/麦克马斯特大学	本科
FRAa	大数据与营销分析	法国/图卢兹商学院	硕士
FRAb	整合社交媒体的数字营销	法国/图卢兹商学院	硕士
HK	以数据为中心的营销	中国香港/城市大学	本科
SPA	大数据时代市场分析	西班牙/ESADE 商学院	本科
USAa	商业分析	美国/哥伦比亚商学院	本科
USAb	基于大数据的行为分析	美国/沃顿商学院	MBA
USAc	数据分析	美国/安杰洛罗州立大学	本科
USAd	数据分析与大数据	美国/卡耐基梅隆大学	本科
USAe	大数据，大责任：商业分析的法律和伦理	美国/沃顿商学院	本科
USAf	营销分析	美国/麻省理工学院	硕士
USAg	营销分析	美国/弗吉尼亚大学	本科
USAh	营销分析	美国/瑞福德大学	本科
USAi	营销分析	美国/加州州立大学	本科
USAj	消费者与受众分析	美国/佛罗里达大学	本科
USAk	消费者分析	美国/凯洛格管理学院	本科

资料来源：作者整理。

在教学内容方面，我们认为课程设计过程应该首先思考什么话题是大数据营销领域，能让学生在求职时获得竞争优势？其次考虑到学生们现有的知识结构，哪些话题可能被涵盖？最后在课程分配的时间内，哪些话题可以被深度覆盖？在对所收集的国外 16 份教学大纲进行分析和整理（见表 8-8）后，发现预测分析方法、营销策略组合、客户关系与价值、社交网络分析、可视化分析、数据挖掘与机器学习等内容被更多课程大纲所覆盖，这要求学生在修读本课程时，需要在营销策略组合以及客户关系及价值等方面有一定的营销理论基础，同时学生在统计、数据挖掘和计算机编程等方面有一定的选修课程条件。

表 8-8　16 所国外高校大数据营销相关课程教学的内容选择

	CAN	FRAa	FRAb	HK	SPA	USAa	USAb	USAc	USAd	USAe	USAf	USAg	USAh	USAi	USAj	USAk
统计基础理论/软件回顾							√	√			√			√		
客户关系与价值		√		√							√	√		√	√	√
营销组合策略		√	√	√	√						√	√	√		√	
品牌管理/品牌价值		√									√					
预测分析方法	√				√	√	√		√		√	√	√	√		√
决策分析方法						√			√							√
社交网络分析	√		√	√		√								√	√	√
移动营销				√								√			√	
商业伦理与道德							√						√	√		
可视化分析	√	√		√				√					√		√	
统计编程	√				√				√			√				
Excel 应用						√		√	√				√			
数据挖掘/机器学习	√			√						√	√	√				
非结构化数据分析	√			√						√						
实验设计			√	√							√					√
营销模拟								√	√							
行业应用						√	√		√							√
演讲技巧									√						√	

表 8-9 国外大数据营销相关课程的教学方法

教学方法	代表性学校
课程讲座	麻省理工学院在“营销分析”课程中，通过专题讲座的形式，引导学生深入思考衡量品牌资产的标准是什么？什么是 Snapple 和品牌价值？如何发展品牌个性、发展品牌架构、建立品牌金字塔、衡量品牌价值、计算品牌价值
数据分析操作	哥伦比亚商学院在开设“商业分析”课程时，鼓励学生进行大量实操训练，以进一步熟悉 Excel、Orange 等数据分析软件。例如，通过 PANDORA、Netflix 和 Amazon 等公司正在使用的推荐系统，根据他们收集的信息让学生使用统计软件来预测用户的需求 弗吉尼亚大学所开设的“营销分析课程”中，学生可以使用在其他课程中所教授的任何营销研究技术，包括联合分析、聚类分析、因素分析、回归分析、感知图、逻辑回归、协同过滤、文本分析、空间回归、归因模型、机器学习等完成课程中预设的各项任务，像红牛这样的品牌如何通过 Twitter 对话来衡量品牌价值？或者像 Intuit 这样的软件公司，如何在电视等传统媒体和付费搜索广告、Facebook 和 YouTube 等新媒体上管理自己的媒体配置
文献阅读	加州州立大学在“营销分析”课程大纲中，明确列举了以下文献在内的至少 10 篇左右的必读文献要求： • “Big Data：The Management Revolution，” Andrew McAfee and Erik Brynjolfsson，Harvard Business Review 2012 • “Keep Up with Your Quants，” by Thomas H. Davenport，Harvard Business Review 2013 • “Data Scientist：The Sexiest Job of the 21st Century，” Thomas H. Davenport and D. J. Patil，Harvard Business Review 2012
CCS（以故事为中心的课程）	在美国卡内基梅隆大学这种方法已经成功应用了 10 多年。该校“数据分析与大数据”课程中，学生将在布莱克威尔电子公司担任数据分析师。学生的工作是使用数据挖掘和机器学习技术来调查 Blackwell 销售数据中的模式，并提供洞察客户购买趋势和偏好。学生从数据模式中得出的推论将帮助企业做出有关销售和营销活动的数据驱动决策，并理解客户人口统计数据和购买行为之间的关系。最终学生将向管理人员介绍他们对数据挖掘过程改进的见解和建议 在具体教学实施过程中，每个学生将被分配在一个团队中工作，这在职场中是很常见的。网上提供了一系列全面的支持材料和完成任务所需的帮助。你将受到导师的指导，导师随时可以回答你的任何问题或消除你的任何疑问，他会评估你的表现并就项目“可交付成果”提供建议
案例研究	凯洛格管理学院开设的“消费者分析”课程中，案例研究贯穿了整个学期。家庭警报公司案例帮助学生理解客户生命周期价值评估；通过 Tuango 公司案例，引导学生掌握移动应用推送消息的 RFM 分析；通过 Capital One：基于信息的信用卡设计的案例分析，向学生介绍多变量测试的过程
营销模拟	安杰洛州立大学在“数据分析”课程中，购买了 Stukent Simulation 软件，帮助学生了解数字营销管理与决策问题
企业家共建课程	加拿大麦克马斯特大学在课程设计中除了会邀请企业家举行大数据营销方面的专题分享会，还会要求专家对学生项目完成情况进行企业家评估与指导

续表

教学方法	代表性学校
小组项目	哥伦比亚商学院在"商业分析"课程中，在预测性研究方法和决策性研究方法讨论结束后，让学生研究 Zara 最近引入的新算法在其连锁店中分配产品。将分析其决策支持系统的基础模型。然后，将讨论评估这种新的决策支持系统的方法。通过这个项目的完成，让学生把这门课中发展的许多概念结合在一起 沃顿商学院在"基于大数据的行为分析"课程中，要求学生们想出一个公司可能面临的困难决定。他们将讨论如何使用数据来帮助决策，同时他们将提出打算收集哪些数据，以及将如何分析这些数据。学生将提出他们的建议，提案的目标是说服一个可能持怀疑态度的经理相信他们的数据收集和分析计划将有助于做出更好的决策
课后作业	西班牙 ESADE 商学院在所开设的"大数据时代市场分析"课程中，设计了大量的课外自主作业，帮助学生加深对课堂内容的理解，并独立完成所布置的作业，让学生对在电脑上实施分析技术更有信心。课上会安排有关课后作业的课堂讨论会以进一步帮助你巩固所学到的知识和技能

在教学方法上，通过资料整理（见表 8-9）不难发现，不同学校存在着一定差异，但为我们优化"大数据营销"课程设计提供了很多丰富的案例。总体来看，传统授课模式以讲座为主，将渐渐被多元化的教学手段和更丰富的学生学习体验所替代，其中卡耐基梅隆大学所倡导的 CCS（以故事为中心的课程）教学模式以及麦克马斯特大学实践的企业家共建课程的方法，有利于充分调动学生的自主性，同时让学生有机会在真实的市场环境中理解大数据营销的发展现状与趋势。

此外，在教材方面（见表 8-10）并没能发现任何一本主流教材的信息，毕竟大数据营销领域正处于不断发展的阶段，还远未形成固定的理论分析框架与模式。其交叉学科的性质、大数据营销行业应用的特殊性以及修读学生专业背景的差异性，共同决定了《大数据营销》教材编写的难度。

（二）国内教学实践案例

2017~2018 年第二学期，由上海对外经贸大学工商管理学院组成专门的四人授课小组，针对市场营销方向研究生二年级学生就"大数据营销"首轮课程进行了开设。接下来将从课程准备、内容传授和课程反馈三个环节回顾这门课程的教学实践过程。

表 8-10　代表性高校大数据相关课程的教材构成

	指定教材	参考教材	其他
哥伦比亚商学院	不指定教材，但是提供教学用 PPT	—数据挖掘和预测分析方面的介绍性教材 —Excel 建模和优化方面的教材 —关于科学零售管理的教材	—所有近期发布的有趣的大数据在行业中的应用报告
香港城市大学	Strategic Database Marketing, by Arthur M. Hughes, published by McGraw-Hill.	—直接营销方面的专著 —品牌管理方面的专著 —统计学方面的专著 —客户价值管理方面的专著	—线上资源 www. domarketin. com
加州州立大学	—Openntro Statistics 3e, available at htps: //www. openintro. org/stat/textbook. php — " Regression Analysis," David Bell, Harvard Business Review 1993 — " Logistic Regression," Rajkumar Venkatesan and Shea Gibbs, Darden Business Publishing 2014 — " Customer Profitblity and Lfetimne Value," ElieOfek, Harvard Business Review 2014	—哈佛商业评论相关文章 —《华尔街日报》相关文章	业务数据来源（各大商学院相关网站） —Darden Business Publishing University of Virginia —Harvard Business School Publishing —Ross School of Business. Giobal Lens, University of Michigan —INSEAD Case Publishing —Ivey Cases, Western University —Kllogg Case Pubishing —Northwestem University —Stanford Graduate School of Business

1. 课程准备

课程教学团队教师均来自上海对外经贸大学“数据科学与管理决策重点实验室”，四位老师的专业背景主要涉及管理科学与工程、应用数学、信息与计算机科学、社会心理学等。课程教学目标是帮助学生掌握大数据分析工具，了解大数据营销的方法和理论，培养学生的数据思维，通过数据分析，解决营销中的问题。为了发挥团队成员各自优势及特点，在共同打造课程的过程中，团队发现大数据背景下市场营销表现出以下两个方面的特点：①具有基于大数据的用户行为分析和商品关联网络挖掘营销的特点；②具有大数据实时个性化推荐和社交推荐的营销特点。因此，在课程内容设计之处，把教学重点聚焦在两个模块：①以 Python 为工具探索大数据营销的理论与方法，以实际的数据分析实例提高学生的逻辑思维能力；②以社交网络为研究基础研究大数据关系营销、社会营销和精准营销的理论与方法，以实际的公司案例引导学生模拟大数据关系挖掘过程。同时，在大数据背景下市场营销课程应遵循大数据研究的方法论，因此补充了第三个模块，即大数据方法论。这个模块主要是介绍大数据营销的方法学，并通过错误案例的课堂讨论，帮助学生了解大数据营销科学研究工作的开展方式。

教材方面，由于在寻找与课程教学内容高度匹配的教材过程中遇到困难，最后选择教师自编材料为主，《营销数据科学》[①] 为辅助参考教材。

工具选择方面，考虑到要让学生了解和基本掌握大数据分析中最受欢迎的分析软件，课程分析工具聚焦在了 Python 语言上。一方面，Python 相较于 R 语言或其他计算机程序设计语言，它更适合非计算机的人去学习数据分析和大数据；另一方面，它所拥有的标准库更是一些营销金融类的专业人士首选的原因。

本课程开设的具体教学计划安排如表 8-11 所示。

表 8-11 《大数据营销》课程教学进度

周次	教学内容
1	大数据营销：从联合分析入手
2	了解市场、预测消费者的选择（Python 的方法）
3	锁定目标客户（Python 的方法）
4	开发新客户（Python 的方法）
5	维系客户（Python 的方法）
6	社交关系挖掘与大数据精准营销（1）
7	社交关系挖掘与大数据精准营销（2）

① Thomas W. Miller. 营销数据科学［M］. 崔立真，鹿旭东译 . 北京：机械工业出版社，2017.

续表

周次	教学内容
8	大数据社会化营销
9	大数据精准营销案例分析（1）
10	大数据精准营销案例分析（2）
11	对于大数据营销的方法学考虑（1）：提出恰当的问题
12	对于大数据营销的方法学考虑（2）：使用正确的数据
13	对于大数据营销的方法学考虑（3）：定义正确的度量标准
14	方法学上错误的后果：案例（1）
15	方法学上错误的后果：案例（2）
16	大数据营销思维
17	大数据分析中的数据工程——以大数据营销为例
18	提交课程论文

2. 内容传授

这个班的授课前半学期1~10周既包括在教室里的课程讲座，也包括计算机实验室里的上机操作。每次课程大部分时间用课程讲座的形式完成当天教学内容的传递，临下课前会留下一点时间，让学生结合当天主题进行相关的上机操作练习。后半学期从11~18周主要教学活动都集中在教室，采用课堂讲座与案例分析的形式完成，因为授课专题和内容比较多，课堂讲座的时间占比高于课堂讨论。最终，这个计划被证明教学效果不太理想。课堂上学生热情不高，无法真正融入老师的理论讲解中，老师很难调动学生参与讨论；另外，上机操作任务完成质量不高。

3. 课程反馈

课程评教中，学生普遍反映课程设计内容过多，四位上课教师形成各自独立的模块，框架较乱，给听课学生产生了一种课程拼凑、衔接不上的感觉，缺乏完整的课程体验；对课程中用到的工具——Python计算机设计语言不熟悉，上机操作时感到焦虑。授课教师在授课过程中感觉自己讲解多，师生互动少，每次内容理论偏多，留给学生动手实践的时间短，学生上机操作完成质量不佳。

四、总结与建议

市场中消费者正努力争取在经营体系中的每一部分发挥影响力。消费者已经开始更全面地影响企业的各个决策，消费者不断参与使得传统经营的假设——企业可以独立创造价值受到了极大的冲击。不妨我们把学生设想为我们这个课程产品的消费者，在创造和传递《大数据营销》课程内容的过程中，我们应该更多地考虑如何与学生形成良性互动，如何吸收来自学生的智慧，鼓励学生参与到我们课程价值挖掘的过程中，从而提供让学生真正感到满意的学习过程。本部分内容在前文研究基础上，重新思考《大数据营销》课程建设问题时得出以下一些设想与建议。

1. 课程定位

课程设计时必须明确课程定位，应结合学生专业知识背景，关注课程建设过程中的特色及其聚焦。如课程重点是有关大数据营销的模式，则应加强案例讲解，鼓励学生参与基于大数据分析的营销策划活动；如课程重点是在数据分析软件的应用上，则应强调数据软件的学习和实践。如在我们研究的教学案例中，因为上海对外经贸大学授课团队首轮授课实施前期，内容整合得不够充分，导致课程分散、整体性差，学生学得内容太杂，无实际掌握软件和方法，评教自然不够理想。财经类院校学生与理工科院校学生相比，大多数学生统计和编程经验比较有限，在授课前必须合理规划。虽然学生们必须在课程中使用定量方法，但我们针对市场营销专业学生教育的目标不是培养统计方面的专家；相反，我们是要通过课程修读让学生获得与市场分析团队互动和协同管理的能力。

2. 教师团队

《大数据营销》是一门典型的学科交叉型课程，需要匹配一支能够覆盖品牌营销、客户管理、管理科学、行为科学、概率统计、数据挖掘、人工智能等多个领域的教师队伍，教师资源非常缺乏。为了调动学生学习的热情，多元化的教学手段与方法也对课程团队成员构成带来更多挑战。需要加大这方面师资引进及交流培训力度，才能更好地为优质课程资源输出做好人才储备。

3. 教材建设

适合各校课程定位的《大数据营销》教材需要在学校支持下有计划和有组织地进行，我们可以从学生知识结构和学习特点出发积极编写教材。结合本专业人才培养方案，既要有较强的学术性，反映大数据营销领域最新成果、知识、成就和技术，又要具备有利于开展课堂互动的教学适用性，引导学生主动思考，勇于创新。

4. 校企共建

为弥补大数据营销课程与营销实践上存在的差异，落实校企共建课程成为当务之急。其实，并不是所有的课程都适合做校企共建课程。因为《大数据营销》在课程内容上需要与企业实践紧密结合，不断提高实践教学比例，而且学生对教学效果要求也比较高，直接或间接影响着未来学生在职场中的竞争力。通过校企合作建设，让企业人员参与到部分内容的讲解，弥补教师资源的不足。我们甚至可以让学生扮演营销数据分析师的角色，以课程项目的形式组队深入企业一线，既增加社会实践的阅历，又可以把自己的智慧分享给企业。

5. 学生“干中学”

不同学生感兴趣的营销课题不同，让学生在实践过程中，找到自己喜欢的课题，增强学生动手能力。增加实践课程比重应注意对学生的实践课程进行进度追踪和成果检查，督促学生以克服学生的惰性，对完成实践的效率应做出要求；在实践课程中老师应与学生保持互动联系，从而予以学生技术上和理论上的帮助。通过学生实践让学生将理论知识和规则算法应用到实际中，解决实际问题而获得成就感，能够做到学以致用。课堂上，应充分调动学生积极性和主观能动性，让学生成为课堂的主角，激发学生课上课下的学习动力和学习成果，使学生在课程学习中找到乐趣和自信。

大数据背景下，市场营销方式发生变化，相应的市场营销的教学方法也要有针对性地进行改革，这既是市场营销专业适应企业需求的需要，也是对教育领域中全面深化改革的践行。本部分内容通过国内外大数据营销相关课程教学内容以及教学方法的研究，发现增加学生项目实践和课堂互动的比重，能够让学生将市场营销的理论知识应用到市场分析当中，提升学生思考和解决问题的能力。同时通过校企合作，鼓励学生参与实际操作和项目研究，能够切实提高学生专业技能并不断拓宽学生视野，增加整个学习阶段的信息量。未来在“大数据营销课程”建设逐步成熟后，我们可以考虑在上海松江大学城面向大学城范围开设跨专业选修课，鼓励学生们组成不同学科背景成员的项目小组，那将更好地让学生在“干中学”（Learning by Doing）过程中获得大数据营销决策所需要的广泛技术、深度的分析技能和团队协作与沟通技能。

第六节　“社交媒体与管理案例开发”课程建设总结
——兼论商学院如何应对存在合法性质疑

本课程旨在通过探索回应美国管理学会—管理教育与发展分会（Academy of Management，Management Education and Development Division）所提出的商学院危机。这些危机主要包括：由于论文导向高于管理实践的各类利益相关排名指标驱使，商学院日益被评价为与实践脱节，与企业现实情况脱节，忽视软管理技能的发展，缺乏与管理者的沟通和认同感（Pfeffer & Fong，2002）。此外，由于缺乏跨学科和多功能的整合、没有全球性视野、忽视治理和竞争力、缺乏使用信息和通信技术、缺乏对 IT 资源约束的理解，他们无法培养出学生与时俱进的管理能力。教师不从事教学，则无法建立以知识创造为中心的全球利益相关者网络；缺乏专业协会的多元化支持，对社会科学、艺术和人文学科一无所知，缺乏基于知识服务的市场技能，教师对管理教学缺乏足够的投入，并且缺乏管理方面持续的专业化提升（Pfeffer & Fong，2002；Mintzberg，2004；Khu rana，2007），这些都将导致商学院人才培养的失败，并导致社会对于商学院合法性的质疑。

一、课程的设计原则

参照美国管理学会管理教育与发展分会应对商学院危机的新型商学院教育原则，本课程设计的基本原则如下：

（1）与管理实践相结合。

（2）将研究与企业实际现象联系起来，明确行动研究计划。

（3）注重管理能力的软技能开发。

（4）关于人际关系、领导和对社会影响的再思考。

（5）管理学合理性的改进。

（6）跨学科整合和功能整合。

（7）全球视野。

（8）注重治理和竞争力。

（9）信息与通信。

（10）技术资源约束。

（11）教师参与。

（12）着眼于知识创造的全球利益相关者网络。

（13）师资整合。

（14）参与多元化专业协会的活跃教师。

（15）与“经典”、社会科学、艺术和人文学科的更多接触。

（16）面向知识服务的市场竞争。

（17）由实践引导学习。

（18）专业化。

二、课程原则的实现

具体在这门课程的教学中而言，我们是这样尝试和践行上述原则的：

1. 与管理实践相结合

将教学与管理实践结合纳入课程设计中，在课程教学期间与高科技公司广州Saliai干细胞公司进行案例研究，上海的S&W物流公司的焦点小组访谈也在课程期间进行。我们邀请一些优秀的学生到企业中参与研究活动。所有学生都有机会参与设计访谈内容，这些访谈内容是根据该公司的调查问卷数据通过探索性学习精心设计的。与管理实践的结合还体现在与企业CEO和高级管理团队探讨业务问题，这些业务问题涉及企业面临的跨部门沟通冲突，因此还需要了解企业的业务流程管理情况。这些商业问题反映出的研究问题与信息技术有关，该公司面临的ERP、OA的主要实施问题是该信息系统没有被大多数部门使用。相比之下，诸如微信和QQ之类的社交媒体通常用于业务流程管理，尤其是客户关系管理和知识管理。这种情况造成了一个悖论，认为ERP是为工作设计的，而社交媒体不是为工作设计的，而是为日常生活设计的。

2. 将研究与企业实际现象相联系

研究与公司实际现象之间的联系，包括明确应用研究实施：案例研究方法。在阐述行动研究和行动学习的原则后，学生们开始编写调查问卷，编写一份具有美国管理学会会议文章结构的学术报告，并使用哈佛大学参考文献规范。编码使用方法由麦吉尔大学的访问教授、现任管理科学院OCIS部门主席的Emma Vaast教授释义的讲解编码方法。

3. 管理能力

以管理能力为核心的软技能是通过团队工作提升的。学生们均通过团队合作分析调查问卷，设计访谈问题，通过Skype和WeChat视频进行访谈，撰写报告并通过课程教授的协调，向美国、巴西的教授展示了研究成果。这些管理能力与中国企业的主要问题之一有关：业务流程管理和信息技术实施，尤其是社交媒体用于企业管理的悖论。此外，除了对中国公司的管理人员进行采访外，所有的材料和信息交互均使用英语进行。

4. 人际关系

管理能力的发展使人们对人际关系、领导力以及对社会的影响有了更深刻的思考。团队工作包括大一、大二学生，他们以前选择的课程是由同一位教师授课的，本次课程中学生来自不同年级，授课教授由两位不同背景（一位擅长质性研究，另一位见长于定量研究）的教授来担任。除了教室里的学生小组之外，通过Skype和微信视频采访企业高管，通过焦点小组实地访谈一家上海企业以及三家公司高级管理人员来到上海对外经贸大学参加专题研讨会等，这些都能很好地训练学生的人际关系能力。

5. 商学院的合法性

学生可以通过公司高管的兴趣点来发现商学院的必要性。正是因为商学院的教育使得学生具备分析企业的组织和技术的能力，并推荐创新的商业方法，如业务流程管理和战略管理等要素，才使得我们的建议引起企业高管的兴趣。这一问题解决模式是行动研究的一个特点。通过行动学习，我们提供相应的报告给企业，在报告的最后，我们向这些公司提供了业务流程管理和信息技术实施方面的建议。

6. 跨学科与多功能的融合

通过问卷调查，数据分析中需要跨学科知识和集成应用的整合能力。第一，通过研究项目进行整合，包括公司的所有部门，从销售到营销、运营、财务、会计、人力资源、研发和 IT 都需要围绕公司目标实现来整合。第二，公司期望通过业务流程管理，特别是客户关系管理和知识管理实现第二次集成。第三，集成是依赖于 ERP、OA 等信息技术实现的，但当下更为有效地体现在通过社交媒体实现集成。

7. 全球化

本课程让学生通过 Skype 向美国、巴西和加拿大的教授介绍案例工作，以便从其他国家的教授那里获得建议，例如：爱丁堡大学，伊丽莎白·乔伊斯教授，英国；巴西里约热内卢联邦州立大学，弗拉维亚·马教授；加拿大现任 AOM OCIS 分会主席，麦吉尔大学 Emma Vaast 教授。

8. 治理与竞争力

通过关注信息技术对绩效的贡献，引入了对治理和竞争力问题的认识。学生分析的其中一份问卷是某公司的首席执行官填写的，这位 CEO 表达了他对公司使用的众多信息系统的关切，这些信息系统与竞争力或绩效没有明显的关系。在第二家公司，在焦点小组中，学生们和一个公司的 CEO 及两位副总裁进行了一整天的公司业务梳理，一起参与了该公司业务流程的重新设计。

9. 信息和通信技术

课程全程使用资讯与通信技术，包括与美国和巴西的教授进行 Skype 视频会议，以及通过 Skype 和微信视频对广州企业的管理人员进行“面谈”。

10. 技术资源约束

我们在课程中同时使用微信和电子邮件：电子邮件用来分享教材和收集作业；微信则用于及时帮助学生并听取学生的建议。

11. 教师参与

齐佳音教授和 Monod 教授通过电子邮件和社交应用软件与同学们充分沟通。两位教授带着学生调研了一个公司，有三名学生组成了一个焦点小组。不仅如此，两位教授还邀请公司的经理们来到校园内，在周末与学生们进行了企业管理与社交媒体应用的互动。

12. 以知识创造为中心的全球利益相关者网络

行动研究和行动学习允许构建一个着眼于知识创造的全球利益相关者网络。学生首先进行问卷的开放编码，使他们能够准确解读来自管理者面谈的定性信息，然后根据需要再确定进一步访谈的需求。学术报告的撰写提供了与美国和巴西的不同教授互动的机会，这可以帮助同学获得不同视角的商业理解。

13. 功能整合型教师

齐佳音教授和 Monod 教授专攻管理系统，均有多年 MBA 和 DBA 课程的教学经历，参与了不同管理领域的知识授课，如 Monod 教授在战略管理、组织行为、市场营销和人力资源等领域；齐佳音教授在大数据营销、数据挖掘、管理决策等领域。他们多年来持续参加相关领域的高水平国际会议，对本领域的学科发展以及产业发展有一定的理解。

14. 参与多元化专业协会的活跃教师

齐佳音教授和 Monod 教授都参加了 AOM 的管理教育与发展分会会议，其中 Monod 教授是 AOM 两个分会的负责人，包括管理教育与发展分会以及管理咨询分会。齐佳音教授多次担任国际相关研讨会议的主席，组织全球此领域学者进行知识分享。

15. 与“经典”和社会科学的更大接触

案例分析所用的理论既有竞争优势等经典管理理论，也有超级竞争等创新管理理论。除此之外，还有社会学和哲学方面的理论。例如，布迪厄的社会学实践理论被用来分析跨部门的沟通问题。本次研讨课程中发现，笛卡尔的理性哲学与海德格尔的现象学在用来分析企业信息系统和社会媒体对管理的贡献时，各有用武之地：笛卡尔的思想更加适合于解释企业信息系统的部署，而海德格尔的思想则对解释社交媒体的企业应用更加有效。哲学基础对理解社会媒体悖论的贡献将在 2018 年秋季的课程中进一步阐述，将这两种哲学介绍给学生，作为分析社会媒体的理论框架。

16. 知识服务市场竞争

上海 S&W 物流公司的焦点小组由三名学生组成，调研市场营销、管理咨询和公司治理中使用的技术。它培养学生对于管理的理解，同时我们的调研所形成的报告对于企业也有一定的价值。

17. 把实践者带入学习过程

通过 Skype 和微信对广州某高科技公司的管理人员进行访谈。上海 S&W 物流公司的焦点小组包括来自所有部门的 20 名经理，其中三位高级管理人员分别来自德国 Stabilus 公司、青岛公司（青岛机械）和美国公司（Elextrolux），他们在一天内与学生互动。随后部分学生进一步与这些管理者交流以分析他们的公司情况。这些工作，形成了两篇 2018 年美国管理学会年会的会议论文。

18. 专业化

通过团队合作、在团队中陈述研究结果、将业务流程管理作为公司的业务问题，在此基础上讨论社会媒体在企业管理中的作用，进而完成专业化管理人才训练和培养。

三、结论

商学院最初是与商会和其他专业机构联合创建的。然而，目前与管理实践缺乏联系却成为对商学院的第一批评（Pfeffer & Fong，2002）。因此，加强与管理实践的联系是我们这门课程设计的首要原则。案例研究方法通过行动研究和行动学习进行解释，一旦这些案例研究不仅涉及调查问卷，而且涉及访谈和公司访问，将更能促成管理教学、管理研究与企业实践的对接。虽然团队合作和课堂演讲也是开发学生管理能力技能的一个重要环节，但是关注诸如业务流程实施和技术实施等真实公司问题却为团队合作和课堂讲演提供“真材实料”。通过与高级主管的谈话，可以帮助学生更深入地思考人际关系、领导力以及商业对社会的影响，也使学生对于管理学院合法性认识得以提高。学生可以通过对调研公司中的导致组织冲突的跨部门沟通问题来发现跨学科和职能整合的重要性。

在本次课程教学中，全球化是通过与美国和巴西教授的 Skype 演示进行的。通过向学生展示研究应该如何从真正的商业问题开始，关注公司治理和竞争力，这些根本性问题都是公司的 CEO 和高级主管需要制定的。在整个课程中，我们使用了信息和通信技术更加有效地来打造一个无围墙和无国界课堂。教师向学生展示了如何以案例研究方法作为解决问题的方式与公司打交道，展示了如何创建一个以知识创造为重点的全球利益相关者网络，并让实践者进入学习过程，促进面向未来的人才培养。

教学过程专业化。该课程的两位授课教授积极参与了相关学科的各类学术研讨活动，并在所研究领域有长期跟踪。本课程是根据参照美国管理学会管理教育与发展分会应对商学院危机的新型商学院教育原则而设计的。美国纽约佩斯大学美国管理学会管理教育与发展分会当选主席艾伦·艾斯纳教授在其中一节课中通过 Skype 与学生进行交流，并与本次研讨课程班的一名学生（李燕）合写了一篇论文，并在 AOM 2018 宣讲（Monod E.，Eisner A.，Hillon Y.，A.，L.& Li Y.，2018）。另一篇发表论文也来自这个研讨会的学生（龚天玥），还包括本课程的授课教师之一 Monod 教授（Monod，Davis，Sun 和龚，2018）。本研讨班还有数位学生与课程教授齐佳音共同在夏威夷信息系统年会（2019）发表学术论文一篇，并将参加会议并宣讲。

本课程教师齐佳音教授、Monod 教授向所有为本研讨课做出贡献的人士表示衷心的感谢，包括来自美国、加拿大、巴西的大学同行、上海以及中国其他地区的企业高管，当然还有最重要的利益相关者——我们的学生。

本章小结

上海对外经贸大学市场营销专业在全英语教学、原创案例教学和实验模拟教学方面具有鲜明的特色，“市场营销”（英）课程获得国家级双语示范课程，“国际市场营销”（英）等多门课程获得上海市全英语示范课程，专业队伍撰写的案例多次在全国百优管理案例评选、上海 MBA 案例比赛等案例评选比赛中获奖。在上述特色基础上，专业队伍针对新经济时代的环境变化，还在不断探索新课程建设和新教学方法。本章从市场营销专业建设的思路与方法、本土商科管理类课程案例开发与教学研究、营销模拟教学对师生互动营销的实证研究、“消费者行为学”课程中学生参与情况的研究、“大数据营销”新课程设计规划、“社交媒体与管理案例开发”（英）课程建设总结等几个方面，全面反映了上海对外经贸大学市场营销专业在专业建设、新课程建设、原创案例开发、实验模拟教学及教学效果研究等方面的成果与实践探索。

第九章 文化产业管理专业改革实践
——以上海对外经贸大学为例

进入新时代，我国社会主要矛盾已经转化为人民日益增长的美好生活需要和不平衡不充分发展之间的矛盾。同时，党的十九大报告指出：满足人民过上美好生活的新期待，必须提供丰富的精神食粮。文化产业作为一个新兴产业，不仅可以优化产业结构，推动产业升级，更在文化传承与创新中发挥了不可替代的作用。为推动文化产业的发展，必须健全现代文化产业体系和市场体系，创新生产经营机制，完善文化经济政策，培育新型文化业态，所有的这一切需要文化产业领域的人才来完成，作为人才培养的重要基地的高校理应担负起这一重任。自20世纪90年代以来，随着文化体制改革的深入和文化产业的快速发展，全国各大高校纷纷开设文化产业管理专业。同时，在新时代背景下，文化产业管理专业的知识体系应适时变化以应对新时代下社会对文化产业管理人才提出的新要求。

第一节 文化产业管理专业课程改革

一、文化产业与文化产业管理专业

（一）文化产业

要了解文化产业管理的知识体系首先要对文化产业和文化产业管理有清晰明确的认识。早在1998年，我国文化部就成立了文化产业司，但是“文化产业”这一概念却迟迟未提出，直到2000年10月在国务院的公报《中共中央关于“十五”规划的建议》中首次使用了“文化产业”这一概念，并提出“完善文化产业政策，加强文化市场建设和管理，推动有关文化产业的发展。”从此，文化产业频繁出现在政府文件中。一直到2017年，党的十九大报告中再次提出“推动文化事业和文化产业发展”。联合国教科文组织（UNESCO）认为文化产业是以无形文化为本质内容，结合创造、生产与商品化的产业，包括报纸杂志业、影视音像业、出版发行业、旅游观光业、演出娱乐业、工艺美术业、会议展览业、竞技体育业和教育、培训业等①。由此可见，文化产业包括两方面的含义，一是文化的产业化，二是产业的文化化（赵品媛，2010）。

（二）文化产业管理专业

从字面上看，文化产业管理是指对“文化产业”的管理，可以定义成管理者为了向广大文化产品消费者提供高质量的产品与服务，对文化产业中的人、财、物进行计划、组织、指挥、协调与控制的活动。其实，文化产业管理专业并不是紧跟着文化产业的出现而出现的，在教育部颁布的本科专业目录中，文化产业管理的相关专业最早出现在1993年上海交通大学下设的文化艺术管理本科专业。2004年1月，国家教育部在压缩、整顿、合并现有本科专业的大背景下，破例在山东大学的历史文化学院首次增设了“文化产业管理”本科专业，该专业正式登上中国高等教育院校本科教育的舞台。有了山东大学历史文化学院的成功实践后，“文化产业管理”专业在全国众多高校纷纷设立。同一年，教育部批复文化产业管理本科专业在中国传媒大学、中国海洋大学、云南大学试点开办。截至2017年底，经国家教育部备案或审批同意设置的高等学校本科文化产业管理及相关专业的高校共有194所。

二、文化产业管理专业知识体系面临的挑战

在新时代背景下，文化产业管理专业的知识体系主要面临以下几方面的挑战：

（一）文化产业管理的学科定位

文化产业管理涉及三个领域，分别是文化、经济和管理，专业涉及艺术、经济和管理三个学科门类。因此文化产业管理的学院归属与授予学位问题就变得有争议起来。有些学校将文化产业管理放在“历史文化学院”“社会科学系”“历史与社会学院”等历史和社会科学类的二级学院下面，如山东大学、华东政法大学、广西师范大学等；有些将文化产业管理放在文化和传播类的二级学院下面，如“文学院”“人文学院”“传媒学院”“文化与传播学院”等，这样的院校有厦门理工大学、安徽师范大学、上海视觉艺术学院等；有些学校将文化产业管理

---

① http：//portal. unesco. org/culture/es/files/30297/11942616973cultural _ stat _ EN. pdf/cultural _ stat _ EN. pdf.

专业放在“艺术学院”“艺术文化学院”等二级学院中，如内蒙古大学、湖南商学院等；也有些院校直接放在管理类学院中，如“文化产业管理学院”“工商管理学院”“经济管理学院”和“公共管理学院”等，这样的院校有中国传媒大学、浙江工商大学、上海对外经贸大学、云南大学等。

学位授予方面，2012 年之前教育部颁布的本科专业目录中只是将文化产业管理专业划分到商科类下，对于学位授予方面并没有特别强调。因此，在 2012 年之前，大部分院校的文化产业管理专业授予的是管理学学位，如山东大学、中国海洋大学、云南大学、中央财经大学等，但是也有院校授予其他学位，如内蒙古大学、四川文理学院、云南艺术学院等院校给文化产业管理专业授予文学学位。但是在 2012 年教育部最新颁布的本科专业目录中虽然仍将文化产业管理放到工商管理一级学科下，但是也特别强调，该专业既可以授予管理学学士学位也可以授予艺术学学士学位。

从上述学院归属问题和学位授予的问题中不难发现，文化产业管理作为一个新兴的专业，具有完全跨学科、跨专业的特点，教育部与许多院校对其的认识还处在探索阶段。同时，与文化产业管理相近的专业如会展经济管理、艺术管理、艺术品市场管理也面临同样的问题，因此就有学者建议将文化产业管理设置成一级学科，如刘志华和陈亚民（2011）认为高校文化产业管理专业的定位在“文化”和“产业”两个极端摇摆不定，为了改变当前文化产业管理学科归属杂乱的现象，需要将文化产业管理设置成一级学科，使其不再依附任何学科，明确学科定位。殷亚丽（2015）也赞同将“文化产业管理”专业设置成一级学科，归属于管理学学科门类，除了上述原因之外，她还认为一些院校在文化产业管理专业下设置很多专业方向，这对于一个二级学科来说是完全不利的；如果将“文化产业管理”设置成一级学科，高校就可以根据《普通高等学校本科专业目录》，对相关的教学、管理、研究资源进行合理的配置，明确人才培养的目标，满足社会对文化产业管理人才的需求。

（二）文化产业管理专业人才培养目标

文化产业内涵丰富，人才培养的目标也是多种多样的。在明确专业归属、授予学位以及建立独立学科后，需要对人才培养的目标进一步明确。

从各高校公布的文化产业管理专业的人才培养目标可以看出，“复合型人才”出现的次数最多。多数高校都以培养复合型人才为目标，并辅以本校优势资源予以结合，例如，山东大学文化产业管理专业的培养目标是培养具有纵贯古今的文化视野和现代产业理念及经营技能的复合型文化管理人才；同济大学文化产业管理专业的培养目标是培养具有广阔文化视野和丰富人文知识、现代管理理念及经营技能的高层次复合人才；华东政法大学根据自身法律专业背景提出文化产业管理专业的培养目标是具备高文化素质、熟悉文化政策和法律知识，系统掌握公共管理和商业经营专业知识，能够在文化行政职能管理部门、文化企业、事业单位与高校、科研机构从事文化产业管理、文化产业经营、文化活动运作、文化产业研究中从事文化产业管理的复合型专门人才。

文化产业管理专业的复合型人才可以用“懂经营、会管理、善策划、精制作”来形容，这种人才培养目标虽然很理想但是却非常难达到。复合型人才需要掌握的知识是跨学科跨领域的，仅一个学科（如管理学）往往就需要大学 4 年的时间来学习，如果同时学习三个学科领域的知识并且能够将之融会贯通至少需要 12 年的时间，因此往往此类复合型人才培养的结果就是所谓“万金油”型人才，即所有领域都懂，但是却不精。随着社会分工的逐渐细化，以及对市场、对文化产业管理高端人才的需要，就涉及人才的“专”与“全”的选择，此类复合型人才的培养目标会逐渐被淘汰掉。因此，文化产业管理专业的人才培养目标还应该具体化、明细化，同时还要与时俱进。

（三）文化产业管理的课程设置

人才的培养需要科学的课程设计，目前高校文化产业管理专业的课程基本上都包括三个方面：文化学、管理学与经济学。例如，山东大学文化产业管理专业的主要课程有文化基础和文化资源类、管理类、经济与政策法规类以及语言和信息技术类；同济大学文化产业管理专业的主要课程分为人文通识课程、专业基础课程以及专业特色课程。

从表 9-1 可以看出，不同学校对于文化产业管理有不同的理解和认识，再加上学校自身的资源不一，各有各的优势，因此就形成了目前中国高校文化产业管理本科专业的课程繁多复杂，各有千秋，但是却又缺乏较完整的系统性。随着文化产业的发展，文化产业管理学科也在不断变化着，如作为第一批经教育部批准设立文化产业管理的四所高校之一，云南大学在 2012 年之后撤销文化产业管理本科专业，只留下文化产业管理研究生专业。

表 9-1　高校的文化产业管理专业主要课程设置

学校	主要课程
山东大学	文化基础与文化资源类课程：如文化资源概论、文化传播学、艺术基础、美学概论、宗教文化、中外文学艺术比较、中国传统艺术、应用民俗学等；一般管理类及文化产业管理类课程：如文化产业概论、管理学概论、公共管理学、文化经济学、文化投资学、文化产业管理、文化产业项目策划、文化产业经营管理案例分析等 政策法规类课程：如经济法学、文化法规基础、人文自然遗产与保护、知识产权与文化产业、中外文化体制与产业政策比较、文化法规案例分析等；语言和信息技术类课程：如专业外语、西方文化原著选讲、信息技术与文化产业、网络管理等

续表

学校	主要课程
中国传媒大学	文化基础类：文化学、中国文化史、中国文化交流史、文化资源概论、公共部门公共关系、文化政策与法规、艺术基础、美学概论、世界文化简史、民俗学、宗教文化概论、文化地理学、文博基础 经济产业类：产业经济学、文化产业概论、影视产业概论、动漫与数字产业概论 管理类：管理心理学、文化市场营销学、管理信息系统、文化管理学、会计学、应用统计、公共事业管理学、文化资源概论、公共部门公共关系、文化政策与法规、文化管理理论与实践、广告学、文化项目策划实务、文化地理学、出版管理学、文化旅游概论、管理文秘等
中国海洋大学	文化产业概论、世界文化产业概要、中国文化概述、世界文化概述、文化政策与法规、管理学原理、文化市场营销学、文化产业经营管理案例、项目策划与管理、平面设计、三维动画设计
云南大学（截至2016年）	文化基础类：文化产业概论、旅游学概论、文化产业经济学、中国文化史、文化旅游资源概论、世界遗产概论、应用心理学、旅游文化概论、旅游美学、中外礼仪、中外民俗、东西方文化比较、实用写作、中国文化概论、文化产业与旅游经济、专业英语等课程 管理类：管理学原理、人力资源管理、市场营销学、跨文化管理与交际、旅游文化产业项目策划与管理、组织行为学等

（四）文化产业管理专业的教材编写

课程的设置必须要以相应的教材予以配合，这样才能达到教有所据，学有所依。但是文化产业管理跨学科跨领域的性质增加了教材的编写难度，因此虽然经过十几年的发展，但是可供文化产业管理学科的教材数量仍然稀少，全国还没有一套专门的文化产业管理教材，各个院校基本上根据自己原有的学科特色开设自己的相关课程。几类影响相对较大的教材系列如 2002 年由上海文艺出版社出版的《面向世纪文化管理系列教材》，2005 年云南大学出版社出版的《高等学校文化管理类专业系列教材》，2006 年山西人民出版社和书海出版社联合推出的《高校文化产业管理专业教材》，2007 年湖南出版社《文化产业概论》被教育部列入“十一五”国家级规划教材，2009 年由中山大学出版社出版的《世纪应用型本科系列教材文化产业类》系列教材，2015 年由清华大学出版社出版的《“十二五”普通高等院校文化产业管理系列规划教材》算得上是文化产业管理专业中比较新的教材，2018 年 1 月，由向勇教授任总主编，编写的《21 世纪文化产业管理系列教材》，是这一专业领域内最新的一套教材。

三、文化产业管理专业课程改革思考

知识体系的塑造需要以课程体系为基础，从文化产业管理知识体系所面临的一系列挑战可以看出，为了紧跟文化产业的发展节奏，文化产业管理专业的课程体系需要做出相应的改革，不仅在课程设置方面，而且在学科建设的人才培养目标、课程设置、教材编写方面都要与时代和市场结合，与需求接轨。

（一）加快文化产业管理专业以及学科建设

首先，文化不仅是一个民族的灵魂、一个国家的软实力，文化产业更是一个国家综合国力的体现；其次，文化产业管理涉及艺术管理、会展经济与管理、体育经济与管理、国际文化贸易、媒体创意、休闲体育、会展艺术与技术、数字媒体艺术等多个学科；最后，建立一个统一并独立的学科有助于在政策层面上解决多学科难管理的问题。基于此，提出文化产业管理本科专业的学科定位预设：争取设立文化产业管理一级学科，建立统一的文化产业理论体系和课程体系。

（二）培养目标应与高校自身教学资源相结合

文化产业管理专业人才培养遵循文化市场发展规律，并与高校自身教学资源优势相结合，不求“大而泛”的复合型人才，只求“精而专”的特色型人才。例如，高校可以在创意策划人才与经营管理人才中选择培养。创意策划人才的培养目标侧重于拥有扎实的文化基础知识，宽广的文化视野以及对于文化艺术有强烈的敏感性，同时具备将文化艺术转化为文化产品的技术和能力；经营管理人才需要掌握文化艺术市场的经营管理知识，包括市场营销、人员管理、财务管理等基础知识，并能将其灵活应用于文化产品市场中。

（三）设置有一般标准与特色导向相结合的课程体系

科学合理的专业课程体系是知识体系建设的一项核心内容，在设置专业的主要课程时必须要与人才培养目标相一致，为了避免培养出“泛而不精”的人才，在借鉴国内优秀的文化产业管理专业教学体系的基础上将课程分为专业基础、专业主干以及专业延伸三个层次，同时在这三个层次之余增加一些实践实训方面的课程（见图9-1），这方面课程可以根据市场对人才的要求能够不断调整，构成实践实训的动态类课程，以期培养出以深厚文化为基础，以经营管理为主导并能在实际的文化产业运营管理中将所学知识灵活运用的人才。

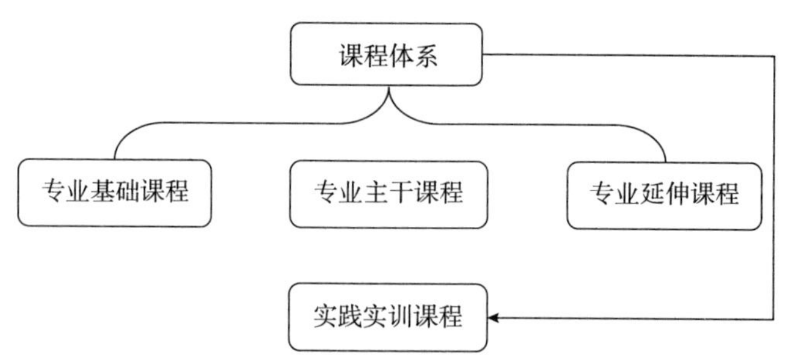

图9-1　文化产业管理专业课程体系

具体设置的课程可以分为管理学、经济学、文化学、艺术基础、美学概论、文化政策与法规等基础课程；突出文化产业管理学、文化产业项目策划、文化市场调查方法、文化市场营销、文化产业项目投资与融资、文化产业项目管理等核心专业方向课程以及结合当地或者本校优势学科资源而开设的课程，如贵州民族艺术学院开设文化遗产经营管理，中国传媒大学开设形象设计与推广，浙江农林大学开设与茶文化有关的课程。

另外，实践类课程可以分为两个方面："走出去"和"引进来"。"走出去"和"引进来"都涉及校外单位，高校与政府部门、文化演艺公司、文化团体等单位建立长期的合作关系。"走出去"是指高校可以建立校外实习基地，文化产业管理专业的学生能够走出校园，到文化企业中体验文化产业的工作环境和业务流程，并且用理论联系实践，将所学习的专业知识应用到实际工作中；"引进来"是指在校企合作之后，高校设立"文化大讲堂"，学校通过定期邀请知名文化产业类的企业家到学校内进行交流和授课，或者开展讲座，以这种形式增加师资来源，这样不仅可以让学校师生接触到文化产业在市场上最新的动向，也能让文化企业了解高校人才的培养状况，了解最新的文化政策和文化产业的发展趋势等。

（四）编写与课程相适应的文化产业管理专业教材

优秀的教材是课程的载体。根据文化产业管理知识体系的变化以及人才培养目标，文化产业管理专业的教材编写应注意以下几点：

首先，教育部相关机构或者全国性质的文化产业管理组织应该邀请文化产业管理知名学者以及文化产业领域的知名企业家共同商定教材的制定。

其次，制定出编写教材的原则："理论+案例"，突出文化产业与传统产业的不同。由于文化产业管理专业属于管理学的范畴，那么教材的编写应该保证理论基础的重要性，同时重点突出文化在管理领域的实践案例，教材的编写应该以最新的研究成果和典型的案例相结合，而且在案例中要重点突出文化产业与传统产业的不同，做到理论扎实，特色鲜明。

最后，教育层次也影响教材的编写，专科生的教材重实践，本科类学校需要突出理论知识，研究生则更倾向于学术研究。因此专家在编写教材的同时必须充分考虑到不同教育层次的人，力求摸索出符合本专业的配套教材。同时，文化产业的发展一日千里，因此教材并不能一成不变，需要根据文化产业的时代发展实际需求适时调整。

第二节 新时代文化产业管理专业再造实践

随着我国社会迈进新时代，我国文化产业的发展业进入了一个新的阶段。在新的历史时期，本院文化产业管理专业建设迎来了新的机遇。下面就新时代背景下，上海对外经贸大学文化产业管理专业的再造实践进行阐述。

一、专业发展基本概况

文化产业管理专业于2014年6月启动新专业设置申报，于2015年3月13日成功获批，并于2015年9月以工商管理类“大平台”形式招收本科生。2016年7月，文化产业管理系成立，本系现有专任教师7名，其中教授1名、副教授3名、讲师3名，均拥有博士学位。同时，本校的文化创意产业研究院与文化产业管理系紧密合作，共享各种教学科研资源，研究院共有专兼职教师7人，其中教授3人、副教授4人，为本系师资和教学科研方面提供了支持。

本校的文化产业管理方面的研究成果较为丰富。自2012年以来，本校教师共承担文化产业方面的国家社科基金课题6项，省部级课题10项，承担各类横向委托课题5项，在国家核心期刊上发表相关论文49篇，出版相关专著和教材10部，其中有些成果还得到了学术界的关注，为文化产业管理专业的教学和科研进一步发展奠定了良好基础。本校系教师在全校范围开设了文化产业方面的课程，如《产业经济学》《跨文化管理》《时尚与奢侈品营销》《中外文化发展史》《中国传统文化思想》《旅游文化管理》和《文化产业项目管理》等，受到学生的喜爱。

在院校的支持指导下，经过专业全系教师持续不断的努力，在培养目标定位、课程体系架构、课程内容选择、师资队伍建设等方面，已完成初步的专业建设工作。本系的文化产业管理专业人才培养目标定位为“文化贸易与创意产业经营管理”。文化产业管理专业的培养模式特色可概括为“一个定位、两个支撑、三个模块”。①一个定位：培养具备人文社科视野和文化艺术修养，既懂文化贸易理论及实务操作，又懂创意产业经营管理理论与实务的“文化贸易与创意产业经营管理”复合型专业化应用人才，着重培养影视、演艺、数字娱乐和出版物等领域的从事文化产品贸易、文化产品营销与经济、文化企业运营管理等方面的中高级人才。②两个支撑：为实现“文化贸易与创意产业经营管理”复合型专业化应用人才的培养目标定位，由“文化创意实践实训支撑体系”和“文化投融资实践实训支撑体系”作为两大重要支撑。③三个模块：“文化贸易与创意产业经营管理”复合型专业化应用人才素质通过“产业经营管理模块”“文化营销模块”和“文化贸易模块”三大模块的课程教学与社会实践及模拟活动等环节保障。为实现上述人才培养特色，我们将实施“产学研融合下的项目训练教育教学模式”，从学生接触到专业训练时起，借助实习实践基地，通过各类实践实训项目的设计与实际操作，落实学生培养的总目标和具体目标。

二、专业培养目标与培养方案

（一）专业培养目标

文化产业管理专业旨在培养掌握经济学、管理学及文化学基本理论与方法，具有宽阔的文化视野和现代管理意识，熟悉经济管理、金融贸易、文化法规及政策，具备较强规划、决策、组织、策划、创意以及沟通协调能力，具备较强社会调研和信息处理能力；熟练掌握文化产业经营管理与文化营销策划理论知识和实操技能，熟练掌握文化贸易与文化金融理论知识和实操技能；能够在文化产业及相关产业（如影视业、演艺娱乐业、数字动漫业、电竞业、会展旅游业、文化传媒业等）、政府文化管理部门及文化事业单位从事文化经营管理、文化营销与策划、文化贸易、文化经纪、文化教育培训等工作，具有"诚信、宽容、博学、务实"素质的复合型专业化高级应用人才。

文化产业管理专业的学生通过学习文化产业管理、文化贸易、文化营销及相关学科的理论与方法，接受文化理论、文化产业经营管理、文化贸易和文化营销等方面的基本技能训练，掌握文化产业经营管理、文化贸易和文化营销方面的分析问题和解决问题的基本能力和实操技能。培养的规格及标准如下。

1. 知识结构

本专业学生应掌握管理与经济、贸易与营销、产业与金融、文化与历史等学科的基本基础知识和理论。掌握文化产业经营管理、文化贸易学、文化营销学、国际金融、跨文化管理、文化资源概论、文化政策与法规等方面的专业知识和理论；了解国家的文化战略与政策及相关法规，熟知我国文化产业和现代服务业的发展趋势。

2. 能力要求

通过培养，本专业学生应具备解决本专业实际问题的基础能力，具有较强的创意产业经营管理能力、文化贸易和文化营销策划的实务操作能力；具有较高的文化艺术修养和文学审美能力，具备相应的观察透析能力、分析判断力、趋势预测能力，熟悉我国文化产业管理的有关方针、政策和法规以及国际文化产业管理的惯例与规则，把握文化产业的未来发展趋势。

3. 素质要求

通过培养，学生应具有坚定的政治方向，信念执着，品德优良；牢固树立科学的世界观、人生观与价值观，具有敬业爱岗、团结协作的精神；有较好的身体素质和心理素质，具有国际视野的高素质专门人才和拔尖创新人才。

（二）培养方案

文化产业管理专业学生致力于培养知识能力素质"三位一体"的国际化文化产业管理人才，各方面目标、方式方法、相应课程如表 9-2 所示。

表 9-2 知识、能力和素质矩阵

要素	内容	目标要求	方式方法	核心课程
知识	①自然科学知识 ②人文科学知识 ③数学知识 ④专业知识 ⑤为专业服务的其他知识 ⑥有关当代的其他知识（国内外）	①具有广泛的自然科学知识，了解自然科学领域的经典理论和最新发展状况等 ②积累丰富的人文科学知识，具有一定的文学、历史、哲学、艺术、法律等方面的知识 ③熟练掌握高等数学的主要理论和思维方法等 ④具备扎实的专业知识、掌握文化产业管理经营管理的理论、工具、方法与技能，且能结合实际运用 ⑤掌握经济管理、文化产业、金融财税等相关知识，熟练掌握一门外语，能够熟练使用计算机和互联网，并且掌握文献检索、资料查询分析的基本方法等 ⑥了解国内外政治、经济、文化事件并能理解其发展的过程及机理	①自然科学知识通过课程讲授、小组教学、习题课、实验和作业等进行教学 ②人文科学知识通过课程讲授、小组教学、作业、社会实践、社会调查等进行教学 ③数学知识通过课程讲授、小组教学、习题课、作业等进行教学 ④专业知识通过课程讲授、小组教学、案例教学、实验教学、第二课堂、社会实践等进行教学 ⑤为专业服务的其他知识通过课程讲授、小组教学、案例教学、实验等进行教学 ⑥有关当代的其他知识通过课程讲授、专题报告、小组教学、案例教学和社会实践调查等进行教学	①科学与创新等模块课程 ②大学语文、哲学与社会、历史与文化、文学与艺术等模块课程 ③微积分、线性代数、概率论和数理统计、统计学、数学思维与经济分析等课程 ④文化产业管理、文化贸易、文化产业经济学、大众传媒管理、演艺娱乐经营管理（英）、文化资源概论（英）、文化产业政策与法规、文化经纪理论与实务、文化营销学、跨文化管理等专业课程 ⑤微观经济学、宏观经济学、计量经济学、国际贸易、国际贸易实务、财务管理、财务报表分析、经济法、英语、计算机应用基础等 ⑥政治经济学、形势与政策、政治经济文化等前沿报告
能力	①终身学习能力 ②发现问题、分析问题、解决问题能力 ③逻辑思维能力 ④实践工作能力 ⑤表达、交流沟通能力 ⑥通用技能和写作能力	①树立终身学习观念、具备较强的学习能力 ②在学习和实践中能够独立思考、善于发现问题、分析问题、解决问题 ③具备较强的逻辑思维能力，能大胆设想，敢于创新 ④能把学习到的知识和理论灵活运用到实践中去，能够适应现场工作，应对危机与突发事件 ⑤具有一定的演讲能力、善于表达，人际沟通与信息获取能力较强	①通过专业课教学改革（将一定课程内容交给学生自学等）逐步提高学习能力，并通过课程论文（重在文献检索与综述）来提高 ②通过案例教学提高发现问题、分析问题、解决问题的能力 ③通过小组讨论、辩论会、案例教学等多种方式提高逻辑思维能力 ④通过实验教学、社会实践、毕业实习等锻炼实践工作能力 ⑤通过课程中的课程辩论、课程作业课堂展示和书面报告，锻炼提高口头表达	①演艺娱乐经营管理（英）、文化经纪理论与实务、文化营销学、国际贸易、国际金融、财务管理、财务报表分析等课程 ②文化产业管理、文化产业经济学、大众传媒管理、演艺娱乐经营管理（英）、文化经纪理论与实务、文化资源概论（英）、文化产业政策与法规、文化产业管理学、市场营销学等课程 ③数学思维与经济分析、管理信息系统、财务报表分析、财务管理等课程 ④文化发展规划实验、商务英语应用能力自主训练（多媒体）、国际商务模拟训练

续表

要素	内容	目标要求	方式方法	核心课程
能力	⑦团队合作与协调能力 ⑧组织、领导和管理能力	⑥掌握通用的办公技术、信息与通信手段等；收集文献、处理调研信息和写作能力 ⑦具有团队合作的意识，善于团队合作和组织协调 ⑧具备较强的组织、领导和管理能力，积极参加各项实践及公益活动	能力、公众演讲沟通能力 ⑥通过课程教学、课堂作业、实习等环节实现通用技能提升；文献及调研信息处理和写作能力 ⑦通过课程分组教学、小组作业、小组演讲课题和小组社会实践报告等方式培养团队合作意识和精神，提高团队合作能力 ⑧通过团队合作、小组任务等培养组织、领导和管理能力	项目、职业生涯规划、创新创业拓展、毕业实习等课程 ⑤文化产业管理、市场营销学、大学语文、文化经纪理论与实务等课程 ⑥职业生涯规划、创新创业拓展、计算机应用基础、统计学、计量经济学、管理信息系统、毕业论文等课程 ⑦创新创业拓展、军事理论与训练、社会实践及专业课等课程 ⑧创新创业拓展、军事理论与训练、社会实践等课程
素质	①身心健康 ②道德修养 ③民族精神 ④理想信念 ⑤国际视野 ⑥人际交往 ⑦团队合作	①具有强健的体魄，健康向上的心态 ②遵守公民道德规范，具有良好的道德修养 ③具有强烈的爱国主义精神和民族自豪感 ④树立坚定崇高的理想信念，拥护党的基本路线与方针 ⑤关心国家大事，具有广阔的国际视野和国际意识 ⑥具有较强的适应能力、承受能力和人际交往能力，能与他人和睦相处 ⑦具有良好的团队合作精神和较强的组织协调能力	①通过体育课、军事教育与训练、体育比赛、思政课等提高学生的身心健康 ②通过思政课、参与公益活动等培养道德修养 ③通过军事教育与训练、外出参观、爱国主义讲座等使学生树立民族精神 ④通过专题讲座、创业大赛等增强学生的理想信念 ⑤通过国际交流、开设专题讲座开拓学生的国际视野 ⑥通过课堂教学、社团活动、社会实践等培养学生的交往能力 ⑦通过运动会、班级活动、实践活动等培养学生的团队合作精神	①体育与通识教育课的各类选修课程 ②思想道德修养与法律基础、马克思主义基本原理等课程 ③中国近代史纲要等课程 ④中国近代史纲要、毛泽东思想和中国特色社会主义理论体系概论等课程 ⑤形势与政策和通识教育课的各类选修课程 ⑥公共关系学、社会实践、毕业实习等课程 ⑦社会实践、毕业实习等课程

三、师资队伍建设

（一）教师队伍总体情况

文化产业管理专业目前有 7 名专任教师。除了培养现有教师之外，我们加大引进具有文化产业管理学科背景的应届博士，进一步提高了师资队伍的教学科研能力。在 2012~2014 年，实现了 2 位专任教师的高级职称晋升和聘任，形成了目前学院背景多元化、知识结构合理、职称结构梯度较为明显的专业教师队伍。专任教师中，多名教授和副教授自 2014 年起到多家企业和学术社团进行社会兼职。文化产业管理专业目前的专任教师在性别、年龄、学历学位、职称、学院等方面的分布比较合理。

根据文化产业管理课程设置和建设目标的要求，本系的师资仍然不足，仍需引进文化产业类的专业师资；而且，在专业教师与国外的交流、专业教师参与文化企业经营管理实践、专业教师参与专业培训提升等方面仍亟待加强。同时，也应拓展多种渠道，引进海外师资，聘请文化产业界的高级管理人才为兼职教师。除专任教师外，工商管理学院为本科教学的全英语实验班聘请了 8 位校外教师，主要来自美国、加拿大、英国等世界名校。

（二）教师科研成果

科学研究可以使教师保持对前沿理论的敏感性，加深对文化产业管理相关问题的理解，并综合运用多种相关理论解决问题，从而带动课堂教学内容同时向深度和广度两个方向发展，激发学生的学术研究兴趣。文化产业管理专业充分利用学校自 2005 年启动的研究团队培育计划，以教授和副教授为主，每年通过申报研究项目的方式，吸收 2~3 名本专业教师加入学术团队、课程建设团队、教材编写（译）团队，以提升教师的综合能力和水平，促进教师间的团队合作。

在专业教师的共同努力下，文化产业管理专业在科学研究方面取得了相应的成果（见表 9-3）。2012~2018 年，文化产业管理专业教师共获得科研课题立项 13 项，其中国家级项目 1 项、省部级项目 6 项、委局级项目 6 项。共发表学术论文 23 篇，其中 CSSCI 论文 12 篇、SSCI 论文 1 篇、其他 10 篇。

表 9-3　教师发表学术论文及立项科研项目（2012~2018 年）

科研学术论文	CSSCI	12	科研项目	国家级	1
	SSCI（国外期刊）	1		省部级	6
	其他	10		委局级	6
	合计	23		合计	13

（三）教师参加培训情况

文化产业管理专业注重师资队伍的培养，并根据专业发展要求进行师资队伍的规划，不断优化师资队伍结构。学校和学院在培养教师方面有一系列的制度，如《上海对外经贸大学骨干教师海外访学（进修）资助办法（试行）》《上海对外经贸大学国内访问学者计划实施办法（试行）》《上海对外经贸大学教师产学研践习计划实施办法（试行）》《工商管理学院资助学术活动的若干管理办法》《工商管理学院关于国际期刊分级与奖励的规定》等，为师资建设提供了良好的保障。本专业切实落实和执行学校、学院的相关规定，并坚持创造条件，形成有利于教师持续进步和发展的环境和氛围，努力将师资队伍的建设纳入规范化轨道。

通过专任教师赴海外培训、交流和深造，企业人员到学校兼职授课、开设讲座等常规机制，以申请国家级、省部级课题带动科研团队建设，以精品课程、市重点课程建设形成教学团队，提升教学质量，促进教学方法的改革和创新，逐步形成了一支了解企事业单位需求、教学手段先进、热爱教学工作、专兼结合的教师队伍。教师队伍的不断成长和优化为本专业人才培养目标的实现提供了有力的保障。

本专业为教师攻读学位、国内外进修、参加学术会议、实践锻炼，从机会、时间到经费等方面均提供了强有力的支持，开拓了教师的国际化视野，进一步增强了教师对企业经营管理实践的理解。近几年来（表 9-4），有 2 位教师赴海外参加为期 1 年的进修和学术访问，有 2 位教师参加为期 1 个月的上海市哲学社会科学教学研究骨干研修班培训。在学术交流方面，教师均有机会获得经费资助参加国内外各类学术研讨会。2012~2016 年，本专业教师 5 人次参加各类国际会议。

表 9-4　专业团队课程教学相关研修情况

序号	举办机构	培训经历	
		培训主题	时间范围
1	中国中欧管理国际案例库	突破案例教学的瓶颈	2016 年 6 月 3 日至 6 月 4 日
2	芬兰 CESIM Business Simulation Games CO. LTD	工商管理教学模拟软件的使用	2016 年 4 月
3	国家行政学院	加强师德修养，做党和人民的好教师	2015 年 6 月
4	上海对外经贸大学	学科共同课教学方案和授课的教学团队研讨	2015 年 7 月 3 日
5	上海市教委	上海市哲学社会科学教学科研骨干研修班	2013 年 7 月 1 日至 25 日

续表

序号	举办机构	培训经历	
		培训主题	时间范围
6	上海对外经贸大学	Teaching, Research and Publication with Cases	2016 年 12 月 23 日
7	国家行政学院	加强师德修养，做党和人民的好教师	2015 年 6 月
8	上海对外经贸大学	学科共同课教学方案和授课的教学团队研讨	2015 年 7 月 3 日
9	上海市教委	上海市哲学社会科学教学科研骨干研修班	2016 年 6 月至 8 月
10	上海市教委	新教师入职	2015 年 9 月至 11 月
11	美国布朗大学	国家公派联合培养博士	2011 年 9 月至 2012 年 10 月
12	中国中欧管理国际案例库	突破案例教学的瓶颈	2016 年 6 月 3 日至 4 日
13	江南大学	第七届中国管理案例学术年会	2016 年 4 月 23 日至 24 日
14	上海市教委	新教师入职培训	2015 年 9 月至 11 月
15	澳大利亚昆士兰大学	高级研究学者	2012 年 7 月至 2013 年 7 月
16	义乌工商学院	2016 全国高校电子商务创业教育研讨会	2016 年 4 月 10 日至 12 日
17	上海对外经贸大学	上海对外经贸大学第七届案例写作培训	2015 年 4 月 17 日至 18 日
18	东华大学	骨干教师研修培训（教育信息化应用技术专题）	2014 年 12 月 5 日到 6 日、12 日至 13 日
19	中山大学	中国企业管理案例研究论坛	2015 年 12 月
20	中国对外合作咨询中心	中国世界贸易组织研究会	2014 年 12 月
21	瑞士洛桑大学	高级管理研修班	2012 年 6 月

根据学校《关于进一步健全完善新进青年教师带教培养制度的若干意见》，原则上为每一位新进高校、缺乏教学经验的青年教师安排一名带教老师，带教老师应由教学经验丰富、教学效果好且师德高尚的教师担任，带教培养时间一般为一年。带教老师应制定培养方案并具体落实，带教培养结束时，须在审阅新进青年教师年度总结的基础上写出带教意见。带教一般分为观摩、辅导和试讲三个阶段。带教期间，指导教师负责帮助青年教师准备教案、确定科研主攻方向，并通过相互听课、讨论相关教学内容和教学方法等帮助青年教师尽快完成教师角色的转换。在此期间，青年教师通过在课堂观摩带教老师授课，学习讲课基本方法；通过带教老师指导，理解教学大纲和教学方案的基本要求、把握各章的教学重

点、体会教学难点、掌握授课技巧和出题原则，为走上讲台做准备。带教期满时，青年教师和指导教师均须撰写总结报告，由学院负责组织交流考评，考核合格方能承担正式的教学任务，走上讲台。

四、专业教学

（一）专业课程体系设置及承担情况

根据教育部颁布的《普通高等学校本科专业目录和专业介绍》的课程设置要求，文化产业管理专业要求的核心课程包括：文化产业管理概论、文化产业经济学、中国文化史、文化资源概论、大众传媒挂历、演艺娱乐经营管理、动漫与数字产业经营管理、影视产业经营管理、文化经纪理论与实务、文化产业产业政策与法规等课程。根据学院和本系的现有师资以及文化产业管理专业的定位特色，少数课程没有开设，其他核心课程均已经开设，并且开设了突出本院文化产业管理专业的特色课程。

（二）教学改革

文化产业管理专业的教学改革将主要从教学方法和手段以及课程考核方式这两个方面，进行教学改革。教学改革主要从以下三方面着手：一是从教学手段方面进行改革，二是加强师生互动，三是实验、实践教学。

1. 教学手段改革

教学手段改革循序渐进地分三个步骤进行。

（1）案例教学。在专业建设过程中，文化产业管理专业将注重案例教学法在教学过程中的使用，积累了一定的教学经验，并取得了良好的教学效果。在实际教学中，选用或编写相关案例辅助课堂教学，并注重充实本土化的内容。

（2）网络教学。充分利用学校提供的网络教学平台设施和设备，将测验、案例讨论、信息发布等的平台转移到网上，提高学生课余学习的灵活性，扩大师生之间和学生之间相互沟通的时空范围。

（3）多元化教学方法和手段的同时运用。在教学过程中我们将综合运用理论讲授、案例教学、情景模拟教学、多媒体教学等教学方法和手段，同时采用个体学习与团队学习相结合的方式，提高学生的课堂参与意识和团队合作精神，提升学习效果。

2. 加强师生互动

在注重教学方法和手段改革的同时，本专业也重视过程管理。本专业在学校和学院的支持下，通过全体教师的努力，构建并形成了多重生师、生生互动沟通渠道。

一是将通过网络教学平台，强调学生学习的主动性和互动性。在网络学习环境中，各行为主体通过特定的知识共享和传播机制，为提高学习效果而采取双边或多边的互动学习。在这样的“学习共同体”中，教师、学生同处于学习者的地位，师生之间平等交往，课堂变成动态的、发展的、富有生命活力的课堂，教学也真正成为师生富有个性化的创造过程。教师或利用网络平台将最新的经济管理类资料或视频信息发布，供学生观看点评；或放置最受关注的话题在网络讨论版，供学生实施非课堂的网络讨论，进行观点的交锋；或通过网络平台进行无纸化的网络测验，供学生在完成测验之后及时得到结果的反馈。网络教学改革对提高教学效率、扩展教学空间起到了积极作用。上海市精品课程和上海市教委重点建设课程则利用精品课程网站，通过选取国外一流的经典教材并辅助本专业自编的教材，结合工商管理专业学生的特点和教师的研究专长，充分发挥了精品课程和重点课程对其他专业课的带动作用，收到良好的效果。

二是在毕业论文环节，将毕业论文和毕业实习活动结合起来，由统一的导师指导，方便学生和导师建立联系，而且鼓励学生将实习和论文选题结合起来，更有助于理论联系实际。同时，还鼓励学生结合导师的研究项目进行论文选题，参与导师的学术研究。

三是将通过课下答疑和作业指导、师生座谈会等形式，解答学生的疑问，了解学生对教学的期望和其他想法，鼓励学生保持积极努力向上的态度和行为，增进师生相互之间的理解。

四是将本专业教师积极投入参与各类学生活动指导。比如，从比赛方案和流程指导、初赛和复赛出题和评阅、决赛出题和现场担任评委进行点评等各个环节，每年都全程参与学院学生会举办的“校园文化艺术节”系列活动；在大学生创新创业活动中，鼓励学生积极申报项目，并参与指导项目的设计与开展，有效促进了学生学术与实践结合的能力。

3. 实验、实践教学

（1）实验教学。为加强学生的实践能力，本专业大力加强实验和实践教学。在 2016 年 4 月本专业 2 位教师参加了实验教学的培训，之后对模拟软件开展的试用和教学模拟，已经将工商管理模拟软件应用在一些专业课上。

（2）实践教学。根据文化产业管理专业设置的培养方案的设计：培养具备人文社科视野和文化艺术修养，既懂文化产业经营管理理论与实务又懂文化贸易理论及实务操作的“文化贸易与产业经营管理”复合型专业化应用人才。因此，需要与一批具有相当实力与发展前景较好的文化企业建立联系，使其成为学生的实践实训基地。同时，可采取其他措施，多管齐下，强化文化产业的实践教学。

在学院的统一部署和努力下，学生的实践基地在不断地更新，保证了教师和学生参加实践学习的条件，详情如表 9-5 所示。

表 9-5　文化产业管理专业签约实习基地

序号	名称	地址	面向专业	建立时间
1	上海东方汇文国际文化服务贸易有限公司 国家对外文化贸易基地	上海自贸区马吉路 2 号 33 层	文化产业管理	2017 年 6 月
2	上海钟书阁实业有限公司	上海松江泰晤士小镇钟书阁书店	文化产业管理	2016 年 9 月
3	深圳航都文化产业投资有限公司	深圳市福田区上步北路 2009 号笔架山依岚花园 1 栋	文化产业管理	2016 年 11 月
4	上海玖玖国际旅行社有限公司	上海殷行街道包头路 1000 号	文化产业管理	2017 年 6 月
5	上海互加文化传播有限公司实习基地	上海市浦东新区张江高科技园区博云路 2 号浦软大厦 703	文化、管理、营销、人力	2014 年 5 月
6	沪江人才网	上海市浦东新区张江高科技园区博云路 2 号浦软大厦 6~8 楼	文化、管理、营销、人力	2015 年 6 月
7	上海现代城市购物广场商贸有限公司	上海普陀区绥德路 379 弄	文化、管理、营销、人力	2014 年 3 月

（3）教学质量监控。教学质量监控是维持正常教学秩序的保证。通过一定的监控手段，可以促使教学活动达到既定的人才培养目标。为了全面保证文化产业管理专业人才培养质量，实现规模、质量、结构、效益协调发展，必须构建系统的、科学的、有效的专业质量保障体系，实施教学活动的全面管理，促进和保证本专业预期教学质量。

目前，本院教学质量监控的各项组织机构及规章制度明确，并有预先告知的监控标准，保证了宏观教学运行和监控的规范有序。为此，文化产业管理专业采取从制度入手的建设程序，强调理念建设、行为规范与绩效考评为一体的建设路径，在严格执行学校颁布的教学管理制度基础上，初步整合形成了一套专业教学质量监控体系。由此，明确各主要教学环节教学质量保证的责任主体，督促其工作到位；针对学生在课程学习、职业规划、就业及创业等各个环节中遇到的问题和困难，及时提供指导和服务。进而，本专业还将基于教学质量监控体系定期发布文化产业管理专业质量报告，为市教委或学校在本专业教学上实施经常性检查、评价和反馈提供便利。

1）拟实施的教学质量监控体系。文化产业管理专业在构建教学质量监控体系时，主要从以下几个方面入手：一是对应于各项教学管理相关文件，明确教学监控的实施主体和实施路径（见表 9-6）。二是通过成立网络与实验教学管理、职业生涯规划管理等教学管理中心，对教学改革的相应措施进行专项管理。三是在实现“教学过程管理”中，切实落实教学质量监控体系，包括通过教学法讲座、组织示范观摩课进行探讨交流，对网络课程、全英文课程、实验课程进行专项检查，对讲座效果进行统计分析，对年度考试成绩进行总结分析等。

表 9-6　教学质量监控体系与相关文件

<table>
<tr><th rowspan="2">工作内容</th><th rowspan="2">相关制度文件</th><th colspan="2">监控环节</th></tr>
<tr><th>教师层面</th><th>学生层面</th></tr>
<tr><td rowspan="3">论文质量监控</td><td>本科论文工作细则与格式规范</td><td rowspan="8">指导老师、专业主任、教学秘书、教学副院长、院学术委员会</td><td rowspan="8">大四学生、班组长、辅导员、教学秘书</td></tr>
<tr><td>本科论文管理规定及工作进度表</td></tr>
<tr><td>辅修论文管理规定及工作进度表</td></tr>
<tr><td rowspan="4">实习质量监控</td><td>本科毕业实习质量标准</td></tr>
<tr><td>本科毕业实习计划</td></tr>
<tr><td>本科毕业实习大纲</td></tr>
<tr><td>本科毕业实习总结</td></tr>
<tr><td colspan="2">工商管理学院海外交流学生毕业论文与毕业实习管理办法</td></tr>
<tr><td rowspan="4">教学质量监控</td><td>案例教学实施方案</td><td rowspan="4">专业教师、专业主任、教学副院长、教学秘书</td><td rowspan="4">年级辅导员、学院副书记（分管学生工作）、教学秘书</td></tr>
<tr><td>双语教学实施方案</td></tr>
<tr><td>网络教学实施方案</td></tr>
<tr><td>考核方式实施方案</td></tr>
<tr><td rowspan="7">课程质量监控体系</td><td>课程教学方案管理办法</td><td colspan="2">专业教师、专业主任、教学副院长、教学秘书、教务处</td></tr>
<tr><td>双语教学课程管理暂行规定</td><td colspan="2">专业教师、专业主任、教学副院长、教学秘书、院学术委员会、教务处</td></tr>
<tr><td>课程考核管理办法</td><td colspan="2">专业教师、专业主任、教学副院长、教学秘书、院学术委员会、教务处</td></tr>
<tr><td>学生考试规定</td><td colspan="2">学生本人、年级辅导员、学院副书记（分管学生工作）</td></tr>
<tr><td>监考规定</td><td colspan="2">专业教师、教学副院长、教学秘书</td></tr>
<tr><td>期中教学检查实施办法</td><td>专业教师、专业主任、教学副院长、教学秘书</td><td>年级辅导员、学院副书记（分管学生工作）、教学秘书</td></tr>
<tr><td>期末教学检查实施办法</td><td>专业教师、专业主任、教学副院长、教学秘书</td><td>年级辅导员、学院副书记（分管学生工作）、教学秘书</td></tr>
</table>

2）教学质量监控的规章制度及执行。本院历来高度重视本科教学活动，从教学计划、教学运行、教学质量管理与评价以及学科、专业、课程、教材、实验室、实践教学基地、学风、教学队伍建设等多个方面，制定了较为完善的教学管理规章制度。文化产业管理专业全体教师在教学过程中将严格遵守和执行学校有关教学质量的规章制度（见表 9-6），同时，就本专业的毕业论文、毕业实习、教学过程管理和教学质量保证等出台一系列符合本专业特点的规范化材料。

五、文化产业管理专业发展中的主要问题与对策

由于文化产业管理专业设立的时间不长，在发展过程中存在种种困难，主要体现在以下几个方面，我们将根据存在的困难，想方设法予以解决。

（一）课程设置有待完善并突出特色

根据教育部颁布的《普通高等学校本科专业目录和专业介绍》规定，文化产业管理专业的核心课程为：文化产业管理概论、文化产业经济学、中国文化史、文化资源概论、公共事业管理、大众传媒管理、演艺娱乐管理概论、动漫与数字产业经营管理、影视产业经营管理、文化经纪理论与实务、文化产业政策与法规、现代服务业管理等。然而，在结合本院传统特色专业方面，设定具有“文化贸易与产业经营管理”的专业课程方面还要继续探索。例如，可以开展体现专业特色的“文化贸易”“创意产业经营管理”等课程。

（二）专业教材选用存在一定困难

由于文化产业管理专业是一个新专业，国内现有的成熟精品教材不多；而国外的成熟教材翻译版本很少，原版的教材价格较高，学生购买存在困难；在专业教材的选用方面也给我们的专业整体建设带来了挑战。因此，最近两年以选择教材为主，积累经验，为编写满足本校专业特色的教材打下坚实基础。之后，结合教案，可与其他高校合作，编写高质量的专业教材，并不断完善，推向全国其他高校，提升本院本专业的知名度。教材选择原则是内容具有先进性、实用性、难度适中性。选择对象是以高教等质量较高的出版社为主，以全国性的高等教育本硕专编教材为主选教材。

（三）教学培养模式还不成熟

由于本院文化产业管理专业 2015 年才开始招生，而且是放在工商管理的大平台上进行招生，至今已有两届文化产业管理专业学生，但至今仍然没有本专业的毕业生；因此，关于文化产业管理专业的教学培养模式还不是很成熟，并没有实际事实和案例作为支撑。为实现我们设计的文化产业管理专业的培养目标，在课程体系、课程内容、教学方法手段、培养模式及评估体系等方面都应该不断深

入，一方面内部组织多种形式加强交流探讨，另一方面应该积极走出去，对国内早办、先办这一专业的院校进行调研，积极主动学习经验。

（四）实践实训基地建设渠道要进一步拓宽

根据文化产业管理专业设置的培养方案的设计：培养具备人文社科视野和文化艺术修养，既懂文化产业经营管理理论与实务又懂文化贸易理论及实务操作的"文化贸易与创意产业经营管理"复合型专业化应用人才。因此，需要与一批具有相当实力与发展前景较好的文化企业建立联系，与这些文化企业建立紧密联系，成为我们学生的实践实训基地。然而，由于文化产业管理专业是一个新兴专业，加上学校和学院以前并没有这一专业，因此，对文化产业领域的政商关系需进一步拓宽与加强，与我国有实力的文化企业的联系应该进一步构建与加强。

（五）产学研一体化建设应继续加强

新专业、新团队，文化产业管理方面的师资仍需加强，很多相关的研究成果也并不是很丰富，与相关的文化企业的合作也是点对点式的，产学研一体化还没有真正启动。因此，我们应该加强文化产业的科研团队建设，提高科研能力，进一步推进产学研一体化建设。

因此，我们将通过多种途径，与知名文化企业、文化管理部门和文化行业协会加强联系，加强产学研合作；同时，聘请文化企业高管、文化部门管理人员作为实践导师，开展形式多样的实践实训训练和活动。实践课程方面，低年级学生以开展基础层次的行业企业认知实践为主，如分析企业案例（利用本院与加拿大 Ivey 大学合作项目，分析国外大量商业案例）、到企业参观观摩、文化创意产业研讨小组等；对中高年级学生可以组织开展学科竞赛、创新创业计划大赛（文化产业营销策划大赛、微光微电影大赛）、创新创业技能培训等，毕业班学生则可以开展创新创业实战训练，入驻基地进行企业孵化等。为大学生未来进行创新创业奠定实践基础。

第三节　新经济时代跨文化管理人才能力维度探析

基于新经济时代的内涵、特征和要求，当代企业所需跨文化管理人才的能力应主要包括三个维度：思维模式、通用技能、专业知识。思维模式是指一体化或全球化的思维模式，它是跨文化管理能力发展的前提条件。通用技能是指跨文化的团队合作技能、沟通技能、创新能力和语言技能，它是跨文化管理能力发挥的重要载体。专业知识主要包括国际企业的经营管理知识、文化知识和信息技术知识，它是跨文化管理能力形成的基础源泉。

一、新经济与跨文化管理人才

新经济是基于知识经济的全球化经济，是依托经济全球化和信息技术革命形成的，其基本特征是高技术化和全球化。新经济和传统经济有五个明显不同的特征：经济主体交往不同，新经济趋向全球一体化；交换方式不同，它以电子商务为主要交换手段；生产方式不同，它以集约型为主；增长动力不同，它以高科技、信息为增长原动力；资源是共享的，它对人类供给是无限的。新经济是以现代科学技术为核心，建立在知识和信息的生产、分配和使用之上的经济。徐志翰认为，新经济时代是以知识经济、虚拟经济和网络经济为标志，是传统产业与知识经济、虚拟经济和网络经济的全面结合。

新经济时代的到来，对跨国企业提出了新的要求和挑战。跨国企业想要实现有效的经营管理，减少运营过程中的文化冲突，促进企业内多元文化的相互交融，使拥有不同意识形态及文化背景的企业员工能在企业环境中共同协作，发挥跨国企业多元文化形态所蕴含的巨大潜力，进而提高企业在国际市场中的竞争力，就必须不断提高其自身的跨文化管理能力和水平，需要拥有一大批优秀的跨文化管理者。这就给各商科类院校的人才培养提出了新的标准，对商科学生的知识结构与能力素质提出了新的要求。

基于此，作为国际管理人才培养基地的商科类院校，必须适时地对其学生的思维模式、能力素质及知识结构等标准做出新的调整，注重对学生多元文化理念的熏陶，以加快培养适应全球化和信息化的、具有国际眼光的跨文化管理人才，培育具有中国特色的适应国际化需求的世界公民（袁兢业，2005）。在新经济时代下，跨文化管理人才的有效培养是我国企业“走出去”的全球战略目标得以实现、国家经济得以稳步发展的前提和基础。

二、跨文化管理人才的能力维度结构

跨文化管理能力强调综观全局的高级管理能力。一个跨国公司跨国投资经营时，他们往往需要融合三种文化：自己国家的文化、目标市场国家的文化以及企业的文化（王群、卫旭东，2008）。跨文化管理能力对于国际化经营管理活动的顺利开展至关重要，它主要体现为具有国际化的视野和全球化的思维模式、在国际企业管理中协调不同文化的能力和在国际经营活动中有效管理各项资源的能力。因此，合格的跨文化管理人才应具备全球化的视野，勇于进行产品、技术和管理创新，善于协同学习、转变和适应、跨文化沟通和团队合作，拥有异文化工作经验和能力等素质。

跨文化管理人才在全球化思维的指引下，通过自身所掌握的跨文化团队合作技能、沟通技能、创新能力和语言技能，在跨国企业的具体管理实践活动中，有效运用国际企业的经营管理知识、文化知识、信息技术知识去发现和把握环境中的各项商机、调配和发挥企业各项资源的价值、有效和高效地履行各项管理职能，最终实现企业的目标和规划（见表9-7）。

表9-7　跨文化管理能力维度

	基本维度	构成要素
跨文化管理能力	全球化思维模式	开放性思维
		发展性思维
		综合性思维
	通用技能	跨文化团队合作
		跨文化沟通
		创新技能
		语言技能
	专业知识	企业管理知识
		跨文化知识
		信息技术知识

这三个维度相互制约、相互促进、密切关联，跨文化管理能力水平的高低取决于三者共同作用的结果。任何一个维度水平的低下，均可能直接或间接影响跨文化管理能力的水平及其作用的发挥，只有同时重视并加强三个维度的培育，才能获得高水平的跨文化管理能力。全球化的思维模式有助于促进通用技能的学习和专业知识的探索，通用技能的掌握有助于对专业知识的深度理解和有效运用，而扎实的专业知识对于通用技能的不断提升和发展也起着积极的推动作用，两者相辅相成，相互促进。反过来，通用技能和扎实的专业知识为全球化思维模式的拓展提供了坚实的能力和知识基础。因此，我们应同时从思维模式、通用技能和专业知识三方面入手，对跨文化管理能力进行综合培养。

三、跨文化管理人才的能力维度解析

（一）全球化的思维模式

跨文化管理者的全球化思维模式具体体现为动态的开放性思维、发展性的思维以及综合性思维三个方面。

1. 开放性思维

全球化是一个本土化与一体化并存向前推进的历史进程。这就迫使人们摒弃传统封闭和保守的思维模式，不再仅从现有的知识和传统的经验中寻找解决问题的理论和方法，而要对当前世界所发生的新情况、新变动、新成果有客观的认识和借鉴，从而更好地结合时代发展的要求进行动态的开放性思维，跳出固化狭隘的历史经验使自己的思想意识与别人的思想意识进行比较和碰撞，找出不足、虚心学习，扬长避短。

2. 发展性思维

全球化是推动社会、政治以及经济快速变革的中心力量，这些变革正在重新塑造着现代世界和世界秩序。因此，全球化时代必然是一个充满整合与重组优化发展的时代。只有尽一切努力，抓紧时间加快发展，把发展看得高于一切，重于一切，看成是解决一切问题的根本手段，才能在全球化的急速变革中抢占有利的时机和位置。身处这样一个高速发展变革的全球化时代，如果没有树立发展性的观念意识，不会运用发展性的思维来考虑和观察世界，将无法跟上时代的步伐。

3. 综合性思维

即综合性地思考问题。全球化进程在给我们带来便捷的同时，也带来了潜在的不利因素和隐患，是一个矛盾统一体。一个新问题出现后，其背后的原因往往是复杂的、综合性的，牵涉面可能很广，既有国内的因素，也有国外的因素；既有局部性的，也有关系全局的。面对这种复杂的时代形势所提出的挑战，需要培养学生运用一种全局性的综合性思维来考虑问题，全面理性地分析问题，才能化解风险，化挑战为机遇，片面强调问题的某一个方面而忽视其他方面，则将会带来灾难性的后果。

（二）必备的通用技能

跨文化管理人才必备的通用技能具体包括跨文化的团队协作能力、沟通能力、创新能力和语言能力。

1. 跨文化的团队协作能力

指在多元文化环境中，建立在团队的基础之上，发挥团队精神、互帮互助以达到团队最大工作效率的能力。在全球化的进程中，跨文化团队应运而生，成为跨国企业内部创新和变革的有力工具。但由于文化背景的不同，跨文化团队中存在着工作风格、价值观、沟通方式以及思维和行为范式等方面的差异。因此，对于跨文化团队的成员来说，不仅要个人有能力，更需要从不同的角度、不同的岗位，基于对异质文化的认识和理解，各尽所能地与其他成员协调合作的能力。具体而言，跨文化的团队合作能力主要包括五项基本要素，即尊重、欣赏、宽容、信任、超越。

虽然异质文化团队成员在各自的文化环境、社会环境、教育环境、工作环境中逐渐形成了与他人不同的价值观，但每个人都渴望被尊重。尊重团队成员的价值观和理念、风俗和习惯、个性和人格、感觉和需求、态度和意见、成就和发展、技术和能力以及对团队的全部贡献，才能营造出和谐融洽的气氛，使团队资源形成最大程度的共享，推动团队健康发展。

欣赏就是主动去寻找、学习团队异质文化成员的积极品质，并努力克服和改正自身的缺点和消极品质。团队的效率在于成员间配合的默契，而这种默契来自团队成员的互相欣赏和熟悉——欣赏长处、熟悉短处，进而扬长避短。

宽容是指容纳团队成员各自的差异性和独特性。它能使团队成员互敬互重、彼此包容、和谐相处，体会到合作的快乐。它能帮助团队成员尽量站在别人的立场上，衡量别人的意见、建议和感受，反思自己的态度和方法。

信任是跨文化团队开展有效的协同合作的基石，团队成员只有彼此相信各自的价值理念、品格特性、工作方法和思维方式，才能在团队内部创造高度互信的互动能量，缔造团队向前的动力。

超越跨文化团队成员个人的思想观念和目标追求，将成员个人的理念、智慧、价值、行动、才智等融入对团队共同目标的努力奋斗中去，使个人与团队协同一致，成员和团队的价值才能得到最大化的体现。

2. 跨文化的沟通能力

跨文化的沟通能力指的是跨文化组织中不同文化背景的人们彼此之间进行信息、知识、情感交流和传递，达到互相理解的过程，是个体在不同文化背景下有效交际的能力。这种能力的培养需从情感、认知和行为三个方面的十一项要素（程云，2013）入手。

情感方面，是指跨文化敏感性。主要关注由于环境、人和情境引起的有关个体本身或对方情感或感受方面的变化，具体包括四个要素：自我概念，是关乎个体在沟通过程中如何看待自己；开放思维，即开放地表达自己的观点和接受他人的观点，从而全面看待事物；非判断性态度，是指不用先入为主的定型思维方式对待异文化，专注倾听以获得完整的信息；社交放松，是指沟通过程中较低的紧张程度，以降低在新异环境中的焦虑程度。

认知方面包括自我意识和文化意识两个要素。自我意识是指个体对自身心理和行为过程的监控能力。包括察觉自我表述对沟通环境造成的影响，以及自我表述与沟通情境和社会环境的相符程度；文化意识是指对影响自我和他人思维和行为的文化有所了解（严文华，2008）。对母文化和异文化的了解能使个体认识到两者在社会价值观、社会习俗、社会规范和体制上的异同，以更好地理解对方行为的意义，调整自身行为以适应特殊的文化环境。

行为方面包括五个要素：传递信息的技巧、适当的自我揭示、行为的灵活性、互动管理和社交技巧。传递信息的技巧是指能理解东道国的语言，能熟练运用东道国语言进行沟通交流。这一技巧包括传递描述性信息（仅作陈述不做判断）以及支持性信息（夹杂情感的信息）；适当的自我揭示是指在沟通中愿意且恰当地揭示一些有关自我的内容。这能为沟通双方提供更多的信息，减少不确定性。行为的灵活性是指根据沟通情境的不同选择合适的沟通行为。互动管理主要是指在沟通过程中轮流发言，适时提出问题和终止发言。社交技巧主要指共感和保持身份感，即能感受到对方情绪，并做出恰当的语言和非言语反馈，使对方感受被倾听、被关注和被尊重，同时在沟通中保持对方的身份感。

3. 创新能力

跨文化管理人才需要具有创新能力，能时刻关注周围的技术、经济、管理等方面的发展与进步情况，对市场潜在需求具有敏锐的洞察力，能根据环境、人际关系的新变化，做到提前介入。并能进行持续性学习，不断启发自己的创新思维（程云，2013）。

具体而言，创新能力主要包括：①快速掌握新知识的能力。新经济时代的知识更新速度很快，跨文化管理人才必须具有终身学习的意识和高效学习的能力，较快地吸收有益的新知识，跟上时代步伐，不断进行观念创新和实践创新。②运用已掌握的知识去进行创新。跨文化管理人才要能有效地将所学的理论知识与实践充分地结合，做好实用型创新，促进知识转化成为生产力。③能够进行快速反应。现代企业正面临着各种新技术革命浪潮的挑战，这就要求跨文化管理人才能应对情况和环境的变化做出快速的反应，感知管理环境的变化，以实现企业最优化的目标。

4. 语言能力

语言能力是指能够熟练运用一门或一门以上的外语进行跨文化沟通和协作，具有良好的听、说、读、写等语言和文字表达能力。语言是与来自不同文化的人们在沟通过程中所共享的解码方式，是不同文化进行交流的必要手段。拥有熟练的外语能力是有效地开展跨文化沟通，成功地进行跨文化管理的前提和基础。

（三）扎实的专业知识

专业知识主要包括国际企业的经营管理知识、跨文化知识、信息技术知识。

1. 国际企业的经营管理知识

跨国企业的有效经营需要管理者掌握一系列经济、管理、贸易和法律等专业的基础知识。欧美等发达国家的知名高校商学院，在其学生的培养大纲中，通常会以专业课程和通识课程的分类方式来传授经营管理知识，其中国际企业管理的专业课程主要包括国际贸易、国际金融、国际投资、国际营销、跨国公司管理、国际经济法、WTO 法规、国际会计等；国际企业管理的通识课程主要包括市场学、市场调研、市场关系学、跨境电子商务及战略、行政管理、商业道德、商务及市场、区域商务、高效销售、信息管理等。

2. 跨文化知识

跨文化知识包括文化共性知识和文化个性知识。文化共性知识指的是文化差异意识和知识，适用于任何文化背景，包括文化要素构成、文化价值观的习得过程、对不同文化的理解和比较框架。文化个性知识包括事实知识、感性知识和归因知识。事实知识涉及一个地区的历史、政治、经济制度、社会结构；感性知识包括理解某一文化群体的价值体系及其价值观如何通过行为得到反映，个体必须摆脱文化成见，才能客观地理解异文化的价值观和信仰；归因知识建立在事实和感性知识之上，表现为正确推理、判断不同文化个体行为的原因，并对恰当行为保持高度敏感（Hofstede，2001）。

跨文化知识的获取需要借助于跨文化商务沟通、跨文化商务谈判、国际商务礼仪、跨文化心理学、商务函电、区域政治经济、区域文化等课程进行传授。

3. 信息技术知识

新经济时代，网络经济和虚拟经济的发展、管理手段和管理流程的变革、经营方式和经营理念的突破，都需要跨国企业的管理者掌握现代化信息技术，运用信息化手段开展企业的各项经营管理实践活动，以促进工作效率的提高、经营绩效的提升、竞争能力的增强以及发展潜力的持续。通过掌握各项最新的信息技术、熟练运用各种信息工具，实时获得最新的市场信息，了解有关同行业的各种信息，制定出合理的政策与参考依据，从而为扩大市场、占领市场，为企业的发展积蓄力量。通过信息技术强大的信息分析和信息检索能力，及时、准确地挖掘跨文化商机，科学、高效地制定经营决策，为企业实力的增强和长远发展提供有力的技术支持。

第四节 “跨文化管理”课程的教材发展与创新研究

20 世纪 80 年代开始的改革开放打开了中国的大门，一方面大量的跨国公司进入中国，通过独资、合资和合作等方式开展经营活动，另一方面中国企业也开始走出去，到国外进行各种投资。随着经济全球化的发展，文化差异在这些企业国际化经营中的影响引起了越来越多的关注，跨文化管理因此成为他们必须重视的课题。与此同时，在国际企业进行人员外派和人才本土化的过程中，跨文化交际和沟通对于员工的素质提出了很高的要求。这一状况促使中国的高等教育做出反应，为了满足国内外企业对于跨文化人才的需求，一些大学陆续开设了跨文化管理的课程，中国高校“跨文化管理”教材也在这一过程中不断推陈出新。

一、国内外相关研究对跨文化管理教材的促进

跨文化管理指的是企业在跨国经营中，对各种文化差异开展灵活变通的管理，妥善处理文化冲突、融合给企业带来的挑战和机遇，最大限度地挖掘员工的潜力和实现企业的战略目标。基于文化的视角，对不同的管理模式及原则进行比较研究，由此总结适应不同文化条件下的管理方法与技能，是跨文化管理的重要内容。国内外学者有关跨文化管理的研究成果，为中国高校的跨文化管理教学和教材提供了理论基础。

（一）文化维度理论成为跨文化管理教材的重要内容

跨文化管理研究自 20 世纪 60 年代兴起到现在已有几十年的发展。全世界 200 个左右的国家和地区，甚至同一个国家的不同地区也存在各种各样的文化差异。为了认识和区分这些形态各异的文化，帮助企业更好地开展国际化经营，一些学者先后提出了自己关于文化维度的理论，如表 9 8 所示。

表 9-8　国外学者出版的文化维度理论研究著作

名称	作者	出版社	时间（年）
《价值取向的变奏》（*Variations in Value Orientations*）	克拉克洪，斯乔贝克（Kluckhohn F.，Strodtbeck F.）	EvanstonIL：Row，Peterson	1961
《文化的重要地位》（*Culture's Consequences：International Differences in Work-Related Values*）	霍夫斯泰德（Hofstede G.）	Beverly Hills，CA：Sage	1980
《文化与组织：心理软件的力量》（*Cultures and Organizations：Software of the Mind*）	霍夫斯泰德（Hofstede G.）	London：McGraw-Hill	1991
《文化与社会行为》（*Culture and Social Behavior*）	蔡安迪斯（Triandis H. C.）	New York：McGraw-Hill	1994
《个体主义与集体主义》（*Individualism and Collectivism*）	蔡安迪斯（Triandis H. C.）	Boulder，CO：Westview Press	1995
《文化踏浪：应对全球化经营中的文化差异》（*Riding the Waves of Culture：Understanding Cultural Diversity in Business*）	特朗皮纳斯（Trompenaars Fons）	London：Nicholas Brealey Publishing Ltd.	1997

如何识别文化是了解文化差异的基础。表 9-8 列举了最有影响的四个文化维度理论：一是两位美国人类学家克拉克洪和斯乔贝克提出的六大价值取向理论，

二是荷兰管理学者霍夫斯泰德提出的国家文化维度理论，三是出生于希腊、早年移民美国的蔡安迪斯提出的个体主义与集体主义理论，四是荷兰管理学者特朗皮纳斯提出的文化架构理论。这些理论经过上述学者的调研和论证，能够帮助人们明确文化之间的差异，解释这些差异背后的逻辑和理性（陈晓萍，2005），在实践中有较好的指导意义，因此在中国的跨文化管理研究和教学中得到高度重视，同时也成为中国跨文化管理教材的重要内容。

（二）国外的跨文化管理研究为中国教材提供参考

随着越来越多的企业开展国际化经营，文化差异理论与企业管理理论结合得越来越紧密，一些学者主要是欧洲的学者总结国际商务的经验教训，分析研究企业的实践案例，撰写了不少跨文化管理著作。中国在 2001 年加入 WTO 以后，这些书籍的中译本也纷纷面世，如表 9-9 所示，它们为中国高校跨文化管理教学和教材提供了很好的支持和参考。

表 9-9　部分国外学者出版的跨文化管理研究著作

名称	作者	出版社	时间（年、月）
《跨文化管理》（*Managing Across-Cultures*）	［瑞士］苏珊 C. 施奈德，（Susan C. Schneider）、［法］巴尔索克斯（Jean-Louis Barsoux）著，石永恒主译	东北财经大学出版社	2003 年 4 月
《跨文化管理》（*Managing Across-Cultures*）	［英］乔恩特（Joynt P.）等编，卢长怀等译	东北财经大学出版社	2003 年 4 月
《跨文化商业行为》（*Cross-Cultural Business Behavior*）	［丹麦］理查德 R. 盖斯特兰德（Richard R. Gesteland）著，李东等译	企业管理出版社	2004 年 1 月
《跨文化管理》（*Management Across-Cultures*）	［法］弗朗克・戈泰（Franck Gauthey）、［法］多米尼克・克萨代尔（Dominique Xardel）著	商务印书馆	2005 年 9 月
《跨文化人员管理》（*Managing People Across-Cultures*）	［英］特朗皮纳斯（Fons Trompenaars）、查尔斯・汉普登・特纳（Charles Hampden Turner）著，刘现伟译	经济管理出版社	2005 年 11 月 2011 年 4 月
《跨文化企业》（*Business Across Cultures*）	［英］特朗皮纳斯（Fons Trompenaars）、［英］伍尔莱姆斯（Peter Woolliams）著，陈永倬译	经济管理出版社	2007 年 1 月 2011 年 4 月
《跨文化营销》（*Marketing Across Cultures*）	［英］特朗皮纳斯（Fons Trompenaars）、［英］伍尔莱姆斯（Peter Woolliams）著，刘永平等译	经济管理出版社	2008 年 10 月
《跨文化管理：基于知识管理的视角（管理者终身学习）》（*Cross-Cultural Management: A Knowledge Management Perspective*）	尼格尔・霍尔顿（Nigel J. Holden）著，康青等译	中国人民大学出版社	2011 年 5 月

值得关注的是，不少海外华人学者，包括在美国、加拿大、澳大利亚、新加坡、中国香港以及欧洲一些国家的大学教授，在跨文化管理的研究和教学方面也做出了很大的贡献：一方面，他们拥有先后在中西方生活和工作的经历，对两者的文化差异有着比较深刻的理解，因此能够针对跨国公司在中国以及中国企业在国外的经营提出自己的见解；另一方面，他们跟中国高校建立了非常密切的联系，通过学术交流和兼职教授等形式，将国外流行的跨文化管理理论和教学方式传播过来，在很大程度上推动了中国高校的跨文化管理教学，对中国跨文化管理教材的编写和出版做出重大贡献。

（三）中国本土学者的跨文化管理研究为教材提供支持

改革开放以后，中国本土学者一边吸收和借鉴国外专家的观点，一边总结企业的跨文化管理实践，相关的分析日渐增多，形成和积累了不少理论成果。用“跨文化管理”题名对中国清华同方期刊数据库（CNKI）进行检索，发现1988~2018年有关“跨文化管理”研究的文献超过1580篇，其中绝大部分是期刊论文，也包括一些硕博士论文、会议论文报纸文章。

与此同时，中国本土学者有关跨文化管理的著作也陆续问世，如表9-10所示，其中一些学者还担任了中国涉外型高校商学院的院长或校长，如胡军担任著名的华侨大学——暨南大学的校长，在全校大力推广跨文化教学（胡军等，2009）；范徽担任上海外国语大学国际工商管理学院的院长，从2009年至今已经连续举办了三届跨文化管理国际学术研讨会；马春光曾担任对外经济贸易大学国际商学院的院长，主张借鉴国外的先进经验和方法，建设适合国情的工商管理教育（马春光，1996）。这些情况在某种程度上说明中国的高等教育特别是工商管理教育对于跨文化人才的重视和培养。

表9-10 中国本土学者出版的跨文化管理部分研究著作

名称	作者	出版社	时间（年、月）
《跨文化管理》	胡军	暨南大学出版社	1995年12月
《跨文化管理：碰撞中的协同》	朱筠笙	广东经济出版社	2001年8月
《跨文化管理：一门全新的管理科学》	张静河	安徽科学技术出版社	2003年1月
《跨文化管理方法论》	席旭东	中国经济出版社	2004年2月
《国际企业跨文化管理》	马春光	北京大学出版社	2004年7月
《跨文化管理：全球化与地方化的平衡》	范徽	上国外语教育出版社	2004年10月

值得关注的是，中国本土学者对国外传播过来的跨文化管理理论并非人云亦云，包括对于其中一些影响较大的基础理论也提出了不同的观点。以霍夫斯泰德

的文化维度理论为例，一方面有人应用其理论论证中国企业的某些跨文化管理问题，另一方面也不断有人对这一理论的局限提出质疑和改进，如尤泽顺、陈建平（2010）对霍夫斯泰德描述和评论文化价值维度的话语进行分析，以此揭示霍氏模式中蕴含的文化偏见（尤泽顺和陈建平，2010）。这些研究成果也陆续被一些中国高校教师运用到跨文化管理教学中。

此外，中国本土学者注意使用比较的方法对跨文化管理进行研究，从文化的视角，对不同的管理模式及其背后的管理思想进行比较，重点探讨适应中国文化条件下的管理方法与技能，即所谓的中国式管理。以曾仕强为代表的专家通过研究美国式管理、日本式管理等参照物，以及中国传统文化和跨国企业实践，不断构建和完善中国式管理的理论体系，对企业管理和高校教学有越来越大的影响力，其中不少观点被后来出版的跨文化管理教材吸收和阐述。

二、从全球化到本土化的跨文化管理教材

最近十多年来中国的跨文化管理教学，存在比较明显的引进—吸收—整合—创新的轨迹，其中教材的推陈出新也反映了从全球化到本土化的特征。

（一）国外的跨文化管理教材被陆续引进到中国

“他山之石，可以攻玉。”西方发达国家在企业国际化经营方面相对领先，很早就重视跨文化人才的培养，因此一些高校陆续出版了一些跨文化管理方面的教材。由于美国是世界第一大经济体，工商管理教育比较完善，美国学者撰写的教材也得到了广泛传播。中国从国外引进出版的跨文化管理教材如表9-11所示。

表9-11　中国从国外引进出版的跨文化管理教材

名称	作者	出版社	时间	备注
《跨文化管理教程》（*Managing Cultural Differences*）	［美］菲利普·R. 哈里斯（Philip R. Harris）、［美］罗伯特·T. 莫兰（Robert T. Moran）著，关世杰主译	新华出版社	2002年1月	北京大学国际传播·跨文化交流参考教材，原书第5版
《跨文化沟通与管理》（*Cross-Cultural Communication and management*）	［美］弗雷德·卢森斯（Luthans F.）、霍杰茨（Hodgetts R. M.）、多（Doh J. P.）著	人民邮电出版社	2008年3月	国际贸易与管理双语教学教材，原书第6版
《国际企业管理：文化、战略与行为》（*International Management: Culture, Strategy and Behavior*）	［美］弗雷德·卢森斯（Luthans F.）、霍杰茨（Hodgetts R. M.）、多（Doh J. P.）著，赵曙明，程德俊译	机械工业出版社	2009年9月	通行美国高校的国际管理教材，原书第7版

续表

名称	作者	出版社	时间	备注
《国际管理：跨国与跨文化管理：课程与案例》（*International Management: Managing Across Borders and Cultures: Text and Cases*）	［美］海伦·德雷斯基（Helen Deresky），宋丕丞译	清华大学出版社	2011 年 7 月	原书第 7 版（美国商学院原版教材精选系列）

国外优秀的跨文化管理教材不断在中国出版发行，促进了中国高校的跨文化管理教学。最早被引进的是菲利普·R. 哈里斯和罗伯特·T. 莫兰的《跨文化管理教程》，这本教材第 1 版（英文）在 1979 年问世，后来被全球 200 多所大学使用，不但被中国部分高校采用，也被后来出版的中国本土化的跨文化管理教材模仿。此外还有一些相关的教材也相继被引进到中国，包括弗雷德·卢森斯、霍杰茨和多的《国际企业管理：文化、战略与行为》，以及海伦·德雷斯基的《国际管理：跨国与跨文化管理：课程与案例》。值得一提的是，这两本教材在中国受到广泛的欢迎，因此先后出版了中译本和英文原版。

（二）中国学者不断推出本土化的跨文化管理教材

随着中国经济的飞速发展，综合国力的增强使得中国人对自己的文化更加自信，同时中国企业在世界 500 强的排行榜里也逐年增加，在全球范围内的影响力越来越大。中国高校的工商管理教育一方面不断与国际接轨，引进国外的跨文化管理课程教材，另一方面也开始重视本土化，在跨文化管理的教学方面出现了越来越多的中国学者和教师撰写的教材，包括全英语教学教材、双语教学教材和中文教材，具体情况如表 9-12 所示。

表 9-12　中国出版的本土化的跨文化管理课程教材

名称	作者	出版社	时间	备注
《跨文化管理》	陈晓萍	清华大学出版社	2005 年 9 月	第 1 版
《跨文化管理》	陈晓萍	清华大学出版社	2009 年 7 月	第 2 版
《跨文化管理》	王朝晖	北京大学出版社	2009 年 8 月	高等院校经济学管理学系列教材
《跨文化管理》	郑兴山	中国人民大学出版社	2010 年 12 月	21 世纪人力资源管理系列教材
《跨文化管理》	晏雄	北京大学出版社	2011 年 12 月	第 1 版 21 世纪全国高等院校财经管理系列实用规划教材
《跨文化管理》	张智远、于璠	东北财经大学出版社	2013 年 4 月	双语教学适用

续表

名称	作者	出版社	时间	备注
《跨文化管理原理与实务》	王朝晖	北京大学出版社	2014 年 9 月	高等院校经济学管理学系列教材
《跨文化管理》	陈晓萍	清华大学出版社	2016 年 6 月	第 3 版
《跨文化管理》	晏雄	北京大学出版社	2016 年 8 月	第 2 版
《跨文化管理：理论和实践》	唐宁玉、王玉梅	科学出版社	2018 年 1 月	

从表 9-12 可见，中国高校中使用的较早本土化的跨文化管理教材是陈晓萍的《跨文化管理》（清华大学出版社，2005，2009，2016）。陈晓萍是美国华盛顿大学商学院的教授，曾经在中国生活过 25 年，后来到美国又工作了很多年，对中美两国文化有着切身的体验，对文化差异和跨文化管理有很多的理解。她 2005 年出版的这本中文教材，相对一般外国学者的英文（包括中译本）教材，更适合中国教师、学生阅读和使用，也影响到之后中国本土学者撰写的跨文化管理教材。尽管如此，虽然该教材后来两次修订再版，还是保留了不少国外教材的特征，部分国内教师和学生感到还是有继续本土化的必要。

三、中国高校跨文化管理教材的改进建议

跨文化管理是适应经济全球化和企业国际化的发展趋势而形成的一门综合性管理学科。当前跨国公司的研究趋向于文化比较层面，遵从文化原则和比较原则。文化原则指的是，文化是影响管理风格的主要权变因素，只有在具体的文化框架内，传统的管理原则与方法才具有操作的现实意义；比较原则指的是，通过比较不同文化背景下的管理原则和方法的相似性与差异性，可以为跨国公司提供有效的管理指南。

纵观十多年中国高校跨文化管理教材的发展，进步和成绩是显而易见的，但是部分教材仍然存在一些问题，概括起来大致有：一是对文化差异的影响和表现阐述不够；二是缺少对人的关注，涉及跨文化沟通、团队等方面；三是没有紧密围绕企业国际化经营来介绍跨文化管理的方法和技巧。

基于上述考虑，中国高校跨文化管理教材的编写，首先，要明确是以大学生和研究生作为主要读者对象，因此内容应该力求全面、系统和实用，注意通俗易懂，强调“应知”（知识点）和“应会”（可操作性）。其次，要以“跨国公司”为核心，以“文化差异”为重点，立足于全球化与本土化、标准化与差异化，

同时做到理论与实践相结合，强调跨文化沟通和人力资源管理。具体来说，跨文化管理教材需要在文化与管理、跨文化沟通与谈判、跨文化人力资源管理与跨文化营销等方面上着力和改进。

（一）文化与管理

国家文化是在一个国家政治边界内占主导地位的文化，包括一个国家的成员所面临的共同经历、共同语言和共同制度环境等，从而对其价值观的形成产生共同的影响，使该国家的成员区别于其他国家的成员，也使得他们与外国文化特征明显区别开来，因此国家文化也是一个国家个性的体现。企业作为某个特定国家的组织成员，国家文化对该国的企业文化有着广泛而深刻的影响，这一点在经济全球化时代表现更加明显，需要引起那些实施国际化经营的企业高度重视。文化对管理的影响主要体现在企业经营战略、组织架构设置、企业制度建立和执行、领导和员工的行为四个方面。

（二）跨文化沟通和谈判

跨文化的沟通过程与一般意义的沟通区别仅在于信息是在不同文化背景的双方之间传递，即信息的发出者与接收者是不同文化的成员。信息在编码和解码的过程中会受到文化的干扰。要找出跨文化沟通的有效方法，需要明确在跨文化沟通的过程中存在哪些文化干扰。只有界定了这些干扰因素并努力将其消除，才能实现有效的跨文化沟通。

来自不同文化背景的谈判者有着不同的价值观和思维方式，因而也就决定了不同的交际方式，这就意味着在国际商务谈判中了解各国不同文化，熟悉商业活动的文化差异是非常必要的。文化差异对商务谈判的各个方面都有直接的影响，谈判者必须增强对文化差异的敏感性，了解谈判风格上的差异，为达成协议打下坚实的基础。

（三）跨文化人力资源管理与跨文化营销

跨文化人力资源管理指的是在一个跨国公司内获得、分配和有效使用人力资源的过程。一般而言，跨国公司的人力资源管理比国内企业人力资源管理更复杂，它对优秀雇员的需求更迫切，同时它面临的选择也更多元化。跨国公司的员工可能来自母国、东道国和其他国，其种族构成也多种多样。人员的配备与培训、绩效考核、薪酬设计和子公司的劳资关系管理，都会涉及公司海外业务是否能顺利展开，这对跨文化人力资源管理来说是一个严峻的挑战。

跨文化营销是指企业在两种或两种以上的文化环境中进行的营销活动，包括跨文化需求分析和市场调研、跨文化产品开发及定价、跨文化促销和品牌管理、跨文化分销渠道管理等内容。跨文化营销是国内营销的延续与发展。企业开展跨文化营销的关键在于考虑文化因素对营销的影响，使自己的营销规划和活动与这些不同的环境特征相适应。

因此，如何保持本土文化的优势和特色，又能吸收外来文化的精华，将成为全球化时代企业的生存之道。这就需要当代的企业管理者具有更多的文化敏感性，及时地进行角色转换和观念重塑，掌握跨文化条件下进行经营与管理的技巧。随着中国对外开放的不断扩大，企业对于精通跨文化管理和中国式管理的人才需求与日俱增，为了满足国际市场及国内市场的人力资源需求，高校里跨文化管理教学的广度和深度都需要加强。种种迹象表明，在经济全球化持续高涨的情况下，中国的跨文化管理教材通过与时俱进的发展和创新，众多高校培养的对文化有充分理解、敏感和适应能力的国际化人才，在未来世界经济的舞台上将发挥积极的作用。

第五节　案例教学在文化产业管理专业课程中的应用

作为21世纪的朝阳产业，文化创意产业正在成为一个国家和地区经济社会发展的重要动力。习近平总书记在党的十九大会议上说，推动文化产业与文化事业的发展，坚定文化自信推动社会主义文化繁荣兴盛。2017年12月，中共上海市委、上海市人民政府发布《关于加快本市文化创意产业创新发展的若干意见》（以下简称“上海文创50条”），围绕着力推动文化创意重点领域加快发展、构建现代文化市场体系、引导资源要素向文化创意产业集聚等提出50条措施。

作为文化产业的专业人才，一方面需要具备相关文化内容，如文化产业的内容生产，动漫、影视、游戏、网络文学、主题乐园与及艺术品等；另一方面还需要掌握文化产业经营与管理等方面的专业知识，如文化产业的投融资、文化产业的战略管理、文化产业的营销管理及文化产业的价值链管理等。因此，运用文化产业经营与管理知识到实践工作中，解决实践问题也是文化产业管理专业的教学培养目标。作为伴随新兴产业兴起的新课程，如何在较短的教学时间内有效地向学生传递大量的管理、金融与经济类知识信息，培养其实际的解决问题的能力，一直是课程探索的方向。这其中引入案例教学与小组讨论是一个非常有效的方法。

一、文化产业管理学的课程特点

作为一种教学方法，案例教学应该根据课程的培养目标与课程特点来进行。

文化产业管理学课程的教学不同于管理学的教学，具有如下特点：

（一）授课目标多样化

文化产业管理学的授课目标主要定位在以下几个方面：第一，通过文化产业管理学课程的教学，使学生从宏观与微观两个方面理解文化产业的管理目标。宏观角度主要包括我国文化产业行政管理、法律管理与舆论管理三个方面；微观角度涉及文化产业的生产方式、组织结构、价值链管理与投融资管理等。从而进一步了解文化产业的内涵与发展规律。第二，结合党的十九大坚定不移地推动文化产业与事业的发展，理解和认识文化产业在未来我国相关产业中的重要地位，增强城市吸引力与我国文化软实力，促进文化输出。第三，深刻认识文化产业管理在相关文化行业，如电影、动漫、网络文学及海派的应用，并整合相关要素，促进相关产业的发展与提高产业集聚的效应。

（二）课程内容复杂

从课程内容来看，文化产业是一个庞大而复杂的行业集群，包括文化生产产业、文化设备供应产业及后期为文化内容产业提供营销与金融服务等产业。这一特点也影响了文化产业的教学。学生一方面要了解各个文化产业的基本情况，另一方面要熟悉相关管理学、经济学、法律及金融学的相关知识。具体而言，在文化产业投资管理这章节，学生要了解目前融资的渠道有哪些方面，同时还需要结合细分行业（电影、音乐）的行业特点，从而为企业选择合适的投资渠道，而该课程作为文化产业管理专业的基础课，是后续课程文化产业营销、动漫产业与制作、文化产业经纪人等基础，课时有限，如何将大量的管理学、经济与金融等知识在较短的时间内有效地传递给学生，对授课老师而言是一个挑战。

（三）课程实践操作性强

学生使用基本管理学原理来解决文化产业的相关实践问题，是本课程设置的根本目的。例如，我国电影行业的发展，一方面要结合我国电影行业高风险高收益的特点，来为电影的制作方提供适合的融资方式；另一方面结合电影行业价值链的基础活动与辅助活动，延长产业价值链、增加电影衍生品的创新与生产。换言之，实践操作能力的培养，解决实际产业存在的问题才是课程的根本目的，必要的管理学与金融经济学知识的传递，是为了实现课程能力培养目标的基础与辅助。进一步来说，文化产业的子领域的特点呈现多样性，但动漫产业、影视产业、主题公园的特点又不相同。因此，在教学中需要引进不同案例来说明文化产业的管理特点。

二、文化产业管理学课程的教学方法的创新

案例教学法最初是由哈佛大学创建的，主要应用在高级经理人与管理精英的

实践教育，后来广泛地应用于高等教育的授课当中。课程教学方法的选择，应该服从于教学目的并充分考虑课程的特殊性。案例教学方法也广泛地应用于经济与管理的许多课程当中。文化产业管理学的特殊性，要求我们通过教学方法的创新来实现良好的教学效果。文化产业管理课程宜采用以下几种案例教学方法。

（一）案例分析法

案例分析法指对一个具体的而完整的个别案例进行深入的观察、研究及分析，通过案例了解发现相关事物的内在发展规律。文化产业应该选某些具体的案例来分析文化产业管理中的特点与运行机制。如对“网易云音乐”商业模式、产业链条及收费模式的案例进行完整的分析，能发现我国网络音乐的发展特点与存在的问题，从而在实践的过程中，探索网络音乐的未来发展模式等。个案分析法可用于某章或者某一个问题系列讲授后，由老师提出一个问题，学生在课后准备，由同学分组讨论各抒己见，最后由老师总结。

案例教学的过程控制主要包括：案例编写—案例呈现—案例总结—效果反馈。第一阶段，案例编写过程中，要注意案例在解释理论过程中的典型性，即案例与某一个或几个知识点的对应。除此之外，案例需要具有生动性。案例不仅要有丰富的文字资料，而且还需要图片、表格及视频传递案例的信息，这样才能吸引学生参与下一步的案例讨论。第二阶段，呈现案例的过程中，应事先向学生指明对应的知识点，告诉学生如何搜集资料，并向学生提出几点思考的问题。第三阶段，案例讲述与讨论。在这个阶段，教师是讨论的组织者和引导者，根据案例的预案引导学生检视案例情况，整理归纳出案例的争议焦点，并在此基础上讨论或者辩论。第四阶段是案例的总结。案例总结主要针对学生的分析方法、讨论思路、解决方案进行评价，指出知识学习与案例讨论中的不足，帮助学生形成系统的知识结构，解答学生提出的疑惑，并引导学生对不足与疑惑问题进一步深入思考。

（二）课堂穿插讨论法

在讲述某些章节的文化产业管理原理的过程中，把案例的讲解作为理论的一部分穿插在授课之中，利用各种案例加以分析，使得学生通过案例更深刻地理解知识点，这种方法主要适合章节中的难点与重点。例如，在讲述文化产业投资风险管理的过程中，引用《印象・刘三姐》的案例。这个场景剧对拉动桂林当地旅游经济起到了巨大的作用，每年利润为 1 亿多元。但是，由于股东多次将此做无形资产抵押，导致其所在文化公司破产。这个案例就充分说明，文化产业投资的后期风险管理的重要性。使用这个方法需要注意两个问题：一是每一知识点讲解的案例不宜过多，以免影响教学进度；二是尽量选取简单易懂的案例，以免学生对所要说明的理论产生歧义。

（三）专家讲座报告法

为配合文化产业管理案例教学，还可以聘请相关专家、国内外教授及企业家围绕一些基本理论，结合实践的管理经验，举办相关的系列讲座。采用这种方法可以使学生充分理解文化子产业（如横店影视城、直播网站、动漫制作等）的运行机制与发展规律。采用这一教学方法，教师一方面要有较强的协调与沟通能力，事先督促学生做好课前准备；另一方面讲座后通过提问环节，让学生与专家直接对话，使学生开阔视野，活跃思维，提高知识水平与应用能力。

三、结论与建议

虽然诸多课程都采取案例教学的方法，但依据《文化产业管理学》课程的自身特点，案例教学意义性较强，主要体现在以下几个方面：第一，通过案例给学生设定任务，通过学生的小组讨论，驱动学生主动思考，激发其好奇心，促进理论知识的理解；第二，通过案例的详细剖析，引导学生在掌握理论知识的同时，可以灵活地解决实际中遇见的问题，更好地实现本课程的培养目标；第三，通过案例教学，能够将管理学与经济学的基本原理运用到文化产业中，并且在案例讨论与总结中，教师不断提高自己的教学水平，做到教学相长。因此，在文化产业管理学这门课程中，我们应该重视案例教学的不断改进与完善，增加教学的生动性，提高教学有效性，形成具有特色的文化产业管理学案例教学模式。

第六节　“跨文化管理”在新时代商科课程体系中重新定位的思考

作为管理科学的一个系统性分支学科，跨文化管理的历史并不长。从正式形成到受到关注大约不到30年的时间，即使从早期对跨文化管理学科起着奠基作用的人类学家的相关研究算起，也不过50年时间。我国的跨文化管理教学起步较晚，一直处于简单介绍西方跨文化管理理论的初级水平。研究与教学、教学与实践脱节情况尤为严重。

本部分内容尝试从学科定位的实务化导致教学对象的缩水、学科理论的单一化引发教学内容的困惑这两方面来反思中国跨文化管理课程的教学实践。

一、中国跨文化管理教学现状

20世纪80年代中期，对外经济贸易大学开始在外贸专业中开设跨文化沟通和管理方面的课程，跨文化管理由此走进中国大学课堂。为了掌握国内跨文化管理课程教学的基本情况，我们对国内以经管类和外语外贸类为主的126所本科高校进行了调查。① 采集的数据宏观地反映了我国跨文化管理教学现状（见表9-13）。

表9-13　跨文化管理课程教学的基本调查情况

"985"和"211"院校		开设跨文化管理课程		开设年级		必修课		周课时	
是	非	是	非	一、二	三、四	是	否	=2	>2
82%	18%	100%	0%	4%	96%	20%	80%	95%	5%

开设学期数		所属专业		教师学历		班级规模			考核形式	
=1	=2	人力资源管理	其他	博士	非博士	≤30	30≤100	≥100	标准化试卷	其他
94%	6%	92%	8%	47%	53%	8%	24%	68%	93%	7%

归纳起来有如下特点：

（1）开设较为普遍。被调查的高校，不分层次、类别，全部开设了跨文化管理课程，本科层次开设年级为大三或大四。

（2）基本为选修课，且课时少。

（3）班级规模偏大，以考核知识点为主。

（4）教学对象集中。跨文化管理多被设为人力资源管理的专业选修课，授课对象主要来自该专业的学生；其次为工商管理、国际商务、国际企业管理、市场营销等专业；管理类其他专业的学生很少。

从这些数据我们不难看出，跨文化管理课程在我国的普及速度很快，但其设置基本上流于形式。事实上，在具体的教学实践中确实存在着不少亟待解决的困惑与问题。

二、跨文化管理教学亟待解决的困惑与问题

为了进一步了解跨文化管理课程微观教学层面上所遇到的困惑与问题，我们在不同场合与来自所调查院校的12位任课教师进行了深度交流。结合自己的切身体会，我们发现我国跨文化管理教学在指导思想和教学实践中存在不少误区。主要集中在三个方面：

① 我国高校中的传播学和外语类专业普遍开设有跨文化传播、跨文化交际、跨文化交流、跨文化沟通等课程，其内容与跨文化管理有交叉，但在严格意义上不能与之等同。因此，本调查并没有予以关注。此外，本调查也不考察以跨文化管理为研究课题的专业研究生和MBA学员的情况。

（一）过于注重宏观理论介绍，忽视具体国别文化的深入了解

在教学实践中，跨文化管理课程的教学内容大都简化为介绍跨文化管理的理论知识，且仅限于主流的文化维度理论，对于包括早期文化人类学家和社会学家奠基之作的其他流派的研究成果则往往一笔带过，甚至忽略不计。由此，学生对跨文化管理学科的理论体系就难以完整把握，把跨文化管理等同于相互关联、相互交叉甚至是相互重叠，基本同属一种研究范式的霍夫斯泰德（Hofstede）的文化维度理论、Ronen 和 Shenkar 的国家集群理论、克拉克洪（Kluckhohn）和斯托德伯格（Strodtbeek）的价值取向理论以及查尔斯·汉普登—特纳（Charles Hampton-Turner）与冯斯·川普涅尔（Fons Trompenaars）的文化架构理论等。

不仅理论知识的教学内容严重缩水，而且具体国别文化知识的讲解也很不到位。鉴于历史和现实的原因，跨文化管理课程会着重介绍一些重要国家的文化特征，而对这些国家文化特征的介绍在很大程度上演变为"旅游宣介"，即一些在各种旅游指南中就可以看到的较为浅显的饮食、服装、礼仪等风土人情的相关知识。组织文化也基本上完全依照文化维度理论的框架进行讲解，且内容局限于通过大众媒体就可以了解到的一般性、常识性认识，远远达不到跨文化管理课程所要求的介绍国别文化需达到的思想和理论深度。

究其原因，课时严重不足是一个重要原因。94%的被调查高校只开设 1 个学期的跨文化管理课程，而每周开设 2 课时以上的占比仅为 5%。这样的课时在文化这个博大精深的主题面前显然是微不足道的。正如一位教师说的那样："90 分钟甚至连一个理论的背景知识都介绍不完，更别说要讲几个理论了，而这些（理论背景知识）都是必要的，否则，学生对这些'从天而降'的东西哪来的兴趣?"至于对某些大国文化的系统介绍，则势必需要更多的课时。

（二）盲目追求与其他经济管理课程的整齐划一，忽视跨文化管理课程自身的独特性

在经济和管理学科追求"硬科学化"的背景下，跨文化管理的研究也逐渐偏离了最早进行文化比较研究的文化人类学者和社会学者所运用的质化研究范式，而转向模型化、数量化的量化研究范式，与这一转变相对应的是，教学中教师往往是预先依照所教授的理论设定思考框架，引导学生在框架内去发现问题、分析问题（标准化的考试形式占比为 93%）。结果造成学生思维僵化，将理论生搬硬套，不敢提出不同的意见和自己的看法。

事实上，跨文化管理所探讨的问题很多涉及日常工作和生活中遇到人与人交往的琐事，每个人都有个人的切身体会，这是与其他经济管理课程本质上的区别。因此，不考虑跨文化管理课程自身的这一特性，一味追求与其他经济管理课程整齐划一的教学理念，不但无助于学生跨文化管理能力的提高，反而会对其进

行误导。

（三）教学形式单一，学生缺乏参与

尽管绝大部分被访教师都在教学大纲中设计了案例教学、课堂讨论、多媒体互动等教学形式，但在教学实践中大都只有课堂讲授这一种形式。这当然与班级规模过大有直接关系（超过30人规模的班级占比达到92%，而30人通常被认为是能否进行有效互动教学的分界点），同时也与教师的主观意识有关。只有不到1/3的教师十分有限地开展过案例教学和课堂讨论，而所用案例基本上来源于教材——从切入点到问题本身全都依照教材设计。严格意义上讲，这属于选做课后练习，而不能称得上是案例教学。

从学生的角度来看，这样的案例教学和课堂讨论因太过程式化而显得乏味无趣，学生的参与热情很低。许多老师反映必须采取包括奖励加分在内的一些非常有力度的激励措施才能调动学生的积极性。一位同学对此的感触很有代表性："书上的案例没什么意思，很多问题只要拿什么'集体主义/个人主义'之类的东西一套就解决了，答案是现成的，不说也知道的，没什么可讨论的，老师也是这样讲的。要是没有加分什么的，不会有人发言的。"

三、对问题的深入分析及建议

跨文化管理课程在教学中遇到的困惑与问题是由多方面的原因造成的，从指导思想到实践细节，教学的每一个环节都必须进行必要的调整，才能从根本上改善跨文化管理课程的教学质量。我们分别就学科定位和学科理论构建两个问题进行反思。

（一）学科定位的实务化导致教学对象的缩水

跨文化管理作为一门思想性极强的交叉学科，对企业管理实务的各个方面都有指导意义，不仅应该成为人力资源管理专业的必修课，也应该成为所有经济管理专业的必修课程。然而，从调查的情况来看，绝大多数开设跨文化管理课程的高校不仅限定了修读学生的专业范围，而且限定了他们的年级（96%的高校只在三年级或四年级开设），并在课程说明里规定了诸如管理学原理、市场营销、组织行为学等预修课程。这实际上是把跨文化管理作为一门建立在"基础理论"之上的"高阶"课程。这样的处理在从根本上否定了跨文化管理课程通识性和启蒙性的同时，却强化了其实务性。

满足学生掌握实务技能的学习愿望固然符合以培养实用型人才为目标来设置经济管理类专业的课程指导思想，但具体到跨文化管理这门课程，学生学习的首要目的果真如此吗？为了了解学生对跨文化管理课程的认识和要求，我们对上海

对外经贸大学选修该课程的三个不同专业共156名学生进行了问卷调查。

在回答“你选择本课程的主要动机是什么?”时，35%的受访者选择“对不同文化感兴趣”，选择“受课程名称吸引”的比例也达到31%，选择“掌握一种工作技能”的学生只有11人，占7%；对待另外一个问题“通过学习本课程，你有什么期待?”时，72%的受访学生选择了“提高个人修养和为人处世的能力”，有“了解一些国家的文化特征”“学会与外国人处事”和“知晓一些外国礼仪，有助于出国旅游”等实务性期待的分别占10%、11%和7%。从受访学生对任课老师的业务素质的要求上看（回答问题“你认为本课程的教师最应具备的条件是什么?”），受访学生最看重“开放、活跃的思想”（55%），其次是“实践经验”（33%）、“留学经历”（9%），最后才是“教学经验”（3%）。这也从一个侧面表明，学生更多地希望通过跨文化管理课程获得思想上的启发。

可见，学生选修跨文化管理课程并不是盲目的，更不像许多老师认为的那样完全出于实用主义的目的，而是“兴趣”“好奇心”驱使所致，首要的是为了提高个人综合素质和思想境界。由此，我们认为应该把跨文化管理课程定位为基础类思想启蒙课，所有经济管理类专业的必修课，大幅度增加课时量。

（二）学科理论的单一化引发教学内容的困惑

学科的发展是需要学科理论的支撑。任何学科理论都不是凭空产生的，而是在学术实践中一步步发展并完善起来的。跨文化管理是一门新兴学科，更主要的它还是一门交叉学科，这就决定了它的学科理论界限的模糊性和理论构成的不确定性。[①] 然而，国内跨文化管理的研究却形成了文化维度理论一统天下的局面，俨然以一种完备的体系出现。所有的国内用中文出版的跨文化管理教材不仅用大量篇幅介绍文化维度理论，而且对所有内容的分析都以之为唯一的理论依据。[②] 从早期胡军教授的《跨文化管理》到近期陈晓萍教授的《跨文化管理》（第二版），所有教材结构大同小异，核心内容基本一致，有些案例甚至一模一样。教材的同质化通常情况下是一门学科发展成熟的标志，但对于跨文化管理课程来说恰恰反映了教材建设的薄弱，凸显教学体系的僵硬。跨文化管理学科理论的单一化也不可避免地造成文化维度理论的缺陷转变为教学实践中的障碍。

一是理论对现实的解释力不足。

---

① 对此，我国学者的认识是一致的：“作为一门新兴边缘学科，跨文化管理理论和方法还十分不成熟，其内容体系和结构布局还很不完善，许多研究领域还是一片空白，在我国，关于跨文化管理的研究可以说是刚刚起步。”“况且，跨文化管理理论本身，至今亦仍然处在激烈的辩论中，现在想搞出一个完备体系是不可能的。”

② 鉴于本文的主旨，在此不对文化维度理论进行深入评述，但需要指出的是这种情况的出现实际上是一种无奈之举。国内一些学者对此是十分清楚的：“由于寻求不到确切的、最有效的研究方法，最佳的策略也许就是进行更广泛的研究”。

介绍文化维度理论之后，许多学生会问道："一个国家在'集体主义'上得80分，另一个国家得85分，反映在现实中，它们有什么区别呢？"这样的问题不仅我们无法简单地给出一个明确的答案，受访的老师也无一能给出一个非常清晰的回答，这无疑会使学生质疑整个跨文化管理课程的严肃性。

二是文化维度理论研究本身较为混乱的状态使得学生无所适从。

迄今为止，跨文化管理研究中已经出现40多个维度，且随着研究的推进，这个数目还会不断增长。当发现现有的维度不足以涵盖现实中发现的问题时，就创立新的维度。如果作为理论发展完善的体现，这被文化维度学者看作是理所当然的话，学生则对此表现出极大的困惑，特别是随着教学的推进，当发现许多不同理论下的维度时常交叉、重叠，甚至一模一样时，学生更是不知所措。一位受访教师对此深有感触："说实话，那么多理论，有时候自己都搞不清楚，怎么给学生讲明白？同一个'集体主义'，在这个理论中是一个意思，到了另外一个理论中就变了。"

三是文化维度理论客观上强化了学生对他国文化的主观判断和刻板印象。

基于韦伯社会学二元论的跨文化维度理论对学生认识纷繁复杂的文化现象并没有实质性的帮助，反而会通过提供理论支持来强化学生的刻板印象：集体主义国家都是传统社会，保守，不鼓励个性张扬，缺乏创造性，讲人情，不讲制度，靠人治，经济欠发达等；普遍主义国家都是现代社会，开放，鼓励标新立异，讲法制，重制度，经济发达等类似的结论不一而足。在这一过程中，学生的刻板印象被合法化和合理化，更增加了其全面了解异国文化的难度，严重制约其在跨文化环境下工作和生活能力的提高。

（三）突破困境的建议

不难看出，要想突破跨文化管理课程所面临的困境，关键在于抓住"文化"这个内核，回归文化现象的本质特征。这不仅要求要把跨文化管理作为一门讲授、解读文化的通识性素质教育课程，也要求大力发展对文化研究最初的，但被忽视的研究路径，大力介绍文化人类学家和社会学家的基础性和原创性研究成果，以最原始的面目介绍跨文化管理，以求摆脱学科理论单一化的桎梏。

一直以来，文化维度理论在我国的跨文化研究领域一统天下，我国学者对质化研究范式并不重视，对有关研究成果了解较少。比如，早在20世纪70年代法国企业社会学者菲利普·迪里巴尔纳就采用民族志的方法对企业管理实践进行跨文化研究，在1989年出版了《荣誉的逻辑——民族文化与企业管理》一书，在欧洲管理学界引起巨大反响，后被译成多国文字，影响到我国近邻日本，而我国直到2005年才由商务印书馆出版了此书的中文版，但并未引起学界的关注。即使对《Z理论——美国企业界如何迎接日本的挑战》这样受到广泛援引的著作，也只是将其作为案例处理，并没有从其研究方法得到更多的借鉴和启发。

在我们所做的调查中，一个十分值得思考的现实是在被问及“你认为与本课程关系最为密切的学科是什么”时，69%的受访学生选择社会学，只有1个学生选择统计学。这表明，在学生的潜意识中，文化研究似乎与数字并没有关系，属于人文类研究，这一认识是符合跨文化管理学科发展的实际情况的。因此，包括《新教与资本主义精神》在内的，给文化维度理论家提供极大启发的人类学和社会学的文化比较研究应该成为跨文化管理教学的重要内容。

四、结论与建议

我国跨文化管理学科经过十几年的发展，已经成为管理类专业普遍开设的专业课，在研究领域的一些方面也达到了较高水平，但在学科教学实践中存在很多问题，值得学界同仁反思，尤其是学科定位、学科理论构建、学科教材建设已经很难适应以经济全球化和文化大融合为特征的时代对培养高素质管理人才的要求，甚至背离了跨文化管理课程设置的初衷。

为了改变这一状况，首先，要从思想上对这门课程重视，将其定位为经管类专业必修的思想启蒙课，保证课时，给教师足够的时间对相关内容进行深度讲解；其次，在教学内容上加大对文化人类学和社会学基础研究的介绍力度，改变学科理论单一化的局面，还原跨文化管理学科的思想性和理论性；最后，要依据学科特点进行教材建设，力求不拘一格地编写形式多样的教科书，实现教材建设的多元化。

第七节　基于文化贸易特色的文化产业管理专业人才培养创新与实践

习近平总书记在党的十九大报告中指出，文化是一个国家、一个民族的灵魂。文化兴国运兴，文化强民族强。没有高度的文化自信，没有文化的繁荣兴盛，就没有中华民族伟大复兴。要坚持中国特色社会主义文化发展道路，激发全民族文化创新创造活力，建设社会主义文化强国。同时，满足人民过上美好生活的新期待，必须提供丰富的精神食粮。因此，我国要推动文化事业和文化产业发展，健全现代文化产业体系和市场体系，创新生产经营机制，完善文化经济政策，培育新型文化业态。

一、背景与趋势

长期以来，中国经济在国际分工和交换中，主要从事中低端产品的生产和出口，依靠相对廉价的劳动力，消耗了大量的资源，甚至付出破坏环境的代价，却只赚取了产业链中不太有利的价值。与此同时，一些西方发达国家则利用文化优势，向全世界包括中国大量输出文化产品和服务。它们依靠相对高端的人才，节省了不少其他方面的成本，生产或提供了含金量和附加值很高的文化产品和服务，获得了丰厚的回报。

以迪士尼为例，可以了解西方发达国家在文化贸易方面的成果。作为美国文化的象征之一，迪士尼的动漫作品早已深入人心，在此基础上，迪士尼乐园也在全球攻城略地。继 2005 年香港迪士尼乐园建成以后，2016 年上海迪士尼又开园了，它是中国大陆第一个、亚洲第三个，世界第六个迪士尼主题公园。据《财经》报道，华特迪士尼公司 2017 年 Q4 财报会议中，迪士尼 CFO Christine McCarthy 表示，上海迪士尼度假区在其第一个完整运营财年获得盈利。“上海迪士尼乐园的表现全面超过了我们的预期，不管是入园人数还是达到现金流平衡的速度。”①

改革开放以来，中国经济高速发展，人民生活水平大幅提高，精神文化方面的消费也日益增长，推动了文化产业的不断进步。与此同时，经济全球化的发展又带来了文化贸易的繁荣：一方面，国外的文化产品和服务越来越多地进入中国；另一方面，随着中国企业和文化的走出去，尤其是“一带一路”倡议以后，中国的文化产品和服务也开始逐渐扩散到其他国家。2015 年，世界经济仍处于国际金融危机后的修复期，受有效需求普遍不足、大宗商品价格大幅下滑等不利因素叠加影响，全球贸易持续低迷。在此背景下，在自贸试验区试点在全国铺开、“一带一路”倡议拉动新兴市场文化贸易出口增长等利好因素作用下，我国文化贸易总量保持增长态势。

上海是中国国家中心城市，也是中国的经济、金融、贸易、航运和科创中心；上海也是首批沿海开放城市，以及中国大陆首个自贸区“中国（上海）自由贸易试验区”所在地。近年来，上海的文化产业总体规模继续扩大，保持快速发展，已经成为支柱性产业。随着文化“走出去”步伐不断加快，保障机制日益完善，为推动文化领域供给侧结构性改革，上海在加快建设国际文化大都市，文化贸易总量也在持续扩大，文化贸易发展质量不断提高，包括外向型文化企业积极开拓海外市场，本市优秀文艺节目通过市场化手段走向国际市场，对外文化

① 证券时报网（www. stcn. com）2017 年 11 月 12 日讯。

贸易渠道不断拓展和提升。上海对外经贸大学地处上海，有天时地利人和的优势，通过建设文化产业管理专业，抓住文化贸易的大好机遇，应该大有作为。

二、错位与定位

近年来文化产业管理专业如雨后春笋般蓬勃涌现，据统计，从 2003 年最初的 4 所高校已经发展到 2017 年的 194 所（韩庆东，2017），呈现出“大干快上”的迹象，也预示着今后竞争与合作会越来越多。竞争或者合作的一个重要基础是差异化，一方面差异化是一种竞争战略，另一方面差异化形成的优势互补也是合作的前提，否则同质化容易导致零和游戏。因此各个高校的文化产业管理专业都要考虑自己的特色和定位，应该通过错位来实现良性互动和避免恶性竞争，这对于开设已久的专业很重要，对于后面的新设专业尤其重要。

上海对外经贸大学是国家财经类大学之一，创办于 1960 年，59 年来始终与国家对外开放、对外贸易发展休戚与共。学校现有经济学、管理学、文学、法学、理学五大学科门类，其中国际经济与贸易、英语、金融学、物流管理、工商管理为教育部特色专业建设点。上海对外经贸大学的文化产业管理专业开设于 2015 年，加入全国高校文化产业管理专业这个大家庭才四年。当初在申报新专业的时候，筹备人员通过各种调研，分析了外部面临的机遇和挑战，以及本校的优势和不足，最后考虑将文化贸易作为上海对外经贸大学文化产业管理专业的专业特色。

2012 年，教育部颁布的《普通高等学校本科专业目录和专业介绍》中，文化产业管理专业要求的核心课程包括：文化产业管理概论、文化产业经济学、中国文化史、文化资源概论、公共事业管理、大众传媒管理、演艺娱乐经营管理、动漫与数字产业经营管理、影视产业经营管理、文化经纪理论与实务、文化产业政策与法规、现代服务业管理、文化商务英语 13 门课程，其中工商管理类课程占了一半左右。

将上海对外经贸大学的文化产业管理专业归属在工商管理学院，主要考虑到该学院已有的工商管理、市场营销和人力资源管理三个专业可以为其很好地发挥支撑作用。创办文化产业管理专业之前，上海对外经贸大学已经开设不少相关专业，其中属于商科类的就有 10 多个，特别是旅游管理、会展经济与管理两个专业与文化产业关系密切，此外新闻专业与文化产业管理专业也有很多交集，这些都为文化产业管理专业的开设提供了诸多的支持。

上海对外经贸大学正努力发展成为一所高水平、国际化、特色鲜明的应用研究型大学。学校在我国恢复“关税与贸易总协定”和加入世界贸易组织（WTO）的工作中做出了积极的贡献。学校发起成立了“关贸总协定上海研究中心”“世界贸易组织上海研究中心”“世贸组织贸易政策审议中心”“WTO 争端解决机制研究中心”等机构，是世界贸易组织首批教席院校之一。学校获准建立上海市普通高校人文社科重点研究基地、上海市社会科学创新研究基地——上海国际贸易中心战略研究院等研究平台，系统开展国际贸易领域的高水平研究，服务于上海和国家的对外经贸事业。由于国际贸易是上海对外经贸大学最重要的特色，因此上海对外经贸大学的文化产业管理专业将文化贸易作为自己的特色，也就有了重要的依托。

三、特点与模式

上海对外经贸大学是我国对外经贸人才的摇篮，注重培养学生“知识、能力、素质”协调发展，提升学生国际交往能力与专业实践能力、就业能力与创业能力、职业素养与社会责任意识，形成了特色鲜明的国际经贸应用型人才培养模式。建校以来，学校为国家培养的国际经贸专业人才中，许多人已成为我国对外经贸企业界的领袖人物、跨国公司或涉外企业的精英骨干，在世界经贸舞台发挥才干。

上海对外经贸大学文化产业管理专业在今后的发展以及人才培养中，始终将突出以下几方面的特点：

（一）“一个定位、两个支撑、三个模块”的人才培养模式

上海对外经贸大学的文化产业管理专业的培养模式特色如图 9-2 所示，可概括为“一个定位、两个支撑、三个模块”。

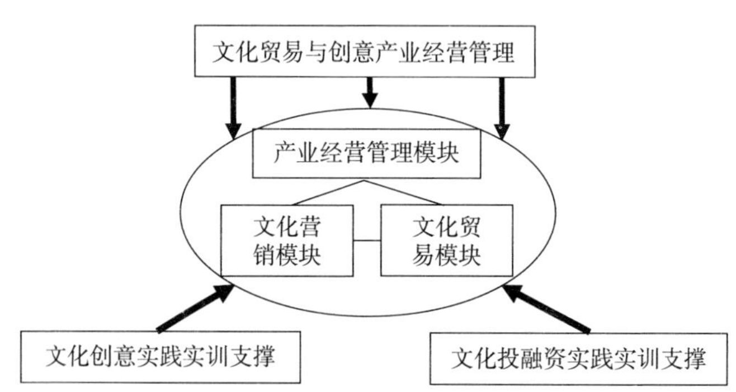

图 9-2　上海对外经贸大学的文化产业管理专业的培养模式特色

1. 一个定位

培养具备人文社科视野和文化艺术修养，既懂文化产业经营管理理论与实务又懂文化贸易理论及实务操作的专业化应用人才，着重培养从事文化产品国际贸

易、文化产品国内营销与文化人才与服务经纪、文化企业经营与管理等方面的中高级人才。

2. 两个支撑

“文化创意实践实训”和“文化投融资实践实训”是实现文化贸易人才的培养目标的两大重要支撑。文化创意解决文化贸易的对象问题，即文化产品和服务的来源，包括设计和生产等文化产业管理的上游环节。文化投融资解决文化贸易或者文化企业的融资和投资，这个问题不解决好，文化产品难以生产，文化服务难以提供，文化贸易也不容易做大规模。

3. 三个模块

文化贸易与创意产业经营管理专业化应用人才素质通过“产业经营管理”“文化营销”和“文化贸易”三大模块的课程教学与社会实践及模拟活动等环节保障。产业经营管理模块侧重文化企业的运营管理，要求学生从整体上或者战略高度上对文化企业的运营管理把控；文化营销包括国内和国外两个市场的销售和贸易，涉及市场调研和促销推广等活动；文化贸易侧重激励文化创意，推动文化产业发展，促进文化出口；进一步推进文化创意、影视、演艺、出版、数码、动漫、游戏、音乐、工艺美术、广告传媒等产业发展，特别是推动文化企业“走出国门”；主要学习文化产品的国际国内贸易的谈判、交易以及运营管理等内容。

（二）研究型、职业型和创业型人才的分类培养

基于文化产业管理专业的前期基础和发展现状，上海对外经贸大学准备经过几年的努力和校内外合作，将文化产业管理专业建设成为我国尤其是东部地区具有特色的“研究型人才、职业型人才和创业型人才”三类人才的培养基地，为我国政府的文化管理部门、大型文化企业和自主创业输送大量高素质的应用型人才和企业经营管理人才，促进我国文化产业的新发展。与此对应，上海对外经贸大学将每届文化产业管理专业的学生根据其培养类型分成若干小组，并且选派合适的专业导师和校外导师进行有针对性的辅导和训练。

1. 文化产业管理研究型人才

研究型人才指的是在文化产业管理专业本科学习四年后，准备报考研究生继续深造的学生。这些学生对文化产业管理的学术研究兴趣浓厚，上海对外经贸大学将选派在学术研究方面造诣较深的专业老师担任指导老师，一方面加强其理论素养，另一方面提供一些学术训练，同时针对性地进行考研辅导。

2. 文化产业管理职业型人才

职业型人才指的是在文化产业管理专业本科学习四年后，直接就业参加工作的学生。这些学生通常占大多数，他们希望毕业后能够顺利找到工作，很多人会朝着文化产业管理职业经理人的方向发展。上海对外经贸大学将选派实践经验丰

富的专业老师，以及正在从事文化产业管理业务的校外导师一起对他们进行指导，强调理论联系实践和学以致用。

3. 文化产业管理创业型人才

创业型人才指的是在文化产业管理专业本科学习期间或者毕业后，立即或者将来准备创业的学生。这些学生顺应国家提出的“大众创新，万众创业”，以及教育部对于大学生创新创业的相关要求，希望在文化产业管理领域能够干出一番事业来。针对这种情况，上海对外经贸大学将选派有创业管理指导经验的专业老师，以及创业成功的文化产业管理方面的校外导师一起对他们进行辅导，同时学校和专业也会提供各种配套政策和支持。

（三）专业教师和校外导师双管齐下的教学和辅导

为实现文化产业管理专业的培养目标，提高人才培养质量和社会服务水平，上海对外经贸大学文化产业管理专业打造了一个专兼结合的教学团队。一方面，通过日常培训、国内外进修、攻读学位、同行交流、挂职锻炼等途径，建立起了一支结构合理、工作勤奋、责任心强的专业教师队伍；另一方面，从企业、政府机构或其他高校聘任一批业务水平高、实践经验丰富的兼职教师到校开设讲座或短期任教，进行教学与科研指导，与课堂教学形成互补。

1. 加强文化产业管理专业教学团队建设

根据文化产业管理课程设置和人才培养的要求，上海对外经贸大学目前的师资建设已经有一定的基础，但是形成一支高水平师资队伍仍然需要努力：一方面可以多种形式整合校内文化产业的研究师资为我所用，包括周边松江大学城其他高校的文化产业管理专业的师资；另一方面在“十三五”期间，上海对外经贸大学文化产业管理专业也制定了教学团队建设目标，如表 9-14 所示。

表 9-14　上海对外经贸大学文化产业管理专业教学团队建设指标（2016~2020 年）

指标名称	具体内容	指标数量
专业师资引进	引进国外文化产业博士	1~2 位
	引进国内重点院校文化产业博士	1~2 位
教学团队构建	组建课程教学常规团队	3 个
	打造学校优秀教学团队	1 个
	打造省部级以上优秀教学团队	1 个
教师培养与国际交流	派遣师资到国内外短期培训	3 人次
	邀请国际师资授课或讲座	2~3 人次
	邀请国际师资授课或讲座	每年不少于 3 人次

2. 加强文化产业管理专业校外导师队伍建设

在上海对外经贸大学文化产业管理专业教师团队的基础上，具有管理才能与创业经验的特聘兼职教师的建设也需要加强。这些人包括职业经理人、企业高级管理人员和创业者，他们的经历和经验对学生来说难能可贵，他们的现身说法对学生很有说服力。他们在教学和辅导过程中可以引用具体鲜活的案例，通过真实的事件，帮助培养学生的判断能力和分析能力。另外通过这些校外导师，学校可以与一批具有相当实力与发展前景较好的文化企业建立联系，争取企业的支持，使其成为学生的实习实训基地，给学生带来更多的实践的机会。

四、创新与实践

上海对外经贸大学文化产业管理专业从课程体系、教学方法和特色实践项目等多个角度入手，构建适合于新时代文化产业管理人才的培养模式，重点在创新性、实践性和国际性三方面努力。

（一）实践教学

文化产业管理专业的实践性非常明显，为实现上述人才培养特色，上海对外经贸大学文化产业管理专业实施“产学研融合下的项目训练教育教学模式”，借助实习实践基地，通过各类项目的设计与实际操作，落实学生培养的总目标和具体目标。为更好地激发学生的学习和创新热情，培养其创新能力，上海对外经贸大学文化产业管理专业积极组织文化项目的营销策划大赛和文化创意产业研讨小组，使学生不仅对文化产业管理实践有更为直观和深入的了解，更能从中加强团队合作意识，通过互相学习交流和观点的碰撞，对文化产业经营管理实践问题提出创造性的解决方案。

在教学实际中，把具体文化项目引入实际的案例教学中，使学生在“学中干，干中学”，进一步加深学生对理论知识的理解，并提升学生的实践应用能力。如在“文化营销学”课程中，要求学生以小组为单位，以某一具体的文化项目为调研对象，通过问卷或者访谈，撰写调研报告并进行分享和互评。在“影视产业经营与管理”和“大众传媒管理”等课程中运用实验教学法，让学生深入实地调研，发现和分析文化企业经营管理实践中存在的各类问题，并提出相应的解决方案等。

上海对外经贸大学文化产业管理专业采取各种措施，多管齐下，强化文化产业的实践教学，具体指标如表 9-15 所示。

表 9-15　文化产业管理专业实践教学建设指标（2016~2020 年）

指标名称	具体内容	指标数量
加强产学研合作	与文化企业合作，建立实习实训基地	4~5 家
	与地方政府的文化管理部门合作	3~5 个
	与文化行业协会合作	2~3 个
实践师资的建设	聘请文化企业高级管理人员为实践导师	5~8 人
	聘请政府文化部门人员为兼职教师	3~5 人
	打造校内校外的实践教学团队	2 个
学生与教师开展实践实训活动	学生自学组织的实践实训活动	2~4 次
	教师到文化企业的兼任锻炼	2~3 人次

（二）创新创业教学

上海对外经贸大学文化产业管理专业致力于培养学生的创新精神和创业能力。这种培养方案是项复杂的系统工程，不仅需要教师的积极引导，还需要开设创新创业相关课程以及各种创新创业实践。

课程方面，上海对外经贸大学文化产业管理专业融合就业指导和职业生涯规划等课程内容，开设了一系列创新创业基础课程，除了学科共同课——创业管理以外，还涉及企业融资（“文化投融资”）、创业计划（“战略管理”）、创业营销（“文化营销学”）及创业模拟（“工商管理模拟”）等，使学生熟悉文化产业相关的创业创新规则和惯例，掌握相应的理论知识和基本技能，有助于实现学生创新意识与创业技能的提升。

实践方面，低年级学生以开展基础层次的行业企业认知实践为主，如分析企业案例、到企业参观、文化创意产业研讨小组等；中高年级学生组织开展学科竞赛、创新创业计划大赛、创新创业技能培训等；毕业班学生则开展创新创业实战训练，入驻创业基地进行企业孵化等。

上海对外经贸大学文化产业管理专业采取各种措施，多管齐下，强化文化产业的创新创业教学，具体指标如表 9-16 所示。

表 9-16　文化产业管理专业创新创业建设指标（2016~2020 年）

指标名称	具体内容	指标数量
加强师资的建设	风险资本家、实业家、新创立企业的高级管理层	5~8 人
开展创新创业相关课程	理论课程	2~3 门
	实践课程	2-3 门

续表

指标名称	具体内容	指标数量
创新创业实战训练	文化产业企业/创业园区参观观摩	5~8 次
	创新创业计划大赛与技能培训	2~3 次
	文化创意夏令营	1~2 次
	入驻文化创意园区孵化基地	2~3 次
	参加海外实践基地学习	1 次

（三）国际化教学

上海对外经贸大学文化产业管理专业对接全球化的商务环境和学校的国际化办学定位，从课程体系与教学内容、教学方法、师资队伍、对外交流与合作等多个方面，在人才培养模式中全面体现国际化特色，如在专业课中，开设“影视产业经营管理（英）”“文化资源概论（英）”“战略管理（英）”“国际贸易（英）”等双语课程；在教材选用上，双语课程选用国外经典原版教材，非双语课程优先选用国外经典原版教材的中译本；同时通过“商务英语应用能力自主训练（多媒体）”等课程的设置，训练和提高学生在英语环境下的工作能力。

上海对外经贸大学文化产业管理专业注重拓宽学生的国际视野，培育学生从事文化产品和服务的国际贸易的能力和素质。因此，在课程体系中，相应开设了“跨文化管理”“国际贸易”“国际金融”“国际商务模拟训练项目”“国际商法”等课程。此外上海对外经贸大学与加拿大西安大略大学 Ivey 商学院有良好的合作关系，Ivey 商学院拥有关于亚洲企业的大量案例库，并且与上海对外经贸大学有合作办学项目，双方合作历史悠久。以上举措使学生熟悉国际文化企业经营与管理的规则和惯例，掌握相应文化产品和服务贸易的理论知识和基本技能。

因此，根据文化产业管理专业的专业性质、发展现状与基础、社会需求及专业发展潜力与前景等因素，在“十三五”规划期间，上海对外经贸大学文化产业管理专业建设的总目标是，到 2020 年建设成为具有鲜明特色的国内一流水平的文化产业管理专业。具体目标包括：完善文化产业管理专业人才培养的导学模式；探索并建设文化产业管理专业人才培养模式和基地；全面提高文化产业管理专业实践教学质量和教学效果；构建全新的文化产业管理专业教学观念和教学方法；设置具有与上海对外经贸大学传统强势专业相依托的文化产业管理课程体系；培养能够在文化产业及相关产业、政府文化管理部门及文化事业单位从事文化经营管理、文化营销与策划、文化贸易、文化经纪等工作的专业化高级应用人才。

本章小结

作为一个新兴专业，上海对外经贸大学文化管理专业 2015 年成立以来，致力打造文化贸易特色，并从师资团队建设、实践教学、案例教学、新课程建设和教材建设等方面，努力建设适应新经济时代的文化管理教学内容和教学方法，短短几年在实习基地、实践活动、新课开设、精品和重点课程建设方面取得了卓著的成绩，成为上海对外经贸大学工商管理学院一个新的增长点。新经济时代下，随着文化产业在国民经济中的比重不断增加，相信文化产业管理专业必然能够蓬勃发展，创造辉煌未来。

第十章 智能科学与管理新专业申报的尝试

2018年，由齐佳音教授作为专业申报人，上海对外经贸大学申报了“智能科学与管理”新专业。尽管目前尚未得到该新专业最终并未得到批复，我们也想将该专业申报中的一些设想与同行交流。

第一节 新专业申报理由

人工智能将深刻改变人类社会生活、改变世界。人工智能是经济发展新动能，将重塑新型产业体系，引领新一轮科技革命和产业变革，并对生产运营管理、国际产业分工、国际贸易格局与全球化产生重大影响。人工智能需要技术人才，也需要管理人才。一是能将业务逻辑转换为智能需求的技术管理复合型人才；二是企业智能化转型的专业管理人才；三是洞悉人工智能产业发展规律的管理人才。教育部高等教育司和上海市教委先后发文，要求高校主动服务国家战略和上海经济发展需要，开设人工智能相关专业。为此，上海对外经贸大学积极筹备，为社会培养人工智能新时代急需的管理人才。

申请“智能科学与管理”的专业是上海对外经贸大学经济学、新管理学、新金融学及新法学等传统学科。

2017年7月8日，国务院印发《新一代人工智能发展规划的通知》，人工智能成为国际竞争的新焦点、经济发展的新引擎、社会建设的新机遇，要重视复合型人才培养，重点培养贯通人工智能理论、方法、技术、产品与应用等的纵向复合型人才，以及掌握“人工智能+”经济、社会、管理、标准、法律等的横向复合型人才。设立人工智能学科，完善人工智能领域学科布局；设立人工智能专业，推动人工智能领域一级学科建设，尽快在试点院校建立人工智能学院。

2018年4月2日，教育部印发《高等学校人工智能创新行动计划》明确指出，到 2020 年，基本完成适应新一代人工智能发展的高校科技创新体系和学科体系的优化布局。大力支持大学开设“人工智能+”专业，完善人工智能领域人才培养体系，包括学科布局、专业建设、教材建设、人才培养等。

2017 年 10 月 26 日，上海市人民政府办公厅印发《关于本市推动新一代人工智能发展的实施意见》的通知，全面实施“智能上海（AI@ SH）”行动，推动人工智能成为上海建设“四个中心”和具有全球影响力的科技创新中心的新引擎，为上海建设卓越的全球城市注入新动能。通知明确指出，要建设人工智能人才高地，推动有条件的高校设立人工智能学院和专业。

2018 年 2 月 9 日，上海市教育委员会印发《上海高等学校创新人才培养机制，推进一流本科建设试点方案》鼓励支持高校深化产教融合，建立紧密对接产业链、创新链的学科专业体系，对照“中国制造 2025”战略和国家产业结构调整指导目录，对照上海“四个中心”和具有全球影响力的科技创新中心建设需求，建设有力支撑现代服务业、战略性新兴产业和先进制造业发展需要，有力支撑人工智能等新技术、新产业、新业态、新模式发展的一流本科专业。

国务院《新一代人工智能发展规划的通知》明确指出，大力发展智能企业，大规模推动企业智能化升级，支持和引导企业在设计、生产、管理、物流和营销等核心业务环节应用人工智能新技术，构建新型企业组织结构和运营方式，形成制造与服务、金融智能化融合的业态模式，发展个性化定制，扩大智能产品供给。教育部印发《高等学校人工智能创新行动计划》的通知中也指出，人工智能技术正在渗透并重构生产、分配、交换、消费等经济活动环节，形成从宏观到微观各领域的智能化新需求、新产品、新技术、新业态，改变人类生活方式甚至社会结构，实现社会生产力的整体跃升。这说明，人工智能产业发展需要的是学科群，不仅需要技术人才，还需要大量既懂技术又懂业务逻辑的管理人才。

现有经济管理课程体系的理论、内容体系、人才培养模式及教学模式是伴随着工业化进程逐步形成的，与有形工业商品生产方式相适应。随着无形信息商品生产线及新生产方式的出现，管理学理论面临前所未有的挑战。哈默和钱皮的《企业再造》（1993）揭开了管理变革的序幕，埃里克·施密特的《重新定义公司》（2015）、拉斯洛·博克的《重新定义团队》（2015）、Jacob Morgan 的《重新定义工作》（2015）、布莱恩·贝克尔等的《重新定义人才》（2016）等作品的出版预示着新管理时代的到来。

人工智能时代，出现了人人协同、人机协同以及机器人之间协同等必须解决的现实问题，管理的对象、管理的方式、组织的方式都发生了根本性变化。将有效加速传统管理学的尽快转型，让更多的学者能够关注和跟进这一变革，也将为新管理理论体系的构建培养更多的新生力量。

云计算、大数据、物联网、移动互联网、人工智能、区块链等是技术进步，更是思维模式创新。传统经济学、管理学、金融学与法学等面临挑战，同时也出现了新经济发展所需要的新专业及课程体系。目前，基于技术创新的“新工科”日趋成熟，基于新技术、新思维、新经济、新模式的“新商科”呼之欲出。

从 2016 年开始，上海对外经贸大学工商管理学院就在积极推动数字新经济背景下的新商科人才培养改革与实践，探索无形信息商品资源配置、生产方式、组织管理模式、人力资源、金融制度以及法律法规，先后建立起多门新课程，并形成了“新商科”课程建设的理论及方法论体系，探索出创新型人才培养模式的途径与方法。

通过增加“智能科学与管理”专业，提高新经济新管理专业的比例，可促进学校相关专业转型发展。一方面可以培养上海急需的贸易、金融和商务领域的人工智能人才，另一方面可以与现有的数据科学与技术专业互为支撑，进一步完善学校的学科、专业结构和学科布局，为学校经济管理类学科的长远发展奠定坚实的基础，提升学校复合型人才的培养能力和培养质量。

第二节　专业人才培养方案

一、培养目标

本专业旨在培养思想品德好，具有在未来智能化泛主体社会中的认知力、创造力和领导力，拥有系统思维、实践能力、创新意识，能熟练使用人工智能应用技术、掌握企业智能化转型理论和方法、理解人工智能商业逻辑的应用型管理人才。

学生毕业后，能在国家机关和企事业单位从事智能经济、智能金融、智能贸易、智能商务以及人工智能和新经济产业管理工作，能胜任智能产品功能设计、市场营销、生产组织等工作。

二、基本要求

智能科学与管理专业主要培养既掌握人工智能技术又具备数字新经济时代的经营管理理论与方法的复合型人才。毕业生应具备交叉学科背景及综合能力，能理解数字商业逻辑并将新商业模式转化为智能科学模型，具有快速学习能力、跨界合作及沟通能力，并能推动智能科学模型落地为各行业的具体应用。本专业注重智能科学与经营管理融合及创新的能力、跨学科知识背景之间的协同沟通能力、运用计算思维与设计思维解决复杂问题能力的培养。

如图 10-1 所示，智能科学与管理专业建立在社会需求基础之上，经过社会调研及分析研究，确定该专业人才应具备的知识结构、能力和素养。

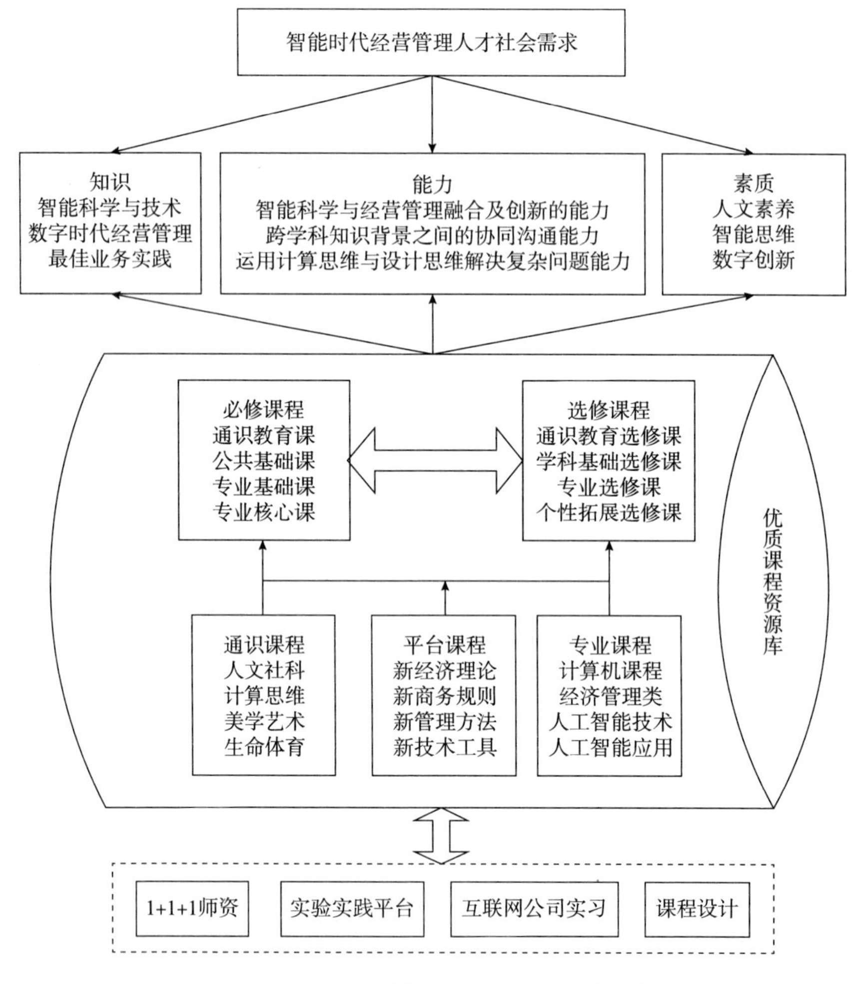

图 10-1　智能科学与管理专业课程体系

根据智能时代经济管理人才应具备的知识、能力和素养，建立优质课程资源库，包括必修课程、选修课程、通识课程、平台课程和专业课程。优质课程资源库既能满足学生基本需求，又能满足个性化人才培养需求。

优质课程资源库的强有力支撑是教学的组织与管理，包括校内教师+海外教师+企业导师（1+1+1 师资）、实验实践平台、互联网公司实习和课程设计。

（一）知识结构

智能科学与管理专业要求学生具备应用智能科学、经济管理以及反映智能时代新管理思想和方法方面的知识，同时要求具有人文艺术、法律、社会学方面的知识（见图 10-2）。

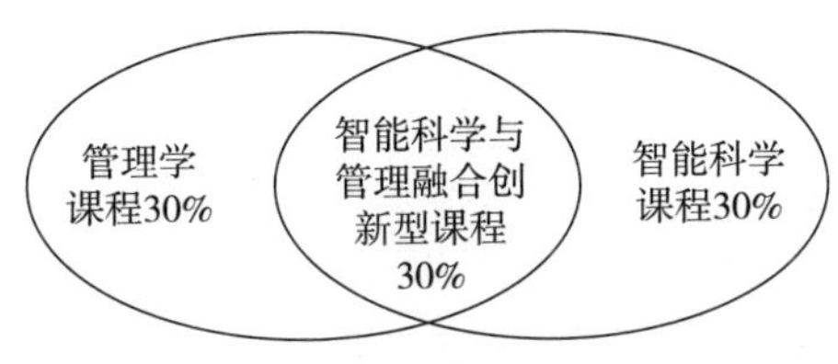

图 10-2　智能科学与管理专业课程结构

（二）能力要求

通过培养，学生应具备以下几方面的能力：

（1）具有扎实的人工智能理论基础，拥有系统的人工智能思维方式和方法。

（2）具备人工智能新产品新业务设计开发、市场推广、运营管理及组织发展的能力。

（3）具有系统思维，掌握新经济、新管理及新法律等方面的行业知识，具备人工智能产业发展及运营知识。

（4）熟练掌握英语，听、说、读、写、译能力均达到较高水平。掌握中外文资料查询、文献检索及运用现代信息技术获取相关信息的基本方法，具有较强的自学能力和初步科研能力。

（三）素质要求

通过培养，学生应具备以下几方面的基本素质：

（1）具有强烈的社会责任感，热爱祖国、热爱人民。

（2）具有数字新经济时代的职业能力和敬业精神。

（3）具有数字新经济时代的创新意识、创业意识和团队合作意识。

（4）具有人工智能社会伦理及法律意识。

（5）具有健康的体魄和良好的心理素质。

（四）教学科研文化实践合力育人模式

如图 10-3 所示，新专业从教学、科研、文化、实践四个方面合力打造智能科学与管理人才培养新模式。

本科学制为四年，详见《上海对外经贸大学全日制本科生学分制学籍管理

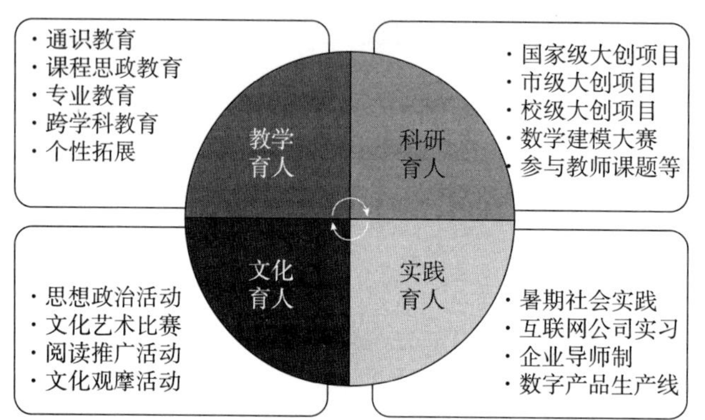

图 10-3　教学科研文化实践合力育人模式

规定》。

学生在规定的时间内完成培养方案规定的全部课程和学习任务，获得相应的学分，并符合各项要求者，准予毕业并颁发毕业证书。毕业生符合《中华人民共和国学位条例》《中华人民共和国学位条例暂行实施办法》和学校《学士学位授予工作实施细则》，经学校学位委员会审查通过，授予管理学学士学位。

三、主要课程设置

根据人才培养目标，拟开设的核心课程分为理论基础课、智能科学理论与技术和智能科学应用与管理创新三大类。核心课程及学分设置如表 10-1 所示。

表 10-1　核心课程

课程类别	课程名称	学分设置
理论基础课	数理统计	3 学分
	运筹学	3 学分
	信息经济学	3 学分
	计算思维与程序设计（英）	3 学分
	微观经济学	3 学分
	宏观经济学	3 学分
	管理学	2 学分
	会计学	3 学分
	管理信息系统（英）	3 学分
	数据库原理与设计	3 学分

续表

课程类别	课程名称	学分设置
智能科学理论与技术	数据科学导论	3 学分
	智能原理	3 学分
	数据仓库与数据挖掘	3 学分
	Python 人工智能应用	3 学分
	机器学习	2 学分
	自然语言处理	2 学分
	人工智能技术导论	2 学分
	博弈论	2 学分
	TenseFlow 深度学习	2 学分
智能科学应用与管理创新	设计思维及商业应用	2 学分
	数字产品运营与管理	2 学分
	数字创新与组织变革	2 学分
	智能组织管理	2 学分
	智能科学与管理讲座（智能营销、智能投顾等）	2 学分
本专业积极引入微软 AI 学院、国内外知名大学 MOOC 课程，实施混合教学模式		

四、主要实践性教学环节和主要专业实验

本专业着力为学生提供良好的实习实践平台，通过与微软 AI 研究院、SAP 中国研究院、浪潮集团、中国开源工业 PaaS 协会、工业 4.0 协会、上海浦东国际金融学会、上海知言网络科技有限公司、江苏华信区块链产业研究院、上海易路软件有限公司等十余家企业（机构）建立合作关系，为培养学生人工智能实践能力提供了平台保障。

（1）数字产品运营管理。基于浪潮 PS Cloud 系统，完成商务套件系统配置，体验数字产品生产线及其运营管理，认识并理解“平台+生态”的商务模式的内在机理。

（2）微软 AI 实验平台。利用微软 Azure 人工智能云平台完成预测性维护、使用图像分析检测缺陷、使用文本分析自定义实体提取等实验。理解 Azure 基本功能、应用场景及商务模式。

（3）TensFlow 深度学习平台。完成深度学习相关实验。

（4）产业及社会调研。人工智能应用场景及商务模型，人工智能对社会、经济、管理和人的挑战和应对方法。

（5）区块链实验。完成数字钱包申请、数字货币交易等实验。对区块链应用场景及对政治、社会经济的影响进行调查。

五、教学计划

表 10-2　智能科学与管理专业计划

课程类别			课程名称	应修学分	开课学期	分学期周课时分布							
						1	2	3	4	5	6	7	8
通识教育课	必修课	思想政治理论课	思想道德修养与法律基础	3	1. 2	3							
通识教育课	必修课	思想政治理论课	中国近现代史纲要	3	1. 2		2+1						
通识教育课	必修课	思想政治理论课	马克思主义基本原理概论	3	3. 4			3					
通识教育课	必修课	思想政治理论课	毛泽东思想和中国特色社会主义理论体系概论	5	3. 4				4+1				
通识教育课	必修课	思想政治理论课	政治经济学	2	1. 2		2						
通识教育课	必修课	思想政治理论课	形势与政策	2	1~4	1	1	1	1				
通识教育课	必修课	大学英语	综合英语读写	14	1~3	4+1	4+1	3+1					
通识教育课	必修课	大学英语	综合英语视听说	6	1~3	2	2	2					
通识教育课	必修课	大学英语	拓展英语模块	4	4				4				
通识教育课	必修课		大学语文	2	1. 2	2							
通识教育课	必修课		体育	4	1~4	2	2	2	2				
通识教育课	必修课	数学	微积分 A	8	1~2	6	5						
通识教育课	必修课	数学	线性代数 A	2	3			3					
通识教育课	必修课	数学	概率论 A	2	2		2						
通识教育课	必修课	选修课	哲学与社会	2	1~7								
通识教育课	必修课	选修课	文化历史与国际视野	2	1~7								
通识教育课	必修课	选修课	文学与艺术	2	1~7								
通识教育课	必修课	选修课	科学与创新	2	1~7								
通识教育课	必修课	选修课	数学思维与经济分析	2	1~7								

续表

课程类别		课程名称	应修学分	开课学期	1	2	3	4	5	6	7	8
学科基础课	必修课	计算机科学导论	2	1	2							
		微观经济学	3	2		3						
		计算思维与程序设计（英）	3	2		2+1						
		宏观经济学	3	3			3					
		管理学	2	4				2				
		数理统计	3	4				3				
		会计学	3	5					3			
		运筹学	3	5					3			
		计量经济学	3	7							2+1	
		管理信息系统（英）	3	4				3				
	选修课		8	1~7								
专业课	必修课	Python 人工智能应用	3	3			2+1					
		数据科学导论	3	3			2+1					
		数据库原理与设计	3	4				2+1				
		数据仓库与数据挖掘	3	5					2+1			
		智能原理	3	6						2+1		
		人工智能技术导论	2	3			2					
		信息经济学	3	6						2+1		
	选修课		10	4~7								
个性拓展课	必修课	仿真模拟训练：Azure 人工智能模拟	2	5					2			
		仿真模拟训练：商务英语应用模拟训练	2	1~4	2	2	2	2				
		仿真模拟训练：国际商务模拟训练	2	1~8						2		
		职业生涯设计	3	1~6								
		创新创业拓展	4	1~8								
		军事理论与训练	2	1	2							
		社会实践	3	1~6								
		毕业实习	3	7. 8								3
		毕业论文	4	7. 8								
	选修课		8	4~7								
合计			169		27	30	28	25	11	8	3	7

续表

课程类别	课程名称	应修学分	开课学期	分学期周课时分布							
				1	2	3	4	5	6	7	8
学科基础选修课	离散数学	2	4				2				
	经济法	2	5					2			
	财政学	2	5					2			
	企业数据可视化与智能决策	3	5					2+1			
	国际金融	3	6						3		
	财务管理	3	6						3		
	市场营销学	3	7							3	
	国际贸易	2	7							2	
专业选修课	博弈论	2	4				2				
	设计思维及商业应用	2	4				2				
	数字产品运营与管理	2	4				2				
	智能产品分析与设计	2	5					2			
	自然语言处理	2	5					2			
	大数据理论及应用	2	5					2			
	复杂网络与社会网络	2	5					2			
	统计软件（SPSS）	2	5					2			
	智能组织管理	2	5					2			
	机器学习	2	5					2			
	数字创新与组织变革	2	5					2			
	TenseFlow 深度学习	2	6						2		
	人工智能的道德与法律	2	6						2		
	区块链原理及应用	2	6						2		
	管理决策与模型	2	6						2		
	Java 高级程序设计	2	6						2		
	人工智能商业应用	2	7							2	
	智能科学与管理讲座	2	4~7								
	说明： 本专业将引入微软 AI 学院课程及实验平台； 本专业还将引入斯坦福、哈佛商学院、学堂在线等优质在线课程； 智能科学与管理讲座包括智能营销、智能投顾、智慧城市等										

六、人才培养模式

智能科学与管理专业采用在线课程、讨论小组、实习实践、自我探索和自我完善的人才培养模式，采用沉浸式体验教学模式。鼓励面向实践、面向解决问题的教学氛围。鼓励学生参加谷歌、微软等互联网公司的竞赛及实习。

一年级课程直接将知识课程与形式分析、实证分析、多元模式交流、复杂系统四种方法论结合起来。形式分析主要用于训练学生精密、合理思考的能力；实证分析重在培养创造性思维和解决实际问题的能力；多元模式交流则关注使用不同方法进行有效交流的能力；复杂系统重点在于复杂环境中的有效协作（见表10-3）。

表 10-3　一年级四个课程方向

形式分析	实证分析	多元模式交流	复杂系统
• 高级逻辑 • 计算思维 • 理性思维 • 统计分析 • 形式系统	• 有效定义实际问题 • 测试和验证猜想	• 高级知识理解和获取 • 公开演讲 • 视觉语言交流 • 设计 • 辩论 • 艺术表达	• 理解复杂因果关系 • 学习多元交互 • 项目协作 • 谈判 • 领导力 • 正式辩论

从大二开始，学生进入专业课程学习阶段；大三主题是“专注”，要求学生深入专业分析领域内部，培养精深的专业技能。大四主题是“综合”，重在培养学生学以致用的能力。

七、就业方向

智能科学与管理专业就业有以下三个方面：

（1）智能业务分析师。将智能产业及服务需求转化为具体技术可实现的模型。

（2）数字产业新型管理者。具备新经济学新管理学基础理论和创新能力，人工智能产业发展急需懂智能技术又懂管理的复合型人才。

（3）传统企业智能化转型的管理人才。具有智能思维、理论和方法论，帮助企业制定数字经济时代的商业战略规划、组织变革、人力资源、市场营销、智能产品或服务设计方面的专业人才。

第三节　增设专业的区分度

一、增设专业的科学性、合理性

信息技术在企业中的应用经历了自动化、信息化两个阶段，即将进入智能化新阶段。

自动化是在原有管理体制和业务模式下，应用信息技术提高企业运营效率、降低成本。随着信息技术在企业应用的广泛和深入，人们思维方式也发生着改变，典型的代表就是哈默和钱皮的《企业再造》（1993），掀起了管理变革的浪潮，这也成为信息管理与信息系统专业诞生的基础。

信息化阶段的典型特征是：回归原点，重新思考重新设计。突破了工业时代所形成的管理理论和方法论的制约，出现了组织结构扁平化、项目组等新的生产组织管理模式。

云计算、大数据、物联网、移动应用、人工智能等新一代信息技术的出现，背后是人们对技术、商业新认知以及思维方式的变革。所以说，人工智能具有技术属性和社会属性高度融合的特点。基于此，鼓励高校在原有基础上拓宽人工智能专业教育内容，形成“人工智能+X”复合专业培养新模式。

信息管理与信息系统主要关注经营管理数据，智能科学时代数据量更大、数据来源更多样（物联网、移动数据、社交数据等）。除了人与人之间需要协同，智能机器人与人、智能机器人与智能机器人之间也出现需要生产协同等问题。

人工智能技术正在渗透并重构生产、分配、交换、消费等经济活动环节，形成从宏观到微观各领域的智能化新需求、新产品、新技术、新业态，改变人类生活方式甚至社会结构，实现社会生产力的整体跃升。人工智能产业发展需要的是学科群，不管是企业智能化转型升级，还是人工智能产业发展都需要大批具有创新思维的新型经济管理人才。

增设智能科学与管理专业，是响应国家战略、适应社会发展、符合市场需求的举措。作为交叉复合专业，数学、计算机科学、心理学、经济学、社会学、法学、管理学等已经为智能科学与管理奠定了坚实基础，因此智能科学与管理专业的增设，具有科学性和合理性。

二、与所属“专业类”下其他专业的区分

智能科学与管理的学科性质是以控制科学与工程类、管理科学与工程类各专业为基础。目前控制科学与工程类下设专业有：自动化、控制理论与控制工程、检测技术与自动化装置、系统工程、电气工程与智能控制、模式识别与智能系统、导航、制导与控制。管理科学与工程类下设专业有：管理科学、管理系统工程、信息管理与信息系统、工程管理、社会管理工程、管理心理与行为科学、电子商务技术、科技与创新管理。

智能科学与管理教学内容吸纳“控制科学与工程类”和“管理科学与工程类”已设的控制理论与控制工程、检测技术与自动化装置、系统工程、管理科学、管理系统工程、工业工程、信息管理与信息系统等各个专业的部分内容。重点要说明的是，智能科学与管理和上述专业的区分在于：智能科学与管理的内容不局限于控制科学与工程和管理科学与工程，而且包含新经济学、新管理学、社会学、人工智能、数据科学管理与智能决策等内容。智能科学与管理孕育着管理思想变革和管理理论重构。

智能科学与管理重要目标是解决企业智能化转型中的战略规划、组织变革、新业务新产品及业务流程创新；同时解决人工智能行业发展所涉及的理论、技术、经济、管理、社会、法律法规等问题。

智能科学与管理的人才培养目标是培养具有智能技术和管理学专业知识的应用型高级专门人才，人才定位是精英化、高端化，为中国人工智能战略的实施培养人才，为企业输送具备数据处理分析和智能决策的复合型高级管理人才。

智能科学与管理专业与“信息管理与信息系统”的区分在于：“信息管理与信息系统”关注的是以正确的方式、正确的时间将正确的信息送到正确的人手中。智能科学与管理专业则是关注人和机器的智能交互，如何改变人与人之间、人与组织之间、组织与组织之间的关系，从而带来何种管理变革。

三、专业名称的规范性

中文专业名称为智能科学与管理，英文专业名称为 Intelligent Science and Management。目前，教育部本科专业目录中尚无“智能科学与管理”这一专业，智能科学源自 1956 年美国的 Dartmouth 学会提出的人工智能一词，至今已有 60 多年。在教育领域，美国卡耐基梅隆大学（CMU）、哥伦比亚大学（Columbia University）等著名高校已经设立了“人工智能”来进行教育管理。如今，人工智

能与数学、计算机科学、物理学、生物学、心理学、社会学、法学、管理学相结合，形成“人工智能+X”的概念，智能科学与管理整合了上述概念，内涵明确。以“智能科学与管理”命名专业，一方面可以很好地界定专业基础理论和技能，另一方面可以很好地对接社会各界的需求。

本章小结

在新商科的建设过程中，上海对外经贸大学工商管理学院于2018年申报了“智能科学与管理”新专业。这一专业申报虽然未成功，但这一新专业申报完全是一次新商科建设中新专业建设的实验。为此，我们将方案完全地呈现给国内同行，让我们共同为新商科建设增砖添瓦。

第十一章 商业模拟训练课程教学改革
——商业模拟训练学什么

第一节 引言

1956年，第一套名为“高级管理决策模拟”（Top Management Decisionsimulation）的系统由美国管理协会开发出来，并开始运用到管理研讨会中（Hodgetts，1970），1957年这套模拟系统开始运用到华盛顿大学的战略管理课程中（Watson，1981）。之后，商业模拟游戏的发展非常迅速，企业、商业协会、教育机构和政府机构都开始开发出不同种类的商业模拟游戏（Greenlaw et al.，1962）。2004年一项对北美大学1085位商学院教授的电子邮件调查显示，有30.6%的教授正在使用商业模拟教学，有17.1%的教授以前使用过商业模拟教学（Faria & Wellington，2004）。作为一个教学工具，商业模拟教学发展非常迅速，已从最初商业课程的补充训练演变成为核心的商业教学模式（Faria et al.，2009）。

随着商业模拟教学在全球的广泛运用，商业模拟学习成效的相关研究得到关注。作为一种越来越得到广泛运用的教学方法，评估其学习成效对学生和施教者来说，都是非常重要的一个研究问题。一些文献总结了模拟可以有多方面的学习成效，如提升学生商业学科概念和原理知识，改善人际技巧，培养基本分析、批判性思考、问题解决和决策制定技能等方面的学习成效（Anderson & Lawton，1997；Clarke & Clarke，2009）。但同时Anderson和Lawton（1997）也认为，已有的研究还存在两个重要缺陷：一是指导者一般是将模拟只作为课程的辅助部分，很少将模拟作为一门整体课程，那么为什么将观察到的学习成效完全归因于商业模拟，而不是课程其他部分的内容呢？二是体现学习成效的行为和技能较为宽泛，为什么就将这种宽泛的成效行为只归因于商业模拟呢？Gosen 和 Washbush（2004）对包括计算机模拟在内的实验课学习成效的相关研究进行回顾，发现虽然很多实证研究结果发现模拟学习是有效的，但报道这些结果的研究主要反映的是一种长期趋势，两位学者认为现有学习成效的相关研究结论都只能是一种暂时性的结论。

国内商业模拟教学起步较晚，近十年来越来越多的高校开始采用商业模拟教学，尤其是越来越多的国外商业模拟系统开始引入国内。但是，国内对商业模拟教学的学习成效研究还比较缺乏，基于中国期刊网，用“商业模拟”“模拟教学”“实验教学”“成效”“效果”等相关关键词进行搜索，几乎很难找到相关的研究文献。因此，大力借鉴国外的研究成果，同时加强我国高校的商业模拟教学学习成效相关研究，对推广和完善提高我国高校模拟教学非常具有价值。

综合国外的研究成果和观点，可以发现学习成效是一个非常广义的概念，不同研究文献可以有不同的理解和界定，几乎涵盖了意识、态度、行为、知识、技能、能力、绩效等诸多概念和内容。本部分内容研究将聚焦于能力这一概念，来探索和回答一个问题：商业模拟教学主要训练了学生什么能力？研究将基于质性研究方法，以接受商业模拟教学的学生为研究对象，来分析归纳商业模拟训练学生的主要能力。本部分内容将主要分为以下三个部分：首先简单介绍一下本部分内容的研究方法；其次重点介绍本部分内容研究的主要发现和观点；最后一部分进行总结和展望。

第二节　研究方法说明

一、模拟实验

本课程使用一款名为“国际化企业综合战略模拟”（Global Challenge）的在线模拟软件。在该模拟案例中，学生将置身于一家全球移动电话公司的经营决策团队，与市场中的其他公司进行竞争，目的是为企业和股东创造出更多的价值。在模拟中，学生需要综合运用大学所学的管理专业知识，对市场做出判断，并做出相应的经营决策来为企业获取经济效益。模拟决策主要涉及市场需求、生产、投资、营销、研发、物流、库存和财务等诸多方面的决策。

本课程共 14 周，模拟共设置了 2 个练习回合和 10 个正式回合。第一周主要是分组和模拟软件的基本操作介绍，最后一周是课程总结，中间 12 周每周安排一个回合的模拟。

二、研究样本

本课程共有两个班，A 班是企业管理专业，共 30 人，分成 6 组，每组 5 人；B 班是市场营销专业，共 41 人，分成 8 组，其中 7 个组分别是 5 人，1 个组 6 人。

模拟结束后要求每位同学独立完成和提交一份《模拟分析报告》，分析报告建议学生围绕与模拟有关的问题展开，如“谈谈你对整个模拟决策的理解，并对本模拟决策系统的优点和缺点分别进行分析总结”“在做模拟决策的过程中，你运用到了哪些知识和能力”“通过本模拟课程，你有哪些重要收获和心得体会”等。同时课程还要求小组提交一份《小组总结报告》，小组报告要求就“财务业绩、经营决策、团队决策过程与效率、竞争对手”等主题内容进行分析总结。两个班的学生最终提交的文档资料有 85 份（表 11-1）。研究对所有的资料进行了统一编号，编号的第一字母代表班级，第一个数字代表组别，第二个数字代表成员，例如 A3-4 代表 A 班第 3 组第 4 位组员，A3-0 则代表 A3 组的小组报告。

表 11-1　分析所用的资料

班级	资料名称	数量
A 班	模拟分析报告	30
	小组总结报告	6
B 班	模拟分析报告	41
	小组总结报告	8
合计		85

三、分析方法

（1）分析软件。为了更有效地分析资料，本书使用了质性研究软件 NVivo 11，该软件是一款支持定性研究方法和混合研究方法的软件。

（2）编码分析。研究对所有资料采用了三级编码。首先，第一级编码主要将分析报告中每小段所阐述的内容按主题进行归类，其中阐述“能力”主题的共获得三百多条编码条目。然后，针对这些能力相关的条目再进行第二级编码分析，分别获得不同的子能力，根据编码条目出现的频次，选择频次最高的前 5 项能力。最后，对选出的五项能力再进行三级编码，分析每项子能力具体涉及哪些维度。

四、模拟训练的主要能力

基于以上编码分析，选出编码频次最高的五项能力，如表 11-2 所示，分别是战略决策能力、沟通与团队精神、竞争与合作能力、分析判断能力和学习能力。以下对这五项能力所包含的维度及内涵分别进行阐述。

表 11-2　文本编码频次分布

子能力	编码频次	资料来源
战略决策能力	87	55
沟通与团队精神	82	55
竞争与合作能力	61	47
分析与判断能力	60	35
学习能力	43	32

（一）战略决策能力

模拟决策对学生能力的训练与提升首先体现在战略决策能力上，因为学生反馈显示，所有的小组都对战略规划的重要性有了不同程度的认知，即使是因战略决策失误导致模拟经营业绩不理想的小组，对战略决策的反思也是非常深刻的。从实际模拟结果来看，战略决策能力对实际经营业绩有非常强的正向影响关系，且大多数小组都把战略决策能力视为影响经营业绩的首要因素。总结起来主要体现在以下方面：

（1）制定长期战略规划的能力。对于没有经营实践经验的学生来说，要求他们在模拟一开始就去制定未来三五年，甚至更长周期的规划，是件非常具有挑战性的事。但是，还是有小组尝试去这样做了，而且最终结果也给他们带来了非常深的体会。例如，“B1 小组的胜利告诉我们，一个成功的领导者必须要有长期的战略眼光，一个成功的企业必须要有长远的发展计划。有了目标，把握好大方向，一步一步地去努力、去实现，结局一定是繁花似锦”。[B3-4]

（2）把握战略的专注与灵活。长期战略的效果往往要坚持实施一定时间之后才能体现出来，但同时经营环境的变化又需要战略能做相应的调整，这是战略决策非常难以权衡把握的。但一些小组对此有了非常好的理解和把握。例如，“要学会随机应变，做出调整，在决策的过程中，需要对战略进行纠正。企业战略不是一成不变的，随着市场变化，战略中不适应的部分就需要做出改变”。

[B1-3]“这也给我了一个想法：时刻改变自己的决策以适应变化的环境，但基本的决策逻辑要坚持不变。”[B2-5]

（3）理解战略的取舍艺术。企业战略首先解决“做什么”的问题。面对多个市场多种产品，如何做出取舍，聚焦公司的战略重点，是战略决策非常重要的能力。通过模拟训练，一些小组有非常深的心得。例如，“在比赛前期，我们希望把各个技术都由我们公司做大，但到了比赛后期，我们公司亚洲工厂两面作战，既要生产技术三，又要生产部分技术四，而技术三和技术四各有强悍的竞争者，面临严重的产能不足，明显感到力不从心。在现实中，想要涉及各个方面，结果往往是顾此失彼。因此这给我们带来的启示是：战略性地放弃或是集中化思想的运用并不是消极逃避，而是一种智慧。”[A1-0]

（4）把握环境中出现的机会。好的战略决策需要能把握住环境中出现的机遇，这不仅需要决策者具有眼光和智慧，同时还需要一些勇气。如：“对于机会把握是一个很重要的能力。比如 B4 小组利用技术三在亚洲市场和欧洲市场的前期强劲表现，在第四回合之后帮助他们完成反超，则是一个很好的例子。不过对于机会的把握和坚持则是不容易做到的，毕竟对于后面三个市场都是靠着技术一和技术三支撑着也不是所有小组都能够做到的。”[B6-1]

（5）资源配置的有效性。战略规划的一个潜在逻辑是要实现企业资源的最优化配置。就如学生反思总结的：“在资源有限的时候，我们应该集中资源放到那些可以带来巨大利润的地方，将资源的利用效率达到最高。”[B7-1]“我们一开始方向其实并不明确，到第三、第四回合我们四种产品都在做，然后都没能做得很好，本来资源就不多，还造成额外的浪费，这也就是我们之所以起不来的原因。”[B7-6]

除了以上几点，学生在战略决策能力的训练与提升上是全方位的，例如许多小组体会到决策前充分获取决策信息的重要性，决策过程中管理层沟通和争论的重要性，战略上保守与冒险之间的辩证关系，企业如何把握业务的扩展与收缩，以及应用战略决策分析工具等诸多方面的心得体会。

（二）竞争与合作能力

公司之间的竞争与合作在理论范畴上也可以归纳到战略决策能力的，但从学生反馈的内容来看，非常有必要作为一项重要能力独立进行分析。下面分别从竞争和合作两方面展开分析。

（1）竞争思维与能力。第一，经营业绩好的小组往往表现出强烈的竞争意识，即使是竞争意识后知后觉的小组，到了后期也能感受到市场竞争的残酷。“在竞争过程中，我认为，没有永远的朋友或敌人，仅有永远的利益。在整个经营决策当中，我一直致力于研究对手的思路。我们有时候要故意打压价格，宁愿自己不赚钱也不让对手赚钱；有时候又要依靠这些对手，和他们一起联手把市场做大。”［A1-1］第二，是竞争策略的多样化，几乎所有的小组都能将波特的竞争战略思想不同程度地应用到模拟决策中，尤其是低成本领先战略的应用，各个小组都有深刻的体验。除此之外，心理学、博弈论和战略联盟等的各种方法与技巧也是层出不穷，让许多同学有深刻体验。“对手们先发制人、大刀阔斧地抢夺市场，挑衅地放出假消息、烟幕弹，用心理战术迷惑敌人，种种竞争策略层出不穷。在内忧外患的双重夹击下，我们深刻感受到了作为公司领导层的不易与压力。”［A4-0］第三，是对市场竞争本身有新的认知。竞争知识是静态的，但竞争是一个动态的过程，因此“企业的竞争战略要动态思考竞争对手的变化，企业要十分清楚现有竞争对手是谁，潜在竞争对手是谁，他们现在及将来要做什么？他们所做的事情对我们企业有什么影响？我们与竞争对手相比有什么优势？要在企业的核心竞争力培育和实施差异化战略上下功夫”。［A4-2］第四，还认识到竞争是考察企业的整体能力，需要有系统思考。“长期以来，我们一直以为营销是决胜的关键，价格战可以打压对手抢夺市场，但是若是没有强大的生产部门支持，再伟大的计划都会止步于第一步。所以，对于实业企业来说，生产与供应链有时候会更重要，因为它们是支撑企业运营的坚实基础。”［A4-4］

（2）合作意识与能力。与小组间的竞争思维相比，合作意识与能力在不同的小组和学生身上会有完全不同的体验和认知。第一，那些成功的合作给双方带来积极的体验，如，“在有几个回合中，欧洲市场进入技术三的只有我们组与 A4 小组，因此我们两组进行了友好协商，决定共同提升价格增加利润，使我们两组在这次模拟中共同进步。”［B1-4］“如果 A1 小组在亚洲或者欧洲低价抛售这批货物，将对我们造成不轻的打击，衡量再三我们决定和 A1 小组协商谈判，晓之以理、动之以情，成功地说服他们在美国抛售，完成双赢的局面。”［B6-3］第二，失败的合作则让学生反省合作需要的前提条件，如“我们与某一组一度达成不降价的协议，但是就结果来看她们都降价了，这次事件让我意识到，对于不能足够信任的‘伙伴’，如果没有明显的共同利益，就不能轻易地相信。记得 A3 小组与 A4 小组之间也有过类似的经历，可以说这次模拟让我深刻地意识到了社会的尔虞我诈与残酷”。［B7-5］第三，当竞争对手的成功合作给自己公司带来经济损失时，一些小组也有强烈的反应，如“我想谴责一下市场串谋的不道德行为……因为我认为这样的行为，会扰乱市场正常公平的秩序，是不可取的。但是这也正是这个决策的魅力所在，因为真实的市场环境中，也一定会存在这种情况，所以我认为我确实从这个课程中学到了很多东西”。［A2-2］第四，也有一些学生在面对这种合作或联盟行为时是持抵制态度的，如“A1 公司发现 A6 公司不再有利用价值，于是背叛了这个协定，他们企图来找我们小组进行联合，但是被我拒绝了”。整体上，一些学生还是希望能有更多的合作机会，因为“现实生活中除了竞争还有合作，虽然提供合作可能会使这个模拟更加复杂，但也更加接近现实生活。有了合作的机会，竞争者之间就可以合作，有些资源就可以分享”。[A3-2]

（三）分析判断能力

和传统理论讲授相比，模拟教学让学生感到“以往我们的学习总是浮于表面，依附在书上的概念中，运用难免也是按照书中的概念格式进行讨论与分析。但是此次模拟中可以让我们进行数据的测算以及检验，极大地运用到了以往所学的知识，将所学运用于实践，可以说是模拟的一大诱惑之处了”。[B4-1] 并且，学生反馈：“本次模拟很全面很复杂，我们需要分析各个组在各个市场上的财务报表、财务指标、生产情况、成本情况等数据，如何选取最重要的数据，从而总结出自己所处的状况、拥有的优势以及所面临的挑战。这其实是一个很烦琐很复杂的任务。没有优秀的数据分析能力，很容易出现一头雾水，毫无头绪的情况。在这次模拟中，通过 10 个回合的历练，我的这项能力不仅得以充分运用，并且得到了很大的提升。”[A1-3] 通过对学生总结反馈的分析，可以发现分析判断能力主要体现在以下几个层次：

第一，要有对关键决策数据进行筛选的能力。因为“每一轮的结果报告可谓是包罗万象，从数据到图像方方面面的展示令人眼花缭乱。结果报告中有财务报表、财务指标分析、市场报告、生产报告、成本报告，某些报告中又有三大市场和全球的划分，如果每一个数据都要搞懂进行分析几乎是不可能的，耗时费力。所以我们要学会从庞杂的数据中抓取对我们有用的关键信息，进行提炼分析获得我们所需的内容”。[A3-1]

第二，要具备数据分析能力。模拟让学生认识到：“作为专业课的学生，恰恰更需要实际的数据分析能力，才能更精准地把握处置将来在工作中遇到的种种变局。”[A1-5] “首当其冲的是统计能力。作为市场总监，我需要通过计算得出大致的增长额以及对对手的预测。”[A1-2] 当然，如果能“充分利用现有的数据模型会起到事半功倍的效果，数据模型会使我们的计算更加简便，有利于科学快速的决策”。[A3-5]

第三，分析能力主要体现在预测需求和分析竞争对手上。首先，“需求预测能力考验着小组成员对后续各项决策的理解能力，在自己拥有的资源和不可控制的市场因素中做出权衡。需求预测能力能够充分体现一个小组的综合协调能力和战略思想。对企业家决策者来说，这是一项商业战场上的艺术”。[B5-2] 其次，“分析竞争对手的能力是非常重要的一个能力，因为我们自身的决策与我们对对手的预判息息相关，如果预判正确，那么我们根据该预判做出的营销等决策便能实现效益最大化”。[A2-1] 因此“作为一家上市公司的管理团队成员应该对整个市场的竞争有着清楚的认知，如哪些公司在哪些技术上是强项，哪些方面是不足或空缺，只有对市场，对每一个竞争对手有清楚认知才能有正确的洞察，如何见缝插针寻找利润空间、抢占市场，获得利润”。[A3-1]

第四，从数据分析中做出准确判断的能力。就如学生反馈的：“我认为更加准确的判断力也是我在这次课程中的收获之一……大家从一开始的犹豫不决转变到最终的游刃有余，并且可以根据系统给出的数据结合上一回合的结果来准确地预估前景并进行决策”。[A3-4] 而在分析判断过程中，学生认为“批判性思考能力真的很重要。要善于从不同角度分析问题。每一轮都是新的问题，没有现成的解决方法，也没有绝对正确的方案，需要每个公司去抓住问题的本质寻找规律，不能随意猜测，而要有根据有目的地做出假设，再一步步通过实践去论证自己的猜测”。[A5-5] 此外，有学生还强调判断过程中的逻辑与理性，“我们做的每一件事情都要有依据，不能想一套是一套。决策过程当中，我们小组各个成员都有自己的看法，要想大家按照我的想法来做，那我就要提供足够的理论依据，说服大家。做事情要有逻辑，想清楚为什么要这么做，这一点让我更加理性，也让我在想冲动一把的时候克制自己，少做了很多傻事”。[B3-3]

第五，好的分析判断还需要注意思维的系统性。一些学生“通过这次决策，明白了每一个看似简单的决策其实牵扯很多的因素，我们需要用整体观来看待所有的问题，而不是局限于单一的几个数据，而更多的应该着眼于它们之间的联系和最终的企业目的”。[B4-2] 因此，“对于决策内容的一个逻辑思考能力，要注重模拟决策具有整体性，它涉及了现实决策过程的各方面，并且整体之间具有互相联系的性质……它所有决策具有逻辑上的相互联系”。[B1-5]

总体上，分析判断能力是学生在模拟过程中的重要收获，就如学生总结的：“我觉得模拟最重要的不是锻炼我们的专业知识，更为深远的影响是帮助构建我们的思维模式。这种发现问题解决问题，以及看问题的角度才是我们最为受益良多的环节。”[A4-3]

(四) 沟通与团队精神

模拟决策是分小组进行的，一般是 5 人一组，个别小组是 6 个人。多人一起决策，就会存在沟通与团队合作方面的问题。根据学生的反馈，决策过程中的沟通与团队合作非常重要，因为“整个模拟决策需要考虑的事情实在是太多了，单凭个人没有办法考虑到方方面面，因此团队合作及合理分工就显得十分重要。在决策时互相提醒并查漏补缺可以避免很多决策失误”。[A5-4] 因此，“在决策过程中，大家需要不断讨论，当大家的意见出现分歧的时候，如何协调也是我学到的很重要的一点。大家都是在慢慢磨合和尝试中不断进步”。[A3-2] 一些学生甚至觉得“模拟给我们最大的收获就是我们小组内部，各个小组之间的一起竞争，一起讨论，一起分析，共享知识的过程”。[B4-3] 对学生的沟通与合作行为的分析，发现主要在以下方面有所训练。

（1）改善学生对沟通与团队精神的认知。首先，认识到团队合作的重要性：“我们每个人受自己的思维方式和思维习惯影响，思维具有局限性，看问题的角度可能不全面，分析问题往往得到的不是最佳方案，在这次的小组合作中，大家也是集思广益，让我们可以从更多的方面看出问题所在，从而得到更好的决策方案。”[A3-3]“正所谓三个臭皮匠顶个诸葛亮，一家公司的成功绝不可能归功于某一个人，一定是团队集体的智慧。”[B1-2] 其次，认识到沟通在团队合作中的重要：“沟通是团队建设的核心，高效的团队必须要去突破沟通的极限，力求有效的沟通。团队中的任何一次沟通都是为了解决问题的，不解决问题的沟通那不是真正意义的沟通，可以视为工作之余的闲聊。”[A5-5]

（2）理解团队成员的异质性与互补性。本次模拟采取的是自由组合团队，大多数小组一般都是由较熟悉和关系好的成员组建而成。尽管如此，在模拟决策过程中，小组内部的分歧与争辩还是较为普遍。许多学生对此也有了自己的体验，如：“在做模拟的时候，寻找互补性的队友很重要，一个团队需要各方面能力的成员。”[B6-1] 当然，“一个团队，存在意见分歧是正常的，不同个性和能力的合理搭配是完成公司任务的重要前提”。[A2-4] 因为“群体决策能够利用更多的知识优势，借助于更多的信息，形成更多的可行性方案。由于决策群体的成员熟悉不同的知识，容易形成互补性，进而挖掘出更多的令人满意的行动方案”。[A4-0]

（3）训练学生沟通说服的技巧。在决策过程中一旦出现分歧，就要尽力说服对方，就如学生所说：“在这个过程中也很容易发生意见分歧与争论，尝试说服对方是件非常困难的事。但是，在这个过程中也锻炼了自己沟通交流的能力，更清楚地表达自己的想法，更准确地把握问题的要害，是一种能力”。[A2-5] 因此，学生觉得模拟课程中“最重要的收获是怎样做决策，怎样说服同伴，思维框架很重要。没有哪个决策是对或者错的，只有最适合的。当出现不同的选择项，分析问题很重要，但是用什么方法说服你的同伴更重要。”[A2-3] 并且，一些学生还培养了换位思考的能力，如“我们小组成员在决策时出现了分歧，很多时候我们不能理解对方的思维，那么换位思考一下，站在对方的立场上去考虑，那么就会发现不一样的工作结果”。[A5-5]

（4）正确对待团队中出现的分歧与矛盾。当然，并不是每次分歧都能说服对方或被对方说服，很多时候的分歧和矛盾会一直存在，如何正确处理这些分歧与矛盾显得非常重要，很多学生在模拟中有了相应体验。例如，“我认识到了在企业经营决策的过程中，一定会存在意见相左，甚至因为意见不同而导致争吵的情况，但这是正常现象。决策中，存在这种情况，说明所有参与决策的人员，都在以企业发展为目的积极思考。”[A2-2] 并且，学生认为团队过于和睦对决策并不是总有利，“团队合作时不能一味附和，有时候矛盾与争吵其实就预示着进步。有时候我们为了避免起冲突，往往会相敬如宾，附和别人所提出的建议，而有时候我们就是这样忽视了决策里的问题，从而导致了失误的发生。”[A4-4] 在分歧和争辩之后，学生如何正确对待争辩结果也非常重要，如“争吵过后，‘获胜方’并没有因为意见被采纳而沾沾自喜，‘失败方’也没有因为意见没有被采纳而垂头丧气，大家还是能心平气和地进行下一步骤的决策。我认为主要原因就是所有组员的出发点都是为企业好，无论用哪一种策略，只要能给企业经营带来好处，就是好的策略”。[A2-2] 同时，一些学生为顾全大局还能学会适当“妥协”，“最后，我选择不跟对方僵持下去，因为想通过讲道理的方法说服对方太难了。我放弃我的选择并不是因为我对我的选择不自信，而是想让小组决策做下去”。[A2-3] “在决策过程中，什么时候该坚持自己的意见，什么时候要适当妥协都是需要组员之间互相协调的。”[A2-1]

（5）理解团队的合理分工与协调。高效的团队会有合理的分工，同时又要成为一个整体。就如学生说的：“在每一个团体中，我们每个人又是个体，各有所长，所以，分工合作很重要。”[A5-1] 但是同时“一个团队是一个整体，充分发挥每个人的优势，各司其职，整体的优势才能体现出来。”[A2-4] 如何使各司其职的成员成为一个整体，协调者的角色往往发挥重要作用，一些学生有了很好的体验，例如，“起初，我并不是我们小组的组长，但是在决策过程中，我经常能提出有建设性的建议，也能够指出其他组员建议的不足之处，后来我发现我提出的决策，经常能整体被小组所有成员接受。此外，当我们小组内部出现意见不一致时，我会主动对比两个或多个方案，找出一个最优解，化解小组之间的矛盾”。[A2-2]

（6）解决团队决策存在的问题。团队决策不仅有优势，同时也会存在一些不足，如何去克服这些不足，也是沟通与团队决策能力得到提升的体现。例如，“集体决策有一个很大的缺点就是缺乏效率，人多意见必然就多，要得出一个结论来，总是需要开会或讨论……在这个过程中，如果处理不当，就可能陷入盲目讨论的误区之中，既浪费了时间，又降低了速度和决策效率。为此，我们会在每次讨论之前，明确这次讨论需要解决的主要问题，讨论的时长，以保证一旦偏题，立马拉回”。[A4-0] 此外，“群体决策还会出现少数人控制的现象。群体讨论可能会被一两个人控制，最终又走向个人决策。对此，我们通过安排不同的组员撰写每轮的小组报告，来避免可能出现的每轮都是固定的一两个人做决策并对之负责的可能性”。[A4-0]

（7）在合作中获得激励与成长。这点可以体现在个人与团队两个层面上。首先，在个人层面上，良好的合作可以带给学生正向的激励与体验，改变其以往对合作的认知和行为，例如，“我之前是一个非常自由的人，一般做事情也是自己独立完成，生活当中也不太与别人沟通，一方面是一些事情人多了反而降低效率，将时间花在争论上，另一方面就是大多数人非常容易钻牛角尖，非常固执，认准了这个道理无论怎么说也不会改变……这一次我是充分理解到了团队合作的好处，也许某些事情我一个人做就很好，但是有些事情团队合作是更好的方式，在以后的行事当中，我也会再仔细考虑是个人去做还是团队去做，如果团队来做，要怎么样才能充分发挥团队的效率”。[B3-3] 其次，学生发现不仅个人在合作中获得成长，团队也同样在合作与沟通中不断成长。例如，“对团队的思想动员也需要持续，激发大家的求胜心，才能更好地落实各自的工作”。[A5-0] “这一个从明确到模糊再到明确的过程是宝贵的，这个过程叫作磨合，在这一个过程中，我们学会了从自身的能力兴趣出发，找准自己的定位，做好自己的事情”。[B5-4]

（五）学习能力

与传统课堂相比，模拟课上老师很少集中讲授知识点，即使是模拟涉及了全新的知识点，也是在学生主动请教时，才会做适当的解释，或引导学生自己去寻找相关资料。因此，在整个模拟学习过程中，老师的作用主要是引导，正应了“师傅领进门，修行在个人”这句谚语，学生只有积极参与到模拟中来，提升自己的学习能力，才能有更多的受益。学生学习能力主要有以下方面的体现：

（1）学习模拟系统。根据学生的反馈，本次模拟系统是他们遇到过最复杂的系统，就如了解现实商业的游戏规则一样，理解模拟系统的基本游戏规则是决策的一个重要起点。那些能够对模拟系统有钻研精神的学生或小组往往在决策中有良好表现。例如，学生认为，“在系统决策的过程中最重要的是要求我们不断地学习、不断地研究系统，发现不同决策过程中的逻辑性”。[B1-5] “正是因为我们对整个系统有深入的了解，才有了我们第一的良好表现。”[A1-4] 通过模拟系统的研究来获得更好的模拟成绩，就犹如企业家要善于洞察行业发展规律一样，对企业成功经营有非常重要的影响。

（2）在合作与分享中学习。本课程会经常强调团队成员之间相互学习的必要性和重要性，同时采取了各种方式来促进学生之间的学习。例如，要求小组的决策必须有充分的讨论，并且要有相应的讨论记录，这样“可以鼓励同学们形成学习小组，在组内积极讨论问题，而为了使自己的公司发展更快，同学们也会督促彼此认真学习、积极参与决策，因此这一形式可以使得同学们在学习时的效率大大提高”。[A3-4] 此外，每次模拟结束还会鼓励小组之间的学习，让小组派代表进行分享，很多学生非常喜欢这种形式，例如，“在本次模拟课程上，我还有一点非常喜欢，就是大家的分享。这个软件里面的很多功能，还有一些问题，其实是大家分享之下才出现的，一个人的视线有所局限，一个班级的人一起参与，才让这个课程变得有趣，我觉得都是学习，这种一起互动一起参与的方式非常有趣，而且印象深刻，而自己学却对着书愁眉苦脸还容易忘记。”［B3-3］

（3）在竞争中学习。本模拟比赛有很强的竞争博弈性，如何从竞争对手身上学习是非常重要的途径，因为“不同公司采取不同的策略，通过它们的分享，让我可以开阔自己的思维，从不同的角度去想问题”。［B1-2］因此，学生发现“每一节课上所有小组上台分析总结的部分非常的重要，不仅可以看出他们的决策策略，也可以从他们的失误中得到新的知识”。［A5-4］例如，“在同学的分享中，才发现可以通过结果中的生产报告和成本报告更可靠地去预测对手的产品定价。在这个模拟中，我们不是一家公司在运营，而是与其他公司竞争同一市场，因此学习他人成功的经验，对我们后续更好地发展是很有必要的”。［A5-2］此外，还可以主动向竞争对手讨教，“税收部分我主要是在向隔壁小组取经后，学习到了如何运用转移定价来合理避税，帮助企业提高利润的方法”。［A4-4］总之，很多学生反映“听取其他公司的建议是非常有必要的，否则当局者迷，光靠自己公司也许很难发现自身的问题所在”。［B2-4］

（4）在模拟实践中学习。与传统课堂授课最大的不同，模拟是边做边学，通过“干中学”来获得经验知识。“关于每一个决策点的认识，都在一次次具体实践中得到升华。许多知识点并没有包含在决策指南中，决策指南只是一个基础，其余的知识需要我们通过自己的实操及结果分析来发掘。”［B2-4］实际上，学生很快发现“要看完这两份资料很容易，但要完全在没有实践的情况下看懂却很难。当我们看完材料做第一次决策时，还有许多疑惑的地方，在接下来的几轮中也有遇到，但这个时候再回去仔细阅读材料就会有恍然大悟的感觉”。［A3-1］而且“每一轮都是新的问题，没有现成的解决方法，也没有绝对正确的方案，需要每个公司去抓住问题的本质寻找规律，不能随意猜测，而要有根据有目的地做出假设，再一步步通过实践去论证自己的猜测”。［A5-5］这也就要求学生“要不断地学习和摸索，愿意为此投入时间精力……从理论上我们可能没有完全理解，但是试着做出一些调整，观察这些调整对于总利润的影响，会让我们做出正确决策”。［B1-3］

（5）在失败中学习。“失败乃成功之母”，这句话在本模拟中得到了淋漓尽的体现，“因为我们都是新手，没有经验，不成熟的决策造成的失误在所难免，但是正是这样的失误，可以使我们了解自己错误的原因，有针对性地提高自己的不足之处，这是我认为这个软件最好的地方”。［B3-1］即使是在模拟结果中最终获胜的小组，也同样是在一次次失败后的经验总结中获益成长，“我们需要不停地总结出我们上一回合做得好的地方，做得不好的地方，从而吸取教训。遇到不能理解的地方，需要去查找资料，寻找理论支撑”。[A1-3] 对于那些最终模拟结果不如意的小组，失败的经历也带给了他们更多的经验，“虽然最后还是追不上排名靠前的小组，但是我们小组有一直在努力扳回之前的差距，每次失败都是一次经验的积累，我们小组也可能学到了那些排名一直很靠前小组学不到的东西。有得必有失，有失必有得”。[B4-4]

(6) 自主学习能力的提升。“授人以鱼不如授人以渔”，模拟给学生最重要的一个收获就是自主学习能力的提升。与传统课堂学习相比，学生认为“学会自主的学习，这是参加模拟与课堂学习最大的不同与收获。平时的课堂学习，老师都会给我们强调什么是学习的重点，同时又通过课下作业进行强化，把握知识相对较容易；但是在模拟中，遇到的问题往往需要宽广的知识面及一定的实战经历解决，没有人能直接告诉一个公司其盈亏问题的原因所在。在这种情况下，自己就要能够分析出问题可能出现的原因，并通过一些资料进行学习，不断地修改调试去解决问题。因此，具有自主学习的能力显得比较重要”。[A5-5] 许多学生反映“在模拟决策的过程中也遇到过之前从未了解过的专业知识，因此需要去查阅权威百科来了解这些指标对于公司各方面的影响，这样一个主动的学习过程是我认为在这次课程中最大的收获之一”。[A3-0] 更重要的是，学生意识到自主学习将是自己未来需要持续坚持的：“模拟帮我发现了很多欠缺的地方，学习之路任重道远，输赢固然重要，但是不足之处的发现与弥补才是对自己更有帮助的地方。”[B6-1] “‘亡羊补牢，为时未晚’，接下来的日子里我会好好总结，发现自己不足之处，有针对性地去学习、去弥补，相信在不久的将来我一定会遇见更好的自己！”[B3-4]

五、总结与建议

(一) 研究结论

本书结果显示，商业模拟确实可以对学生的多种能力进行训练，其中，“战略决策能力”“竞争与合作能力”“分析与判断能力”“沟通与团队精神”“学习能力”这五种能力在学生反馈中出现的频次最高，编码分析也显示了每种能力具有丰富的内涵。训练的能力会因人而异。需要说明的是，每种能力并不是在所有学生的总结报告中都有同等程度的反馈，实际上，对同种能力，有些学生的反馈甚至是持有相反的观点，如在市场竞争中出现的合作行为，有些学生倾向于模拟有更多的合作设计和行为，而有些学生则可能认为这是一种有违公平竞争的市场串谋行为而采取抵制态度。尽管如此，我们仍视同为合作意识与行为上的表现，因为是模拟让他们获得了此方面的体验和训练。

（二）局限性与未来研究

（1）局限性。本部分内容的局限性主要有三个方面：首先，是样本量不够，如前所述，本部分内容舍弃了一些出现频次不太高的能力表现，如风险能力、创新能力、领导能力等。本结论没有将这些能力纳入分析，仅仅是频次较少的原因，并不是表示这些能力在模拟中的训练不重要，如果在样本量足够大的情况下，也许就会呈现出更高的频次而值得重视。其次，是资料收集方式的单一性。本书只使用了学生书面总结报告的资料来源，过于单一，对能力内涵的方法和工具应该可以更多样化。最后，是报告所提问题的局限性。限于学生报告的篇幅和内容要求，我们仅提了三个问题，而且其中只有一个是直接与能力相关的问题，这直接会影响到学生对能力分析反馈的深度。由此推断，本书对能力概念内涵的挖掘应该没有达到饱和。

（2）未来研究。首先，基于以上局限性，未来的研究可以做进一步的改进，例如：使用更多的样本量，研究对象可以更多元化，不同专业背景和年级的学生都可以纳入分析；可以采取多样化的资料收集方式，如观察、模拟笔记、深度访谈、小组座谈等多种形式结合；同时对问题的设计也可以多元化，结构化的和半结构化的问题可以相互结合使用。其次，未来在质性研究的基础上，可以进一步进行实证研究，对相应的能力概念进行量化研究，以得出更具普遍性和说服力的研究观点。

本章小结

商业模拟可以训练学生多种能力。这些丰富的能力内涵对已有的文献研究是一个有益的补充，同时，对国内刚刚兴起的商业模拟教学来说，也具有良好的指导借鉴意义。

第十二章 人工智能带来的金融管理类课程改革

人工智能在金融管理领域的应用日渐成熟，是金融管理类教育的重大契机，也对金融管理类人才的培养提出了巨大的挑战。本部分内容首先介绍了当今国内外人工智能在金融业的发展情况，针对其带来的机遇和挑战，分析了当前地方高校金融管理类课程的问题所在，并提出了相应的建议。

第一节　人工智能在金融业的发展情况

一、人工智能在金融管理领域发展迅速

人工智能（Artificial Intelligence，AI）是研发用于模拟、延伸以及扩展人类智能的理论方法以及技术应用系统的一门新兴技术科学。近年来，全球金融业正在人工智能的催化下悄然改变，尤其是基于大数据技术的人工智能将会给投资顾问领域带来全新的视角。2015 年博鳌亚洲论坛，人工智能学会主席 Ben Goertzel 表示，十年后人工智能会介入世界上大部分的金融交易。近期的花旗银行研究报告指出，从 2012 年到 2015 年底，智能投资顾问管理的资产规模从 0 上升至 290 亿美元，而且其管理的财产规模还将在未来十年中呈现出几何级数的增长，预计总规模将会高达 5 万亿美元。目前发达国家中，可提供资产管理服务的互联网公司已颇具规模，其中 WealthFront 和 Betterment 各自掌控着超过 26 亿美元的资产，是行业中规模最大的两家公司（唐恩林和华小全，2016）。

二、人工智能提供内容丰富的金融管理咨询服务

（一）自主生产投资策略，降低投资成本

人工智能机器构建了相应的学习机制以及以此为基础的知识库，具有能够自主学习、推理甚至进行决策的能力。美国一些互联网公司正在尝试用算法和网络降低用户接受理财规划的门槛。这些机构通过将金融专家的知识和经验算法化，让每台人工智能机器所能服务的客户数最大，同时复制人工智能机器的成本最低。花旗集团从 2012 年起开始运用人工智能电脑来完善客户服务，其技术提供方 IBM 的人工智能电脑沃森（Watson）可以用人类的认知方式来推断和演绎各类问题的答案，向客户提供诸如产品需求分析、未来经济形势分析等各种服务，还可结合投资者的投资履历制定出个性化的投资计划。日本初创公司（Alpaca）交易平台利用基于图像识别的深度学习技术，帮助用户从存档里找到外汇交易图表并做好分析。

（二）人工智能辅助金融新闻、报告、投资意向书的半自动化生产

如美国肯硕公司（Kensho）结合自然语言搜索、图形化用户界面和云计算，为投资者提供了一套全新的数据分析工具沃伦（Warren），并且能够回答复杂的金融市场问题。韩国的《金融时报》2016 年推出了“人工智能记者”的程序，安装了此项程序的电脑在股市交易日结束时，基于证交所的各项交易数据，仅花费 0.3 秒就可写出一篇关于当日股市行情状况的新闻报道，而半数以上的读者阅读后分不清到底是人写的还是程序完成的。

（三）在提供便利服务方面的应用

阿里旗下的蚂蚁金服已将人工智能运用于互联网小贷、保险、征信、资产配置、客户服务等领域并取得良好效果。腾讯优图是腾讯旗下人脸检测应用，与腾讯征信、微众银行、财付通开展合作，实现了对用户的信用评估。招商银行的可视柜台（VTM），通过人机互动可以实现一卡通开户、卡片激活、定期业务、转账汇款等 20 余项非现金银行业务，处理业务的效率是柜面的 1.8 倍。交通银行在 2015 年底推出国内首个智慧型人工智能服务机器人“娇娇”，目前已在上海、江苏、广东、重庆等近 30 个省市的营业网点上岗。该款机器人采用了全球领先的智能交互技术，交互准确率达 95%以上，是国内第一款真正“能听会说、能思考会判断”的智慧型服务机器人。

第二节　面对人工智能高校金融管理专业人才培养的机遇与挑战

一、机遇

人工智能的发展促使金融市场与金融机构正以前所未有的方式谋求新发展，这对高校相关管理专业来说是个十分重要的发展契机。从当前及未来以大数据、人工智能和区块链等技术为代表的金融科技发展来看，我国金融机构逐渐不需要大量单纯的宏观金融管理人才，而是需要大量复合型技术类的金融人才。如果地方高校能够结合自己学校在计算机、数学或统计方面的办学优势，培养的金融专业学生在大数据分析、量化投资或风险管理等领域有一技之长，很大程度上其学生的竞争力并不一定输给“985”和“211”高校学校的学生。金融科技的发展，使不同层次的高校又重新站在了一个起跑线上。随着我国地域发展水平的不断缩小，各地也不断创新区域金融发展特色，大力发展绿色、小微、普惠金融等金融行业，金融业态日益丰富，对本地化的金融人才需要不断增加，地方高校金融专业学生毕业后在本地就能找到对口的工作（马小南和周鲁柱，2014）。

二、挑战

随着人工智能在金融领域的广泛应用，投资顾问、信用评级、信贷风险分析、临柜等岗位对人员的需求将大幅减少，可能导致全球金融行业出现减员、裁员潮。金融数据服务商 Kensho 创始人预计，到 2026 年将有 33%～50%的金融业工作岗位被人工智能所取代。因此，地方高校管理专业办学面临很大的挑战。首先，从这几年各大商业银行的年报来看，银行的员工人数不断减少，而从往年招聘来看，我国各大商业银行由于网点众多，往往是金融机构中招聘最多的机构，商业银行减少招聘必然极大地影响管理、金融等专业学生的就业。其次，是在新金融科技的发展趋势下，金融机构管理或产品设计偏技术化的趋势越来越明显，原来金融机构中大量需要的是金融专业毕业的人员，而现在计算机、心理学或统计学专业背景的学生可能更受到金融机构的青睐。因此，金融管理专业办学不仅需要满足传统办学专业的要求，而且要有更准确的人才培养定位，有能够站在行业前沿的师资队伍、课程体系和实践安排，否则在这股浪潮下，高校培养人才会离时代和行业发展的要求越来越远。

第三节 当前我国地方高校金融人才专业培养普遍存在的问题

一、人才培养目标缺位

人才培养目标是地方高校金融人才培养最重要的一环，直接决定了人才培养的大方向，以及所有技术层面的设计，如课程体系与实践教学的建设。从现有的情况来看，大部分地方高校金融专业的培养目标虽然都强调了其人才培养目标是培养应用型人才，但从实际操作上看，却与“985”“211”高校以培养研究型人才为目标的做法相差无几，存在一定的照搬照抄现象，培养内容趋同现象十分明显（李进兵和胡波，2012）。

具体到培养方案上看，地方高校往往在如何培养应用型人才方面使用模糊的方式，使用诸如“促进学生德智体全面发展”“培养系统掌握理论知识、具有创新能力和实践精神的人才”等比较空洞的字眼，较少根据学校自身的层次、办学特色和师资等特点来设置，最终导致培养目标设置缺位，对于什么才是合格的金融应用型人才，许多地方高校实际上处于一个比较茫然的状态。

二、课程安排不合理，与行业要求差距较大

从课程体系设置来看，我国地方高校金融专业基本上按照一般性金融专业办学的要求，开设了针对所有专业的公共课和通识课，以及针对金融专业的专业基础课、专业选修课或方向选修课。如果按应用型人才培养方向来看，地方高校金融专业课程设置应该是市场导向型的，应各具特点。然而，从实际课程设置来看，由于宏观性质的课程相对好上，也有师资，往往地方高校金融专业宏观金融类的课程如财政学、金融学、中央银行学、投资学等开设较多，微观金融课程如互联网金融、量化投资、衍生品交易等开设较少，也相对不重视拓展与其他学科融合的课程，如计算机编程、心理学、市场营销等。核心专业课程所学内容，也经常与实际金融市场发展有较大的脱节，与行业要求差距较大。

三、实验条件不足，实训实习水平低

随着现代通信技术和网络技术在金融业的广泛应用，以及金融业务的不断创新，金融业的发展也越来越微观化，金融业务操作的技术含量越来越高，这些特点决定了现代金融从业人员不仅需要扎实的理论基础，更应具有金融业务的实际操作能力，这对地方高校应用型金融人才培养中的实践教学环节提出了更高的要求。金融专业中会计电算法、证券投资学、商业银行经营与管理、国际计算、计量经济学、金融工程等传统课程需要开设实验课程，另外量化投资、固定收益证券、金融软件应用等课程业也需要开设大数据类或建模类的创新型实验课，然而，从现实情况来看，许多地方高校由于办学经费或场地的限制，金融专业的实验条件并不能完全满足要求，很多实验课程并没办法完全开设，一些实验课程也找不到适合的老师来教。与此同时，由于金融行业的特殊性，很难有完全符合现实情况的实训场所，实训活动很难开展，学生实习基本没办法统一安排，实习基本采用分散实习的方式，实习的内容和实习质量很难控制。

四、教师综合能力有待提高

从目前我国地方高校金融专业师资队伍配置来看，普遍存在着以下几个突出的问题：一是各个学校具有金融专业学科背景的教师较少。由于过去很长的一段时间内，我国金融专业的博士或硕士毕业生就业容易，大部分人倾向于到收入更高的大城市的金融机构工作，而地方高校往往又地处三四线城市，想在人才市场上招到与其专业对口的金融研究方向的教师难度较大，因此金融专业的专任教师很多是从经济学等其他专业转行而来，其研究方向不在金融领域。二是在目前的教师招聘和考核体制下，大部分教师都是直接从学校出到学校进，基本没有金融行业或企业的工作经验，而且在目前越来越大的科研考核压力下，教师对于金融实务的了解经常是有心无力，导致经常会出现上“证券投资学”的教师本身是没有投资过股票的怪相。三是由于缺乏相应的配套措施，教师到金融机构挂职或培训进修的积极性不高，而聘请具有金融从业背景的校外教师由于任课资格要求、经费和管理等问题，大规模的推行困难重重（邢钰，2017）。

第四节 人工智能背景下创新我国地方高校金融管理专业人才培养的建议

一、完善人才培养目标与方向

在经济新常态下特别是面对当前金融科技快速发展的趋势，对金融人才的培养要求不是降低了，而是不断提高的，日益需要同时具有金融和科技背景知识的复合型人才。培养具有扎实的金融学、统计学、计算机等交叉学科知识，熟练掌握金融资产定价、金融风险管理、投融资等核心金融业务技能的应用型、创新型金融人才成为地方高校人才培养的迫切任务。因此，地方高校应该充分结合各自学校或学科的办学特色，如理工类大学的金融专业，可以大力培育金融大数据、金融人工智能等办学方向；财经类大学的金融专业，可以充分跟踪新型金融业态的发展。各地方高校应明确培养的目标与方向，克服金融人才培养的同质化和空心化。

二、对课程体系进行重新规划

首先，重视微观类的课程建设，更多的开设以市场需求或业务为导向的课程；其次，增加交叉学科课程的比重，让学生的选择面更广，同时确保学生必须修满一定的学分；再次，降低必修课的学分，提高选修课的学分，提高学生有多元发展的可能性；最后，部分实务类的课程进入实践教学环节，部分内容请金融机构或金融监管部门的高级管理人才来授课，将金融的前沿动态引入课堂。

三、加大实验、实践教学力度

未来人工智能要在金融领域得到发展，必须培养实践能力强的复合型人才，不仅需要扎实的理论基础，更需要熟练操作计算机的动手能力。目前，高校的金融工程专业培养过程中，大部分还停留在对理论知识的培养层面上，而较为忽视培养学生动手能力的实验教学。事实上，传统的教学模式并没有充分发挥学生的主体作用，激发学生自主学习的兴趣。因此，现有的实验教材需要改编，添加综合创新性实验设计内容，删减一些验证性实验内容。同时，为了鼓励学生的学习积极性，应该探索多样化的考核方式。可尝试将实验考核的内容分为两部分：一是基础理论部分，可由学生上机考试完成；二是实验创新部分，可以实验报告或课程论文的形式考核，让学生有发挥的空间，重点考查学生对基础理论知识的应用能力，批判性思维能力与创新能力。

四、组建高水平的师资队伍

地方高校金融人才的培养，重点还是在高水平师资队伍的建设。首先，要花大力气引进具有金融学科背景的师资，特别是同时具有金融实务背景的人才，学校应该通过招聘紧缺人才等形式，提供有竞争力的薪酬待遇以吸引人才；其次，学校应该加大制度化建设，通过教师参加培训、访学进修、在职攻读学位、挂职、职称评聘等方面的文件形成向导，达到既鼓励教师提高科研能力，又自愿提升金融实践技能，并大力开发实践类课程，积极指导学生参与各种形式的学科类竞赛的目的；最后，金融行业的发展日新月异，前沿性知识和产品往往只有从业人员才能掌握，地方高校应积极探索校外教师制度，可以充分利用校友等资源，将部分技术性与实践性强的课程交由校外人士来讲授。

五、增强校企合作，联合培养复合型人才

地方高校应该加大金融专业办学资源的开发力度，积极扩展社会各类的办学资源。首先，加大传统的校外实习实践基地的建设，可以与当地的商业银行、保险公司、证券公司、私募基金公司等金融机构签署有实际内容的合作协议，确保未来学生的实训实习有地方去；其次，要充分与地方上属于新型金融业态的金融机构对接，可以考虑“订单式”的校企合作联合培养方式，面对他们特殊金融人才的需求，与企业签订个性化的培养方式，达到双赢的目的；最后，应该充分发挥地方高校校友的资源，经常请已经毕业的优秀校友回来开讲座或办交流会或来校招聘，这无论是对于拓宽学生的视野，还是提高学生的就业率或是专业的社会认可度，都有很大好处。

本章小结

随着科技的发展，人工智能技术在金融行业的应用有着广阔的发展前景，为

了培养出更多高层次的金融人才，很多高校从实际需求和自身课程建设的实际情况出发，积极探索新的教学体系和教学方式。本部分内容在分析金融行业新发展给高校金融管理人才培养带来的机遇和挑战之后，提出了相应的改进措施，例如，完善实验课程的设置体系，改编现有的教学教材，探索多样化的考核方式，加强师资力量，加大实验室的建设投入，增强校企之间的合作，联合培养金融创新人才，希望这些措施能够促进相关管理学科的建设和发展。

结语 变革没有最终的答案，只有永恒的适应

高等商科教育变革一直都不是一个新鲜的话题。

从 1881 年宾夕法尼亚大学沃顿商学院成立至今将近 140 年的历史，高等商科教育一直备受争议，不断探索前行。1984 年，《哈佛商业评论》发表文章称，“商学院不能令人满意的工商管理教育应对美国工商业国际竞争力的下降负有一定的责任”。管理大学明茨伯格就对商科教育进行猛烈而持久的抨击，认为商科教育过于偏重于“Business”（商业），偏离了“Adminstration”（管理）的初衷。除明茨伯格之外，其他管理大师，如菲佛（Jeffrey Pfeffer）、阿德勒（Nancy J. Adler）、库拉纳（Rakesh Khurana）等也不乏对高等商科教育的抨击。千禧年伊始，美国管理学会管理教育与发展分会（Academy of Management，Management Education and Development Division）再次提出商学院危机的话题，认为商学院远离管理实践。21 世纪的全球金融危机之后，米·奥吉尔（Mie Augier）、詹姆斯·马奇（James G. March）合著的《改革的根源、仪式和辞令：二战后的北美商学院》一书，再次批评商学院过于偏重于学术严谨性，而难以有效汲取管理实践中的经验与知识。

中国的商科教育起步比较晚，至今也只有几十年的时间。但是，中国商科教育发展非常快。由于起步晚，可以借鉴和学习国外商科教育的优秀成果，但由于中国商科教育要服务于中国企业的管理实践，因此必须在学习中不断创新。2004 年 5 月，中国高等教育学会高等商科教育分会在中国人民大学成立。高等商科教育分会以振兴中国高等商科教育为基本宗旨，是目前我国层次最高、影响最大的商科教育学术机构。高等商科教育分会的成立表明我国对高等商科教育的高度重视，也让高等商科教育改革成为各方关注热点之一。随着物联网、大数据、云计算、人工智能、区块链等信息技术的迅速发展和应用，商业生态不断重构，商业模式推陈出新，商业消费升级换代，技术赋能日益凸显，在这种情况下，相对于孕育在工业经济时代的传统商科教育体系，“新商科”作为智能时代商科教育的代名词呼之欲出。

2017 年 5 月 19 日至 20 日，全国电子商务职业教育教学指导委员会在常州召开高等职业教育电子商务类专业教学改革研讨会。来自全国高职院校的近 400 位院校

负责人和专业负责人参加会议。为在经济全球化的时代背景下，适应商业、技术和人文越发深层次融合的新商业时代特征需求，会议提出了高职“新商科”人才培养的理念和倡议。“新商科”人才培养理念体现新的商业思维：“计算思维”“数据思维”“交互思维”“哲学思维”“伦理思维”和“美学思维”。“新商科”人才培养理念探索新的商业规律：新的基础设施、新的商业模式、新的商业组织、新的价值观等所带来的新商业规律。“新商科”人才培养理念融合新的知识与技能：经济学、管理学、传播学、计算机科学技术、智能科学、数据科学等融合知识与技能。“新商科”人才培养理念推动新的教育教学模式：从“要我学”到“我要学”，创新学习方式和学习载体。虽然本次会议提出的“新商科”是针对高等职业教育而言，但我依然认为这次会议提出的“新商科”的理念和倡议具有普遍意义。

2018 年 6 月 11 日，重庆大学主办“人工智能与商科学术沙龙”，围绕“人工智能与财务风险管控”“最优控制在金融中的应用”“人工智能与三医联动”“算法伦理与网络治理”“博弈论与控制”“LIS 与 AI”“强化学习的研究与应用”“共享电动汽车与智慧出行”等专题进行了研讨，希望通过相关学科和教师的交流和互动，把握机遇，迎接挑战，密切合作，主动作为。据我了解，除了重庆大学之外，其实国内有不少的高校都在积极推动学院之间、学科之间，在人才培养方面的融合知识教育，可以说新商科人才培养的典型特征之一就是要培养信息思维与商科思维完美融合的新商科人才。

2018 年 10 月 24 日下午，“新时代 · 新商科”主旨论坛在天津大学管理与经济学部举行，29 所国内商（管理）学院院长以及师生代表受邀参与了此次主旨论坛，共同探讨新时代背景下“新商科”的内涵与本质，展望未来管理教育的发展方向。最后会议提出“新商科 · 天大倡议”，该倡议提出新商科需要承载新使命、拓展新逻辑、付诸新行动，新时代的商科教育工作者要强化使命驱动、打破教育边界、整合教育资源、共创教育生态，为促进我国商学教育健康发展，推动社会进步贡献力量①。

2018 年 11 月 5 日，新商科人才培养创新论坛在江苏无锡举行。论坛由全国电子商务职业教育教学指导委员会、华东师范大学长三角职业教育发展研究院、中国高等教育学会职业教育分会商科联盟、全国商贸职业教育集团、无锡商业职业技术学院共同发起举办，来自全国 60 多家单位的专家学者齐聚论坛，共同探析新商业变局、谋划新商科建设。与会代表围绕“新视界：新技术 · 新商业”“新研究：新商业 · 新商科”“新实践：新商科 · 新商才”等主题进行深入研讨与交流。经过智慧碰撞与思想交流，与会代表在多项领域达成共识，共同认为商

① 资料来源：http：//www. sohu. com/a/271294331_99997057。

科人才培养理念、培养模式的持续优化和创新已经成为不可抗拒的时代潮流。为此，大会发出了《新商科无锡倡议》，该倡议号召产业界、教育界共同探讨、支持新商科人才培养事业的发展，加强对新商业发展态势研究，共探新商业环境下主流商科人才发展趋势，系统构建新商科教育教学体系，重构新商科教育生态圈，探索全球化视野下的新商科教育新蓝图，协同共建新商科人才培养体系，开创中国新商科人才培养的新时代①。

2018 年 12 月 20 日，教育部经济和管理类教学指导委员会主任委员联席会议暨工商管理专业类教学指导委员会第一次全体会议在西交利物浦大学召开，教育部高等教育司司长吴岩做了“新时代、新文科、新经管，培养经世济民的经济和管理卓越拔尖人才——经济和管理类专业教指委工作的第一要务”的主旨报告，正式从官方层面启动高等商科在新时代的教育改革。可以说，这次会议吹响了新时代商科高等教育改革的总号角。这次会议的午休期间，我和浙江大学管理学院院长魏江教授散步中探讨商科教育的改革问题，魏江院长说我国商科教育与实践的脱节是一个突出问题，他在浙江大学积极推动与企业联合培养人才，推动管理学院与技术类学院联合培养人才。

尽管各方都在积极思考和实践新时代商科人才培养这一时代命题，但是，到目前为止，可以说还只是刚刚起步。改革的号角尽管已经吹响，但是“如何改、如何做”却没有现成的方案可以依循。我在上海对外经贸大学工商管理学院的两年半时间中，花了很多的心思和精力来推动学院的转型与发展，得到了学院班子、四个系的系主任和老师们大力的支持和积极参与，今天呈现在读者面前的这本书忠实地记录了学院在改革中的思考与尝试。学院在 2016 年开始做这件事情的时候，是凭借着我们的直觉，当时国内高校对于新时代的商科教育转型还没有充分的共识，如今全国高校对于新时代的高等商科教育改革的急迫性认识已经高度一致，接下来就是应该如何改和如何做。我想，既然上海对外经贸大学工商管理学院在探索方面先行了一步，无论是走对了，还是试错了，坦诚地分享出来，供兄弟院校参考，才会让我们两年半的尝试更有价值。

回到开头的第一句话：高等商科教育变革一直都不是一个新鲜的话题。新时代高等商科教育变革也不是一个有终点的历程。借用斯图尔特 · 克雷纳（Stuart Crainer）的名言“管理没有最终的答案，只有永恒的追问”，我要说“变革没有最终的答案，只有永恒的适应”。

齐佳音

---

① 资料来源：http：//js. ifeng. com/a/20181105/6999629_0. shtml。

参考文献

[1] Anderson P. H. , Lawton L. Demonstrating the learning effectiveness of simulations: Where we are and where we need to go [J]. Sbaweb. Wayne. edu, 1997 (24): 68-73.

[2] Clarke E. , Clarke T. Learning outcomes from business simulation exercises [J]. Education & Training, 2009, 51 (51): 448-459.

[3] Diana G. Oblinger and James L. Oblinger. Educating the net generation [EB/OL]. 2005 EDUCAUSE, https: //www. educause. edu/educatingthenetgen.

[4] Faria A. J. , Hutchinson D. , Wellington W. J. , et al. Developments in business gaming [J]. Simulation & Gaming, 2009, 40 (4): 464-487.

[5] Faria A. J. & Wellington W. J. A survey of simulation game users, former-users, and never-users [J]. Simulation & Gaming, 2004 (35): 178-207.

[6] Gosen J. , Washbush J. A review of scholarship on assessing experiential learning effectiveness [M]. London: Sage Publications, Inc.

[7] Greenlaw P. S. , Herron L. W. , Rawdon R. H. Business simulation in industrial and university education [M]. Englewood Cliffs, New Jersey: Prentice Hall, 1962.

[8] Higher Education Revolution (2 February 2010) 教育部、就业与劳资关系部部长、社会包容部部长、创新工业及科技部部长 部长联合声明, Transforming Australia's Higher Education System (2009).

[9] Hodgetts R. Management gaming for didactic purposes: A new look [J]. Simulation & Gaming, 1970 (1): 55-66.

[10] Lakhal S. , Sévigny S. , Frenette É. Personality and student performance on evaluation methods used in business administration courses [J]. Educational Assessment Evaluation & Accountability, 2015, 27 (2): 171-199.

[11] Marilyn Binkley, Ola Erstad, Joan Herman, Senta Raize, Martin Ripley with Mike Rumble. Draft white paper1-defining 21st century skills [EB/OL]. 2010-1. https: //www. atc21s. org.

［12］ Miller R. T.， S. Pessoa. Role and genre expectations in undergraduate case analysis in information systems［J］. English for Specific Purpose，2016（44）：43-56.

［13］ Office of Education Technology，U. S. Department of Education. transforming american education：Learning powered by technology［R］. National Education Technology Plan 2010，2010-10.

［14］ Severiens S.， M. Meeuwisse， M. Born. Student experience and academic success：Comparing a student-centred and a lecture-based course programme［J］. Higher Education，2015，70（1）：1-17.

［15］ Tatnall A. Computer education and societal change history of early courses in computing in universities and schools in victoria［J］. Information Technology & People，2015，28（4）：742-757.

［16］ Watson H. J. Computer simulation in business［M］. New York：John Wiley，1981.

［17］ Özdemir A.， Sarıkaya M. An analysis of the curricula of business administration departments in turkish universities with the perspective of civil society awareness［J］. Journal of Education for Business，2009，84（5）：313-317.

［18］ 2018年上海地区商学院（管理学院）院长联谊会在华东理工大学商学院召开［EB/OL］. 2018-11-20. http：//bs. ecust. edu. cn/index/detail/oid/2-4267298/m/xyxw.

［19］ S. 斯特林菲尔德，S. 罗斯，S. 密斯．重建学校的大胆计划——新美国学校设计［M］. 上海：华东师范大学出版社，2003.

［20］“新商科”人才培养的星星之火在高职教育中燃起［EB/OL］. 2017-06-07. http：//www. sohu. com/a/146727952_538273.

［21］包国庆．教育信息化与教育技术学晋升一级学科的必要性与可行性分析——学习《国家中长期教育改革和发展规划纲要（2010—2020年）》的体会［J］. 电化教育研究，2011（2）：11-15.

［22］财政部教育部国家发展改革委．引导部分地方普通本科高校向应用型转变的指导意见［EB/OL］. 2015-10-23. http：//www. moe. edu. cn/srcsite/A03/moe_1892/moe_630/201511/t20151113_218942. html.

［23］蔡宏亚，苟占平，徐美奕．大学生创新创业训练计划项目管理中的思考研究［J］. 教育教学论坛，2018（1）：12-15.

［24］陈晓萍．跨文化管理［M］. 北京：清华大学出版社，2005.

［25］董金华，刘凡丰．研究型大学跨学科研究组织模式初探［J］. 中国软科学，2008（3）：81-87.

[26] 范丽新．论新经济时代下经济管理人才［J］．科技创新与应用，2013（19）：282.

[27] 范曙光．工商管理应用型本科培养模式的研究与实践［J］．长春工程学院学报（社会科学版），2007，8（1）：33-35.

[28] 冯彦杰，徐波，齐佳音，戴永辉．工商管理专业特色建设研究——以上海对外经贸大学工商管理专业为例［J］．对外经贸教育研究，2016（2）：15-19.

[29] 高有华．高等教育课程理论新探［M］．镇江：江苏大学出版社，2009.

[30] 何克抗．教育技术专业人员如何创新？［J］．现代教育技术，2010（3）：1-12.

[31] 胡军，王力东，熊卫华．跨文化教学管理模式的理论与实践［J］．未来与发展，2009（5）：58-61.

[32] 互联网实验室．大变局中的信息观［EB/OL］．2003-01-16. http：//news. xinhuanet. com/it/2003-01/16/content_692730. htm.

[33] 华东师范大学，关于公示2017年度国家级、市级和校级大学生创新创业训练计划项目拟立项名单的通知［EB/OL］．2017-04-10. http：//www. cxcy. ecnu. edu. cn/s/463/t/1203/5a/bb/info154299. htm.

[34] 黄金梅，张凯，袁金龙．基于创业能力核心的工商管理专业课程体系建设［J］．经济研究导刊，2013（9）：293-294.

[35] 黄群，涂寒露．智慧养老背景下的智能家用医疗产品设计研究［J］．艺术与设计（理论版），2017（8）：106-108.

[36] 蒋颜岚．基于“互联网+”背景下高校大学生创业模式的转型发展探索［J］．现代职业教育，2015（30）.

[37] 靳玉乐，向眉．论案例教学价值取向的变革——基于对工商管理案例教学的分析［J］．西南大学学报（社会科学版），2015，41（1）：93-98.

[38] 康宛竹．校企之间管理类人才合作培养体系的构建［J］．高教论坛，2017（7）：34-38.

[39] 拉塞尔·L. 阿克夫，丹尼尔·格林伯格．21世纪学习的革命［M］．北京：中国人民大学出版社，2010.

[40] 李光勤．基于创业教育视角的西方经济学教学改革——以工商管理专业为例［J］．创新与创业教育，2014（1）：68-70.

[41] 李进兵，胡波．高校经济管理类专业开放性实验发展中的师资建设［J］．西南科技大学高教研究，2012（2）：53-56.

[42] 李静，程镔．基于现代学徒制的工商管理专业人才培养模式改革研究

[J]. 现代教育科学，2015（9）：54-58.

[43] 李培凤. 地方综合大学学科结构调整研究 [J]. 教育理论与实践，2010（4）：55-58.

[44] 李涛，张立红，陈吉明. 创新与创业课程体系的构建研究 [J]. 洛阳理工学院学报（社会科学版），2009，24（2）：94-96.

[45] 李晓红，黄琳，李秀兰. 基于职业核心能力的工商管理专业课程体系开发研究 [J]. 教育教学论坛，2013（22）：46-48.

[46] 李旭轩. 应用型本科院校工商管理专业实践教学存在的问题及对策 [J]. 教育探索，2013（2）：42-44.

[47] 刘粤生，尹勇胜，丛大川，雷念曾. 试论辩证信息观 [J]. 延边大学学报（社会科学版），1985（4）：16-25.

[48] 卢彰诚. "互联网+"时代产教深度融合的新商科人才培养模式研究 [J]. 科教文汇，2018（1）：95-97.

[49] 罗玮，罗教讲. 新计算社会学：大数据时代的社会学研究 [J]. 社会学研究，2015（3）：222-241.

[50] 马春光. 中外工商管理教育的比较研究 [J]. 学习与实践，1996（6）：22-24.

[51] 马国庆. 新经济时代特征及新经济时代市场营销创新研究 [J]. 品牌，2015（12）.

[52] 马士华. 新编供应链管理 [M]. 北京：中国人民大学出版社，2008.

[53] 马小南，周鲁柱. 地方院校面向岗位需求的金融人才培养研究 [J]. 山东高等教育，2014（4）：54-60.

[54] 马永红，刘恋，郑晓齐. 高等教育供应链形态的特殊性初探 [J]. 清华大学教育研究，2004（3）：93-96.

[55] 马云阔. 创新工商管理本科专业人才培养模式的研究 [J]. 西北工业大学学报（社会科学版），2007，27（3）：86-89.

[56] 迈克尔·哈默，詹姆斯·钱皮. 企业再造 [M]. 上海：上海译文出版社，2007.

[57] 毛青. 对新商科人才培养的创新性探索——评《商科人才培养探索与创新——重庆工商大学商务策划学院实践（2015）》[J]. 中国教育学刊，2018，303（7）：151.

[58] 梅莉，张斌. 企业对本科工商管理人才能力需求分析 [J]. 商，2015（39）：56-56.

[59] 缪春光. 工商管理专业创新创业型人才能力培养路径 [J]. 现代经济

信息，2017（15）：108.

［60］南国农．成功协同教育的四大支柱［J］．开放教育研究，2006（10）：9-10.

［61］牛华勇，孙健，宋阳等．高等学校商科教育国际化比较研究［J］．商学研究，2017（6）：15-23.

［62］人工智能与商科学术沙龙举行［EB/OL］．2018-06-14. http：//gdjyyj.com/page135？article_id=393&article_category=1.

［63］任少朋．基于智能居家养老模式下的现代适老化住宅建筑设计研究［D］．河北工程大学，2015.

［64］萨尔坦·科马里．信息时代的经济学［M］．南京：江苏人民出版社，2000.

［65］上海对外经贸大学．附件4：2016~2017年上海大学生创新创业训练计划项目汇总表［EB/OL］．2017-04-07. http：//jwc. suibe. edu. cn/attach/download/2017/04/12/14017. xlsx.

［66］上海对外经贸大学．关于组织申报2018年度上海大学生创新创业训练计划项目的通知［EB/OL］．2018-01-03. http：//jwc. suibe. edu. cn/html/jxtz/bzjxtz/2018/01/04/f9cffb6b-924a-4e93-8794-8b48e2cb6f10. html.

［67］上海对外经贸大学．我校在第十五届“挑战杯”上海市大学生课外学术科技作品竞赛中取得优异成绩［EB/OL］．2017-06-16. http：//news. suibe. edu. cn/bd/2b/c1416a48427/page. htm.

［68］上海外国语大学．2017年拟推荐国家级和上海市级大学生创新创业训练计划项目名单公示［EB/OL］．2017-04-13. http：//info. shisu. edu. cn/58/c2/c248a22722/page. htm.

［69］沈湫莎．上海启动大数据人才培养计划［J］．现代人才，2014（3）：5.

［70］史宝玉，邵仲岩．工商管理专业市场应用性课程体系的构建与实践［J］．齐齐哈尔大学学报（哲学社会科学版），2013（3）：159-161.

［71］宋安玲，王小青．基于就业能力的工商管理专业人才培养模式研究［J］．创新与创业教育，2013（4）：17-19.

［72］宋成珍．工商管理专业教学内容和课程体系改革的探索［J］．广西工学院学报，2007（S1）：152-153+158.

［73］唐·泰普斯科特，安东尼·威廉姆斯．维基经济学——大规模协作如何改变一切［M］．北京：中国青年出版社，2007.

［74］唐恩林，华小全．科技金融背景下应用型高校金融教学改革［J］．安

庆师范学院学报（社会科学版），2016（3）：154-157.

［75］田家林．应用型大学工商管理类人才职业能力培养的协同机制研究［J］．中国战略新兴产业，2017（12）．

［76］王海燕．新时代经济的基石：创造型人才［J］．北方经贸，2011（8）：203-204.

［77］王晖．工商管理特色专业课程体系改革与创新探讨［J］．中国管理信息化，2010，13（20）：79-81.

［78］王玖河，李晓霞．工商管理本科专业人才培养模式的探讨［J］．教学研究，2007，30（1）：68-70.

［79］王力东，陈岩峰．从跨文化管理理论到管理教育实践［J］．未来与发展，2008（5）：60-63.

［80］吴祥，葛友华．特色专业应用型人才培养模式研究［J］．盐城工学院学报（社会科学版），2003，16（3）：49-50.

［81］吴新林．基于人机工程学的人性化医疗器械设计［J］．重庆科技学院学报（社会科学版），2014（12）：123-125.

［82］肖峰．信息方法与方法论信息主义［J］．中国人民大学学报（北京），2009，23（6）：62-69.

［83］邢钰．人工智能背景下对金融工程专业实验教学的思考［J］．教育现代化，2017（9）：138-140.

［84］胥悦红．推进工商管理专业实践教学改革的策略［J］．民族教育研究，2007，18（4）：52-57.

［85］闫贵成．新经济时代的企业人才培养与发展［J］．科技风，2008（1）：112-128.

［86］杨佳利．以创业为导向的创新人才培养模式研究——以工商管理专业为例［J］．韶关学院学报，2015（5）：165-169.

［87］尹勇胜，刘月生，丛大川，雷念曹．辩证唯物主义信息观初探［J］．新疆大学学报（哲学社会科学版），1986（1）：13-20.

［88］尤泽顺，陈建平．跨文化研究中的文化偏见：对霍夫斯泰德文化模式话语的批判性分析［J］．中国外语，2010（2）：93-98.

［89］于飞，张峰，袁仲慧．基于创新创业人才培养的工商管理专业组合式教学模式研究［J］．广西广播电视大学学报，2016，27（1）：61-65.

［90］詹姆斯·杜德斯达．21世纪的大学［M］．北京：北京大学出版社，2005.

［91］Senge Peter M. 第五项修炼——学习型组织的艺术与实务［M］．张成林

译．北京：中信出版社，2009.

［92］张蕾．新经济时代下关于高校培养创新人才的思考［J］．时代教育，2015（11）：31.

［93］张力玮，曾龙．专注课程设计与区域合作发展信息技术支持下的创业教育——访美国温斯洛普大学商学院院长罗杰·威克［J］．世界教育信息，2017（20）：41-45.

［94］张琦，金玉然，宋伟．“创新创业”引领下的课程体系和实践教学体系研究——以辽宁科技大学工商管理专业为例［J］．高教学刊，2016（14）：11-12.

［95］张晓梅，王妍妍，马增林．普通高校工商管理专业“翻转课堂”教学设计研究［J］．教育探索，2014（7）：60-61.

［96］浙商总会．马云：浙商要有新的全球化观念［EB/OL］．http：//blog. sina. com. cn/s/blog_4a78b4ee0102wz9w. html.

［97］郅庭瑾．为思维而教［J］．教育研究，2018（1）：44-48.

［98］中国高等教育学会高等商科教育分会2018年会暨新时代中国高等商科教育改革与发展高峰论坛在本院举办［EB/OL］．2018-10-15. http：//www. nau. edu. cn/2018/1015/c116a44510/page. psp.

［99］中国新商科人才培养创新大会在上海召开［EB/OL］．2017-11-09. http：//finance. people. com. cn/n1/2017/1109/c1004-29635085-3. html.

［100］周宏，付尚媛，梁楠．中国专业社会工作人才能力框架研究［J］．财经问题研究，2009（9）：103-109.

［101］周舟．“互联网+”背景下工商管理专业跨界培养对策与建议［J］．江淮论坛，2017，283（3）：74-77.